JavaScript

Guía completa

Alessandra Salvaggio, Gualtiero Testa

JavaScript

Guía completa

Alessandra Salvaggio, Gualtiero Testa

Marcombo

Edición original publicada en italiano por Edizioni LSWR con el título: *JavaScript | Guida completa*,

Título de la edición en español:

JavaScript | Guía completa

Primera edición en español, año 2019

www.marcombo.com

Traducción: Sònia Llena
Correctora: Meritxell Peleato
Revisor técnico: Pablo Martínez
Directora de producción: M.ª Rosa Castillo

ISBN: 978-84-267-2694-0

D.L.: B-27532-2018

Impreso en Ulzama
Printed in Spain

Sumario

Introducción

Es cierto que JavaScript no es un lenguaje nuevo en el panorama de la programación para web pero, en los últimos años, ha experimentado un interés y un éxito renovados.

JavaScript existe desde hace más de 20 años y ha vivido, con más o menos suerte, la evolución del mundo de Internet.
A veces desairado y considerado un lenguaje más para aficionados que para profesionales, a veces adorado por su versatilidad y simplicidad, en los últimos años está viviendo una auténtica nueva juventud.
Estándar y, por lo tanto, más riguroso según el **IEEE**, el lenguaje inventado por **Brendan Eich** dentro del proyecto para el navegador Netscape Navigator cada vez se utiliza más para grandes proyectos, no solo en entornos web. Actualmente existen aplicaciones enteras desarrolladas en JavaScript.
Por evidentes razones de espacio y para no dispersar demasiado el discurso, este libro se centrará esencialmente en el uso de JavaScript en el contexto web.
Los lectores deberán conocer en profundidad el lenguaje HTML (por descontado) y tener conocimientos de CSS; en cambio, no necesitarán competencias especiales en el campo de la programación.
El libro empieza por conceptos básicos hasta llegar a argumentos más avanzados.
El camino es exigente pero, en estas páginas, trataremos de guiar al lector paso a paso para que pueda llegar a ser autónomo y desarrollar sus propios proyectos en JavaScript.
Podéis descargar los archivos para llevar a cabo los ejercicios del libro en la página www.marcombo.info, con el código **JAVA2**.

1

JavaScript

JavaScript es un lenguaje de programación nacido hace más de 20 años. ¿Vale la pena aprenderlo hoy? Intentemos responder a dicha pregunta haciendo un recorrido por la evolución de este lenguaje.

JavaScript (con las letras J y S en mayúsculas y muchas veces indicado con la sigla JS) es un lenguaje de programación creado en 1995 dentro del proyecto para el navegador Netscape Navigator con el objetivo de hacer la navegación web más dinámica e interactiva.

Tal y como fue concebido inicialmente, los programas escritos en JavaScript son ejecutados por el navegador web y, por lo tanto, en el navegador del usuario y no en el servidor donde se encuentra hospedado el sitio.

Por su características, JavaScript es un lenguaje un poco anómalo y no fácilmente clasificable: su diseñador, **Brendan Eich**, tomó decisiones muy criticadas por los puristas de la programación, puesto que JavaScript reúne en sí mismo, de manera no siempre armoniosa, características de varios lenguajes conocidos en la época de su nacimiento.

El resultado parecía algo un poco "híbrido": por ejemplo, su sintaxis procede en gran parte de la del lenguaje Java (por eso se denominó JavaScript, aunque la sintaxis es la única conexión entre ambos lenguajes), pero también se aleja de él en puntos fundamentales, "filosóficos". Un ejemplo evidente: JavaScript define, igual que Java (y otros lenguajes como SmallTalk) el concepto de objeto (volveremos a este concepto en el transcurso de este libro), pero, por sus características, no puede definirse como un auténtico lenguaje orientado a objetos.

JavaScript posee características de lenguajes funcionales (como Scheme) y, de hecho, define funciones como elementos de primera clase (*first class function*), pero no es un lenguaje funcional puro.

A este "pecado original", se añadieron para arruinar la reputación de JavaScript los efectos de la denominada *guerra de navegadores*, es decir, una amarga competitividad entre Microsoft y los otros fabricantes de navegadores para hacerse con el liderazgo del mercado.

¿Y qué tiene que ver JavaScript con todo esto? Tratemos de entenderlo. En 1996, Microsoft creó, para Internet Explorer 3, el lenguaje jScript, una versión propia de JavaScript con características específicas y comportamientos distintos a los de JavaScript, lo que hizo que los sitios desarrollados con una de las dos versiones del lenguaje no fueran compatibles con todos los navegadores.

Todos estos elementos de confusión, unidos a la concepción difusa de finales de los años 90 y principios de los 2000, según la cual las aplicaciones "serias" se ejecutaban sobre servidores y no sobre el cliente (PC del usuario), provocaron que los desarrolladores profesionales adoptaran una posición muy negativa contra JavaScript, considerado solo un lenguaje para aficionados y gráficos.

Así, pues, ¿debemos considerar JavaScript como un lenguaje de serie B? Nosotros creemos que no. Vamos a ver por qué.

El renacer de JavaScript

A principios de esa década, la situación empezó a cambiar. Nacieron muchos elementos nuevos que contribuyeron a generar una consideración distinta de JavaScript por parte de la comunidad de desarrolladores. Resumimos aquí brevemente los principales. En primer lugar, el nacimiento de Chrome (2008), impulsado por el gigante Google, produce un fuerte cambio en el mercado de los navegadores: su motor de ejecución de JavaScript (V8) incrementó hasta tal punto la velocidad de JavaScript que permitió tener aplicaciones complejas en ejecución en el navegador, es decir, sin tener que instalarlas antes en el PC. Esta posibilidad hoy en día parece más bien normal, pero hace 10 años no lo era en absoluto. Fue una gran revolución.

> **NOTA**
> Las estadísticas de uso de los navegadores (por ejemplo, https://www.w3counter.com/globalstats.php) indican que Chrome es el navegador más utilizado, seguido de lejos por Safari (para móvil). Internet Explorer, Opera y Firefox quedan muy por detrás.

En segundo lugar, los nuevos procesadores *multicore* o multinúcleo (dual, quad...) permiten una ejecución real en paralelo de los programas. Esta potencia puede ser bien explotada con técnicas "asíncronas" de programación que encuentran en JavaScript un entorno muy adecuado (encontrarás los detalles de la ejecución asíncrona en el capítulo dedicado a AJAX).

No podemos olvidarnos del nacimiento de la denominada web 2.0 que, con su fuerte integración entre los servicios ofrecidos por los distintos sitios (por ejemplo, el modo en que las redes sociales se integran entre ellas), ha impulsado la creación de aplicaciones basadas en los navegadores.

Por último, pero no menos importante, la creación de un estándar del lenguaje JavaScript aceptado por todos los fabricantes de navegadores ha llevado a una especie de "ennoblecimiento".

La creación de un estándar, conocido como ECMAScript, fue obra de la **ECMA** (European Computer Manufacturers Association, conocida actualmente como ECMA International).

Esta asociación fue fundada, con sede en Ginebra, en 1961 con el deber de crear estándares para el sector informático y de las telecomunicaciones.

En 1996, Netscape confió JavaScript a ECMA con la tarea específica de crear un estándar. En 1997 nació la primera edición de ECMA-262, lo que actualmente se conoce como ECMAScript (nombre de compromiso entre las instancias sobre todo de Netscape y Microsoft).

Desde entonces se han ido sucediendo distintas versiones de ECMAScript, de las cuales JavaScript es una implementación.

Todos estos acontecimientos han determinado un renovado y creciente interés por Javascript, incluso fuera de su entorno tradicional (el web). Actualmente, de hecho, es posible crear aplicaciones *stand alone* en JavaScript que no necesitan un navegador. Entre estas aplicaciones destacamos:

- Aplicaciones de escritorio (que se instalan en el PC) como Visual Code, de la cual hablaremos en un apéndice y que hemos utilizado para escribir los ejemplos de este libro.
- Aplicaciones de servidor gracias a plataformas como Node.*js*.
- Aplicaciones móviles (tabletas y *smartphones*).
- Aplicaciones IoT (*Internet of Things* o Internet de las cosas).

Estas aplicaciones SIN navegador no forman parte de este libro, que se centrará, en cambio, en el uso de JavaScript en el entorno de los sitios de Internet y de la web.
Sin embargo, esto no quita que el uso de JavaScript fuera de la web haya contribuido a hacer crecer su fuerza y su popularidad.

La popularidad de JavaScript

En los últimos años, como hemos podido ver, JavaScript se ha convertido en un lenguaje con una importancia y una presencia significativas, en muchos ámbitos y marcos distintos.

Siempre es difícil medir la popularidad y la difusión de un lenguaje, pero los principales indicadores sitúan a JavaScript de forma estable entre los 10 primeros: por ejemplo, ocupa la primera posición en la clasificación de **GitHub** (https://octoverse.github.com/), la séptima en la del **IEEE** (https://spectrum.ieee.org/computing/software/the-2017-top-programming-languages) y la octava para **TIOBE** (https://www.tiobe.com/tiobe-index), etc.

Clasificaciones a parte, JavaScript es un lenguaje que vale la pena tener en cuenta para proyectos propios y, si aún necesitas más confirmaciones, te aconsejamos que visites la página http://shouldilearnjavascript.com/.

JavaScript y ECMAScript

Existen 8 versiones de ECMA-262; la publicación de nuevas versiones se produce en estos momentos anualmente, por lo que, desde la edición 6 del estándar, el nombre de la versión sigue el año de publicación, aunque se ha elegido mantener también el número de orden de las ediciones.

La última versión disponible en estos momentos es **ECMAScript 2017**, también conocida como **ES8** por ser la octava edición del estándar. Existe una nueva versión, la **ECMAScript 2018**, en fase avanzada de definición.

Si consideramos el ámbito que nos interesa (el web), esta última edición es incluso demasiado nueva para contar con un buen soporte por parte de los navegadores. Podemos decir que las versiones de referencia son la 5 y la 6 (la primera conocida también con el nombre del año, ECMAScript 2015).

NOTA

El proyecto Kangax en GitHub aporta algunas tablas que detallan el nivel de compatibilidad de los navegadores (y de aplicaciones como Node.*js*), en función de la edición de ECMAScript:
ES5: https://kangax.github.io/compat-table/es5/
ES6: https://kangax.github.io/compat-table/es6/
ES2016/2017: http://kangax.github.io/compat-table/es2016plus/

A finales de 2017, los cuatro navegadores principales (Chrome, Safari, Firefox y Microsoft Edge) cuentan con un muy buen soporte (>95 %) del **ES6**; es a esta versión a la que haremos referencia en este libro.

Los hermanos de JavaScript

Las críticas de los teóricos hacia JavaScript favorecieron el nacimiento de variantes de JavaScript que lo "mejoran" en los puntos considerados como más débiles.

Los programas escritos con estos lenguajes, para no perder la posibilidad de ser utilizados dentro de los navegadores, los cuales soportan solo programas escritos en JavaScript, deben ser posteriormente traducitos a JavaScript. La traducción se lleva a cabo de forma automática por medio de programas especiales denominados *transpiler*, que toman el programa escrito en un lenguaje y lo traducen a otro programa escrito en un lenguaje distinto.

Entre estos lenguajes variantes de JavaScript, uno de los más populares es el **TypeScript** de Microsoft. Angular, uno de los *frameworks* de JavaScript más utilizados, desde su versión 2, está escrito en TypeScript y no en JavaScript.

2

Cómo escribir código JavaScript

Antes de empezar a describir el potencial de JavaScript, queremos hacer una panorámica de las **herramientas** que pueden ser **útiles** para **trabajar** y mostrar cómo **integrar** los **comandos** de este lenguaje en las **páginas HTML**.

Temas tratados

- Herramientas de trabajo
- Integración de código JavaScript en páginas HTML

Empecemos por las herramientas de trabajo.

Herramientas de trabajo

Si bien, teóricamente, para escribir código JavaScript y HTML basta con disponer de un editor de textos (como el Bloc de notas) y un navegador, cuando se empieza a escribir código de un modo un poco más "serio", las herramientas adecuadas pueden realmente marcar la diferencia.

Sin pretender ser exhaustivos, en las páginas siguientes proponemos una panorámica de las herramientas (gratuitas) más conocidas.

Editor de texto

Una primera alternativa al Bloc de notas está formada por editores de texto "más evolucionados".

Recordemos tres de ellos:**Notepad ++**, **Atom** y **Visual Studio**.

El primero de ellos, **Notepad ++**, es un editor gratuito que puede descargarse desde el sitio https://notepad-plus-plus.org/.

Su interfaz es sencilla y de fácil uso.

Dispone de una serie de características muy útiles:

- Resaltado de la sintaxis.
- Agrupación de partes homogéneas de código (*Syntax Folding*) para poder ocultar o mostrar partes de un documento largo.
- Resaltado de la sintaxis y *Syntax Folding* personalizado por el usuario.
- Resaltado de los paréntesis.
- Búsqueda/reemplazo mediante expresiones regulares (*Perl Compatible Regular Expression*).
- Función Autocompletar de la sintaxis.
- Marcadores.
- Pantalla con pestañas.
- Visualización de documentos en paralelo para su comparación.

Atom es un editor gratuito que se puede descargar desde el sitio https://atom.io/ disponible para distintas plataformas (OS X, Windows y Linux). Puede ser completado con distintos paquetes de código abierto y dispone de soporte para el sistema de control de versiones Git.

Entre los puntos fuertes de Atom se encuentra:

- Función Autocompletar.
- Resaltado de la sintaxis.
- Función de búsqueda y reemplazo entre distintos archivos.
- Posibilidad de abrir varios archivos en paneles paralelos para poder compararlos.

Visual Studio Code es el editor que hemos utilizado para escribir los ejemplos de este libro. También hemos dedicado un apéndice a su instalación y configuración. Es un editor desarrollado por Microsoft para diversas plataformas (OS X, Windows y Linux). Se trata de una herramienta gratuita que se puede descargar desde la página https://code.visualstudio.com/.

Dispone de Git integrado y se puede completar con otros paquetes.

Entre sus puntos fuertes se encuentran:

- Función Autocompletar.
- Resaltado de la sintaxis.
- Función de búsqueda y reemplazo entre distintos archivos.
- Posibilidad de fijar *breakpoints* o puntos de interrupción.
- Trabaja directamente con archivos y carpetas sin necesidad de crear proyectos.

Linter

Un **linter** es un programa que por lo general se integra con un editor de código y permite resaltar los errores de sintaxis o, en general, de escritura del código.

Uno de los linter para JavaScript más conocido es ESLint (https://eslint.org/).

En el apéndice dedicado a **Visual Studio Code** explicaremos cómo integrar esta útil herramienta en el editor de Microsoft.

Servidores web

Muchos de los ejemplos de este libro pueden ser ejecutados desde un sistema de archivos, pero, en ciertos casos, es preciso ejecutar las pruebas del código desde un servidor web.

Puedes utilizar un servicio online o bien, y esta es la solución que te recomiendo si quieres evitar tener que transferir archivos por FTP (corres el riesgo de probar los archivos en una versión que no sea la última y crear confusión), se puede instalar un servidor web en el ordenador local. Aconsejamos **XAMPP** (https://www.apachefriends.org/es/index.html), a cuya instalación hemos dedicado un breve apéndice.

Integrar los comandos JavaScript en las páginas HTML

Tras haber visto la variedad de herramientas que pueden facilitar el trabajo, vamos a ver cómo hacer que convivan JavaScript y HTML.

Básicamente, contamos con dos posibles soluciones:

- Insertar el código JavaScript dentro del mismo archivo que contiene el HTML.
- Escribir el código JavaScript en un archivo externo con extensión *.js* y después llamar este archivo en el HTML.

Empezamos con un ejemplo del primer caso:

```
<!doctype html>
<html lang="es">
<head>
  <meta charset="utf-8">
  <title>Prova1</title>
  <meta name="description" content="Prueba1">
</head>
<body>
  <p id="output" />
  <script type="text/javascript">
    const msgHello = 'Hola mundo';
    document.getElementById('output').innerHTML = msgHello;
  </script>
</body>
</html>
```

Independientemente de lo que hace este código y de su sintaxis, observa que las instrucciones de JavaScript están insertadas en la etiqueta `<script>` y se especifica como atributo el tipo de código contenido en la etiqueta (que es `text/javascript`).

Observa también que el código está escrito al final de la página, justo antes del cierre de la etiqueta `<body>`, de manera que el código sea llamado cuando todo el DOM del documento HTML haya sido cargado.

Esta posición del código no es obligatoria, pero sí muy recomendable para evitar problemas derivados de la no carga (temporal) de elementos a los cuales podría referirse el código.

> **NOTA**
>
> DOM, *Document Object Model*, es el conjunto de objetos de un documento HTML que pueden ser manipulados mediante código. Hablaremos de ello de forma detallada en un capítulo dedicado.

El segundo caso, que es más práctico si el código JavaScript es complejo y largo o si este se debe utilizar en más de un archivo, consiste en crear dos archivos distintos, el HTML y el *.js*, con código JavaScript y después llamar al archivo *.js* dentro del archivo HTML, como en el siguiente ejemplo:

```
<!doctype html>
<html lang="es">
<head>
  <meta charset="utf-8">
  <title>Prueba1</title>
  <meta name="description" content="Prueba1">
  <!--<link rel="stylesheet" href="css/styles.css?v=1.0">-->
</head>
<body>
  <p id="output" />
  <script type="text/javascript" src="codice.js"></script>
</body>
</html>
```

El archivo *.js* es llamado mediante el atributo `src` de la etiqueta `<script>`. También en este caso, el código JavaScript es llamado al final del cuerpo del documento.

En realidad, los dos casos (archivo externo, código interno en el archivo) pueden coexistir. Podríamos decir que el archivo externo contiene código genérico que es válido para varias páginas, mientras que el interno del archivo HTML solo tiene código específico para la página o para una acción puntual. En este caso, se necesitan dos (o más) etiquetas <script>, una para llamar al archivo externo y otra, para el código gestionado de forma interna.

```
<script type="text/Javascript" src="funzCookie.js"></script>
<script>
    let nombreUsuario = leerCookie('userName');
    if (nombreUsuario != '') {
        document.getElementById('saludo').innerHTML = `Hola ${nombreUsuario}`;
    } else {
        nombreUsuario = prompt('No te conozco. Escribe tu nombre:', '');
        if (nombreUsuario != '' && nombreUsuario != null) {
            configuraCookie('userName', nombreUsuario, 3);
        }
    }
</script>
```

Advertencia

La solución más común para la escritura del código es la que prevé tener el código en un archivo externo que se llamará en el archivo HTML, pero, para facilitar el uso de los ejemplos del libro, hemos mantenido el código interno en el archivo HTML.

Así, cada archivo es "autosuficiente" y funcional, sin necesidad de muchas dependencias.

3

¡Hola mundo!

Cuando se aprende a programar, el primer ejemplo siempre es el de mostrar un mensaje de saludo. Nosotros también lo haremos así.

Temas tratados

- Escribir dentro de un elemento HTML
- Crear comentarios en el código
- Crear constantes y variables
- Tipos de datos
- Usar instrucciones condicionales (`if`)
- Crear y utilizar objetos de tipo dato
- Modificar la clase de estilo asignada a un elemento HTML

Aportamos solo la parte `<body>` del archivo que, evidentemente, deberá completarse con un encabezado.

```
<body>
  <p id="output" ></p>
  <script type="text/javascript">
    // Constante de tipo texto
    const saludo = 'Hola mundo';
    // Busco en el DOM la etiqueta con ID = 'output' y asigno su contenido
    document.getElementById('output').innerHTML = saludo;
  </script>
</body>
```

Puedes encontrar este ejemplo en el archivo Holamundo.*html*.

Para empezar, creamos una etiqueta `<p>` a la cual asignamos el id "output" que después manipularemos vía código. Es importante asignar el atributo `id` a los elementos HTML que vamos a gestionar vía código, puesto que el valor de este atributo permite hacer referencia fácilmente al objeto en cuestión.

La parte Javascript de nuestro archivo está formada por dos líneas de código y dos líneas de comentarios. Las líneas de comentario son las que empiezan con una doble barra inclinada (//) y son líneas que no se ejecutan, sino que permiten al desarrollador insertar notas y comentarios concretos para facilitar una futura lectura o una gestión por parte de otros desarrolladores.

JavaScript también permite comentar un bloque entero de líneas, sin tener que poner necesariamente la doble barra delante de cada línea.

Para comentar en bloque un grupo de líneas, basta con poner barra asterisco (/*) al inicio de la primera línea que deseamos comentar y asterisco barra (*/) al final de la última:

```
/*   primera línea comentada
      segunda línea comentada
      tercera línea comentada */
```

Después de este paréntesis acerca de los comentarios, centrémonos en las dos líneas de código auténtico, empezando por la primera.

```
const saludo = 'Hola mundo';
```

Antes de pensar en lo que este código hace realmente, observa que las líneas de código JavaScript terminan con un punto y coma (;).

Dicho esto, vemos que en esta línea se crea una constante con el nombre `saludo` y se le asigna el valor 'Hola mundo'.

La constante se crea mediante la instrucción `const` y es una parte de la memoria a la cual se asignan un nombre y un valor fijo que permanece inmutable durante toda la ejecución del código. Con el nombre de la constante del código se hará referencia a su valor.

Una constante puede ser utilizada varias veces en el código y, el hecho de asignarles el valor en un único punto, permite más adelante una actualización más sencilla y una gestión más fácil del valor mismo.

NOTA

Imagínate si hubiéramos usado la constante cinco o seis veces en el código y, después, decidiéramos cambiarle el valor. Bastará cambiar el valor a la constante para que dicho valor cambie en todo el código. Si hubiéramos utilizado directamente el valor, deberíamos modificarlo cada vez que aparece.

El nombre de una constante, o indicador, debe empezar con una letra, un guión bajo (_) o el signo del dólar ($) y puede contener caracteres alfabéticos, numéricos o guiones bajos.

Nuestra constante, concretamente, es de tipo **cadena**, es decir, es un texto, y se sitúa entre apóstrofes o comillas simples.

Ya anticipamos que, además del tipo cadena, una constante puede tener valores de otros tipos. Concretamente:

- **booleano**: es decir, un valor como verdadero/falso - *true/false*.
- **null**: un valor nulo.
- **undefined**: un valor no definido (la constante existe, tiene un nombre pero no un valor; a decir verdad, no es demasiado útil).
- **number**: un número sobre el cual se pueden realizar operaciones matemáticas.
- **cadena**: un conjunto de caracteres alfanuméricos.
- **symbol**: (nuevo en ECMAScript 2015): un tipo que se utiliza para identificar propiedades concretas dentro de los objetos (no te preocupes si no entiendes esta definición, pues todo quedará más claro cuando presentemos el concepto de objeto).

En el transcurso de este libro, tendremos la ocasión de profundizar en el tema de los tipos de datos. Sin embargo, debemos advertir de que JavaScript, a diferencia de otros lenguajes, no necesita que el tipo de constante (o de la variable, como veremos más adelante) sea declarado explícitamente. JavaScript intenta identificar el tipo de valor que se asigna.

Después de esta digresión sobre los tipos, volvamos a nuestro código y, en concreto, a la segunda línea a analizar:

```
document.getElementById('output').innerHTML = saludo;
```

El objeto `document` representa todo el documento HTML, del cual, mediante la función `getElementById`, seleccionamos el elementos con el id *output*.

Una vez seleccionado el objeto, que recordemos que es un elemento `<p>`, cambiamos su contenido HTML mediante la propiedad `innerHTML`: así, mostramos en su interior el contenido de la constante `saludo`.

Un poco de dinamismo

Así como está, el código que hemos escrito no sirve para mucho: habría sido mucho más rápido escribir directamente nuestro mensaje en el código HTML.

Las cosas cambian si queremos mostrar un mensaje distinto según el momento del día. Muestro solo la parte JavaScript del código, puesto que la parte HTML se mantiene igual.

```
<script type="text/javascript">
  // hora del sistema
  const hora = new Date().getHours();
  let mensaje;

  if (hora < 13) mensaje = 'buenos días';
  else if (hora < 21) mensaje = 'buenas tardes';
  else if (hora < 24) mensaje = 'buenas noches';

  // Busco en el DOM la etiqueta con el ID = 'output' y le asigno el contenido
  document.getElementById('output').innerHTML = mensaje;
</script>
```

Puedes encontrar este ejemplo en el archivo Holamundodinamico.*html*

Este código contiene varias novedades: analicémoslas una a una.

Empecemos por el valor de la constante `hora`.

```
const hora = new Date().getHours();
```

Mediante la instrucción `new Date()` se construye un nuevo objeto de tipo fecha. Como no especifica la fecha que el objeto debe contener entre los paréntesis, el objeto fecha contiene la fecha y la hora del sistema y, por tanto, la fecha y la hora en que se ejecuta el comando.

NOTA

Existen tres posibilidades para asignar a un objeto del tipo fecha una fecha determinada:

- `new Date(milisegundos)`: la fecha se especifica como el número de milisegundos transcurridos desde el 1 de enero de 1970, que es la fecha 0.
- `new Date(fecha como cadena)`: la fecha se expresa como una cadena que utiliza el sistema de notación americano con eventuales nombres de los meses escritos en inglés (`new Date("september 05, 2018 11:43:00")`) o usando el formato mes día año (`new Date("09/05/2018")`). *Ambas fechas de los ejemplos propuestos indican el 5 de septiembre de 2018.*
- `new Date(año, mes, día, hora, minutos, segundos, milisegundos)`: la fecha se crea especificando año, mes, día... No es necesario especificar todos los valores si no son necesarios. Ten en cuenta que el mes se expresa con un número que va del 0 al 11. `new Date(2018,08,05)` crea la fecha 5/9/2018.

Una vez se ha creado el objeto fecha, con la función `getHours()` recuperamos la hora memorizada en la fecha. La hora se representa con un número del 0 al 23.

NOTA

Existen diferentes funciones que permiten extraer partes de la fecha/hora almacenada en un objeto fecha:

- `getDate()`: devuelve el día del mes con un número del 1 al 31;
- `getDay()`: devuelve el número del día de la semana con un valor del 0 (domingo) al 6 (sábado);
- `getFullYear()`: devuelve el año con un número de cuatro cifras;
- `getMilliseconds()`: devuelve los milisegundos con un número del 0 al 9999;
- `getMinutes()`: devuelve los minutos con un número del 0 al 59;
- `getMonth()`: devuelve el mes con un número del 0 al 11;
- `getSeconds()`: devuelve los segundos con un número del 0 al 59;
- `getTime()`: devuelve el número de milisegundos transcurridos desde la media noche del 1 de enero de 1970;
- `getTimezoneOffset()`: devuelve la diferencia entre el UTC (***Coordinated Universal Time***: es la zona horaria de referencia a partir de la cual se calculan el resto de zonas horarias del mundo) y la hora local expresada en minutos. La función en Italia devuelve −60 con la hora solar y −120 con la hora legal.

Para las funciones que acabamos de ver, existen los correspondientes UTC (`getUTCDate()`, `getUTCDay()`, `getUTCFullYear()`, `getUTCHours()`, `getUTCMilliseconds()`, `getUTCMinutes()`, `getUTCMonth()` y `getUTCSeconds()`) que se comportan exactamente como los anteriores, pero hacen referencia al UTC.

Una vez hemos recuperado la hora, podemos recurrir a instrucciones condicionales (`if`) para decidir qué mensaje mostrar.

Antes de explicar la sintaxis de la instrucción condicional, debemos indicar que el mensaje queda almacenado en una variable denominada precisamente `mensaje`. La variable, como las constantes, es una porción de memoria a la cual se puede asignar un valor. A diferencia del valor de la constante, el valor de una variable, como la misma palabra indica, puede cambiar durante la ejecución del código.

```
let mensaje;
```

Una variable se declara con la palabra clave `let` y las reglas para su denominación son las mismas que hemos visto para los nombres de las constantes.

Ahora que disponemos de nuestra variable, podemos utilizarla para almacenar el mensaje que queremos mostrar dentro del párrafo con el id *output*.

El mensaje variará según la hora, es decir, si se verifica una determinada condición; por ejemplo, para que el mensaje sea 'buenos días', la hora debe ser un número menor que 13.

Para efectuar este tipo de verificación, debemos recurrir a las instrucciones condicionales.

En su forma más simple, una instrucción condicional tiene esta forma:

```
if (condición a verificar) acción a ejecutar si se verifica la condición
```

Esta es la forma de nuestra primera instrucción condicional:

```
if (hora < 13) mensaje = 'buenos días';
```

La condición que se debe comprobar es que la constante `hora` tenga un valor menor que 13. Si la condición se verifica, la variable `mensaje` asume el valor 'buenos días'.

¿Y si la condición no se verifica?

En este caso en concreto, se realizan otras dos comprobaciones con las instrucciones `else if`.

```
else if (hora < 21) mensaje = 'buenas tardes';
else if (hora < 24) mensaje = 'buenas noches';
```

Si `hora` es un número menor que 21, `mensaje` asume el valor 'buenas tardes' y si `hora` es un número menor que 24, `mensaje` asume el valor 'buena noches'.

Si ninguna de estas condiciones alternativas se verifica, entonces (instrucción `else`), `mensaje` asume el valor 'hola'.

```
else mensaje = 'hola';
```

Las instrucciones `else if` y `else` son opcionales y se podría limitar a especificar una acción si se verifica una única condición mediante una simple instrucción `if`.

En nuestro ejemplo, hemos utilizado una forma "abreviada" de las instrucciones `if` agrupando en una sola línea tanto la condición a verificar como la acción a cumplir si la condición se verifica.

Y hemos podido hacerlo porque la acción que se debe llevar a cabo es una.

Podríamos haber adoptado la forma más amplia:

```
if (hora < 13) {
    mensaje = 'buenos días';
} else if (hora < 21) {
    mensaje = 'buena tardes';
} else if (hora < 22) {
    mensaje = 'buenas noches';
} else {
    mensaje = 'hola';
}
```

En esta forma, la acción que se debe llevar a cabo está encerrada entre llaves.

Este sistema de notación es obligatorio si las acciones a ejecutar en el caso en que se verifique una condición son más de una.

Observa el ejemplo siguiente:

```
<head>
    <style type="text/css">
        .mañana {
            background-color: #A0EEF0;
            color: #971D78;
        }
        .tarde {
            background-color: #47B8FE;
            color: #DCFE24;
        }
        .noche {
            background-color: #FA8F6F;
            color: #971D78;
        }
        .madrugada {
            background-color: #0A0D2C;
            color: #FFFFFF;
        }
    </style>
</head>
<body class="mañana">
    <p id="output"></p>
    <script type="text/javascript">
        // hora del sistema
            const hora = new Date().getHours();
            let mensaje;
            let nombreEstilo;

            if (hora < 13) {
                mensaje = 'buenos días';
                nombreEstilo = 'mañana';
            } else if (hora < 21) {
                mensaje = 'buenas tardes';
                nombreEstilo = 'tarde';
            } else if (hora < 24) {
                mensaje = 'buenas noches';
                nombreEstilo = 'noche';
            } else {
                mensaje = 'hola';
                nombreEstilo = 'madrugada';
            }
            document.getElementById('output').innerHTML = mensaje;
            document.body.className = nombreEstilo;
    </script>
</body>
```

Puedes encontrar este ejemplo en el archivo Holamundodinamico2.*html*

Hemos añadido a nuestro archivo una parte de clases CSS. Según el horario que sea, asignamos también un valor a la variable `nombreEstilo`. Esta variable se utilizará para asignar esa clase específica al elemento `<body>` en nuestra página y, concretamente, cambiar su color de fondo y el color del texto insertado.

4

Trabajar con cadenas

ECMAScript nos permite trabajar con cadenas de un modo muy interesante. En este capítulo, queremos explorar algunas posibilidades en las que profundizaremos más adelante.

Temas tratados

- Operador booleano *or* ||
- Operador booleano *and* &&
- Cargar una imagen trabajando con la propiedad `src` de un elemento IMG
- Operador de concatenación +
- Operadores de igualdad == y ===
- Plantillas de cadena

Como primer ejemplo, queremos comprobar el día de la semana (recuerda que con la función `getDay` de un objeto fecha podemos obtener un número que corresponde al día de la semana) y mostrar en la página HTML una carita correspondiente al día.

En nuestro sitio web encontrarás siete imágenes (Figura 4.1) cuyo nombre está formado por la palabra "carita" y un número que corresponde al día de la semana al cual se refiere la figura. Recuerda que el número 0 corresponde al domingo y el 6, al sábado. Son imágenes de tipo *.png*.

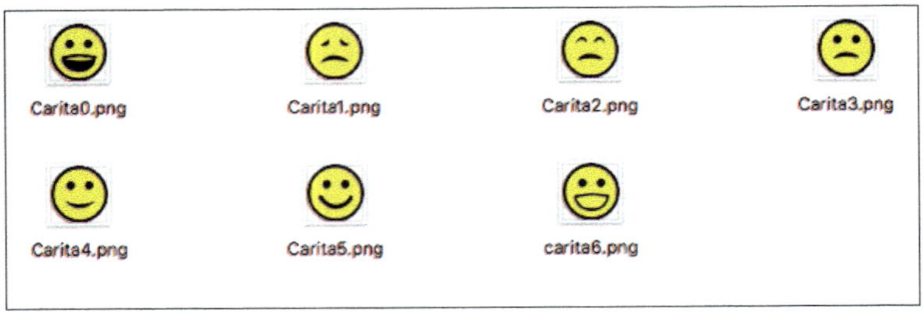

Figura 4.1 - Las caritas que se utilizarán en este ejercicio.

Para cargar la imagen correcta, tras haber adivinado el número correspondiente al día de la semana, escribiremos el nombre de la imagen y pasaremos vía código este nombre a la propiedad `src` del objeto imagen.

Para simplificar, almacenamos el archivo HTML en la misma carpeta que las imágenes, aunque nada nos impide escribir el nombre de la imagen que se cargará con la ruta correcta para llegar a ella.

```
<body>
  <p id="output" ></p>
  <img id="carita" />
  <script type="text/javascript">
       const dia = new Date().getDay();
       const valorSrc ='Carita' + dia + '.png';
     document.getElementById('carita').src = valoreSrc;
     </script>
</body>
```

Puedes encontrar este ejemplo en el archivo Carita.*html*

Mostramos toda la parte `<body>` del archivo HTML, puesto que hemos añadido una etiqueta `<img>`. La etiqueta tiene un atributo `id`, de manera que posteriormente sea posible llegar a ella a través del código. En cambio, falta el atributo `src` que se añadirá vía código.

Pasemos ahora a la parte JavaScript de este archivo. En primer lugar (`const dia = new Date().getDay();`), almacenamos en la constante `dia` el número del día de la semana de la fecha del sistema, después, creamos la constante `valorSrc` y le asignamos como valor el resultado de la escritura de la palabra "Carita" con el número del día, seguido de la extensión "*.png*".

```
const valorSrc ='Carita' + dia + '.png';
```

Para crear el nombre de la imagen, hemos utilizado el operador de concatenación +, que permite unir las cadenas entre ellas.

De este modo, tenemos exactamente el valor para el atributo `src` de nuestra imagen: cada día, cargaremos una imagen distinta.

```
document.getElementById('carita').src = valorSrc;
```

La técnica que hemos visto para escribir las cadenas funciona perfectamente y se utiliza en casi todos los lenguajes de programación, pero ECMAScript 6 introdujo otra técnica muy interesante que se basa en **plantillas de cadena** (o *template litterals*, en inglés).

En lugar de usar la instrucción:

```
const valorSrc ='Carita' + dia + '.png';
```

podríamos haber escrito

```
const valorSrc = `Carita${dia}.png`;
```

El resultado habría sido idéntico, pero habríamos utilizado una plantilla de cadena.

Lo primero que debemos observar en las plantillas de cadena es que no están encerradas entre comillas como las cadenas normales, sino entre el carácter **backtick** (\` \`) o acento grave. Este carácter se obtiene pulsando la tecla situada a la derecha de la tecla P.

> **NOTA**
>
> Resulta muy incómodo escribir el carácter backtick en los ordenadores portátiles que no tienen teclado numérico. En la sección Insertar el backtick o acento grave, al final de este capítulo, proponemos algunas soluciones para ello.

Las plantillas de cadena pueden contener marcadores. Estos se indican con el signo del dólar y entre llaves (`${expresión}`). Durante la ejecución, el marcador queda sustituido con el valor de la expresión que contiene. En nuestro caso, está sustituido por el valor de la constante `dia`.

Un aspecto interesante de las plantillas de cadena es que dentro del marcador las expresiones se ejecutan y, por lo tanto, se pueden llevar a cabo, por ejemplo, operaciones matemáticas.

Añade al código propuesto anteriormente las líneas siguientes:

```
let mensaje;
mensaje = `Faltan ${6 - dia} días para el fin de semana`
...
...
document.getElementById('output').innerHTML = mensaje;
```

Nuestra variable mensaje contiene una plantilla de cadena. En su interior, hay un marcador en el cual se ejecuta una operación matemática. El resultado de esta operación será sustituido por el marcador.

Dentro de las plantillas de cadena, también es posible insertar código HTML. Podríamos modificar nuestro ejemplo de la siguiente manera:

```
mensaje = `Faltan <strong> ${6 - dia} </strong> días para el fin de semana`
```

Podríamos complicar un poco nuestro ejemplo mostrando un mensaje distinto si el día en que nos encontramos es sábado o domingo (de hecho, no tiene demasiado sentido que en estos días se muestren los días que faltan para el fin de semana).

Así, pues, podríamos sustituir la línea de código anterior con la instrucción `if` siguiente:

```
if (dia === 0 || dia === 6) mensaje = 'Buen fin de semana'
else mensaje = `Faltan ${6 - dia} días para el fin de semana`
```

Puedes encontrar este ejemplo en el archivo caritaMensaje.*html*

La parte `else` de este códido es absolutamente clara: centrémonos en la parte `if`, que contiene muchas novedades.

En primer lugar, encontramos el nuevo operador === que verifica la igualdad entre el valor de la variable `dia` y los números 0 o 6.

El operador === os puede sorprender un poco, y existe también en JavaScript el operador ==, aunque la verificación de igualdad es menos estricta.

La Tabla 4.1 resume el significado de los distintos operadores que utilizan el símbolo =.

Otra novedad de este código consiste en el hecho de que la instrucción condicional, de hecho, verifica dos condiciones: que `dia` sea igual a 0 o que sea igual a 6 (es decir, que sea domingo o sábado).

Las dos comparaciones están unidas por el operador **||**, que indica un ***or* booleano**, es decir, la condición en su conjunto es verdadera si **como mínimo una** de las dos (o más) condiciones unidas por el operador || es verdadera.

> **NOTA**
> Para obtener el operador || hay que teclear dos veces el carácter |, que se encuentra en la tecla 1 del teclado alfanumérico. Para obtenerlo, debes pulsar la combinación AltGr + 1.

Si se desea que las condiciones en su conjunto sean verdaderas cuanto **todas** las condiciones especificadas son verdaderas, hay que unirlas con el operador **&&**, que indica un ***and* booleano**. Obviamente, en este caso específico, el uso de **&&** no tendría ningún sentido porque la variable `dia` no puede tener el valor 0 y 6 simultáneamente. Su valor puede ser o 0 o 6.

Tabla 4.1 - Operadores.

Operador	Significado	Ejemplo
=	Asigna un valor a una variable o a una constante	`const hora = 5` Declara la constante hora y le asigna como valor el número 5
==	Operador de igualdad. Verifica la igualdad entre las expresions a su derecha y a su izquierda. Las expresiones deben ser iguales en el valor pero no necesariamente en el tipo	`hora == "5"` Verifica si hora es igual a la cadena "5". Esta expresión devuelve `Verdadero` porque los valores son iguales incluso si los tipos son distintos (en realidad, hora es un número)

===	Operador comparativo. Verifica la igualdad entre las expresiones a su derecha y a su izquierda. Las expresiones deben ser iguales tanto en el valor como en el tipo	`hora === "5"`
		`hora === 5`
		La primera expresión es **falsa**, porque los tipos son distintos, mientras que la segunda es **verdadera** porque los tipos son iguales

Cadenas multilínea

Otro aspecto interesante de las plantillas de cadena es que se pueden crear fácilmente cadenas multilínea sin necesidad de recorrer a otros operadores.

Para evitar que la cadena multilínea se refleje en el HTML en una única línea, necesitamos un bloque de código <pre>.

Así, añadimos a la parte del HTML de nuestro archivo la línea siguiente:

```
<pre id="output1"></pre>
```

Después, en la parte de JavaScript, agregamos este código:

```
const mensaje1 = `
    dime
    ¿qué tienes programado para hoy?`
...
...
document.getElementById('output1').innerHTML = mensaje1;
```

Puedes encontrar este ejemplo en el archivo CaritaMensajeInicio.*html*

La Figura 4.2 muestra la salida de este fragmento en un navegador.

Figura 4.2 - La cadena multilínea en el navegador.

Muy a menudo se recurre a las cadenas multilínea para crear un código HTML con formato.

Para hacer una prueba, sustituye la etiqueta `<pre>` por una etiqueta `<div>` que podremos rellenar después con otros objetos HTML:

```
<div id="output1"></div>
```

Ahora, corrige también el valor de la constante `mensaje1`:

```
const mensaje1 = `
     <h1>hola</h1>
     <p>¿qué tienes programado para hoy?</p>`
```

Puedes encontrar este ejemplo en el archivo CaritaMensajeInicioHTML.*html*

Ya no necesitamos realizar más cambios. Prueba el archivo en un navegador y muestra la estructura (pulsando F12 en el teclado, en la mayoría de los navegadores) o el código fuente de la página (Figura 4.3).

Observa que en la etiqueta `<div>` el código HTML que hemos insertado permanece distribuido de forma ordenada en varias líneas.

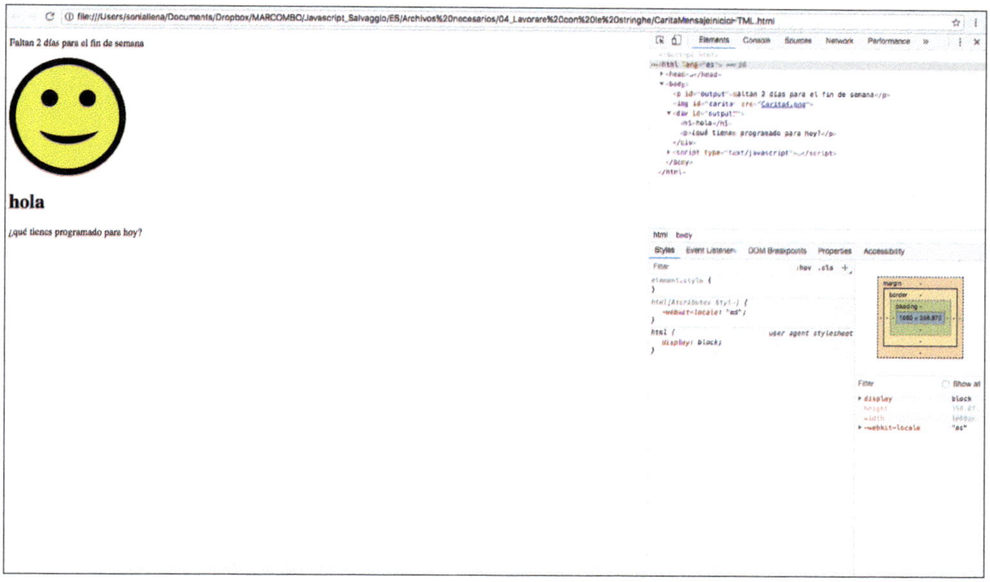

Figura 4.3 - La estructura de la página en el navegador.

Insertar el *backtick* o acento grave

Para insertar el carácter backtick con el teclado italiano, hay que pulsar la combinación de teclas ALT + 96 desde el teclado numérico.

Esto es un problema con los PC portátiles, muchos de los cuales no disponen de teclado numérico (algunos cuentan con teclas que corresponden al teclado numérico pulsando a la vez la tecla fn, pero no es lo habitual).

Por esta razón, vamos a ver cómo podemos obtener este caracter. Te proponemos dos soluciones: el mapa de caracteres y el teclado italiano 142.

La solución más inmediata, aunque quizás poco práctica, es la que implica el uso del mapa de caracteres, desde el cual podemos copiar el carácter que necesitamosLa solución más inmediata, aunque quizás poco práctica, es la que implica el uso del mapa de caracteres, desde el cual podemos copiar el carácter que necesitamosLa solución más inmediata, aunque quizás poco práctica, es la que implica el uso del mapa de caracteres, desde el cual podemos copiar el carácter que necesitamos (Figura 4.4). igura 4.4).igura 4.4).

Para abrir el mapa de caracteres, en Windows 7, selecciona **Inicio > Todos los programas > Accesorios > Herramientas del sistema > Mapa de caracteres** o, en Windows 10, **Inicio > Todas las aplicaciones > Accesorios de Windows > Mapa de caracteres.**

Otras solución, que, para nosotros, es más cómoda si se debe utilizar el backtick con frecuencia, consiste en utilizar el teclado italiano de 142 caracteres, que sería el teclado italiano para programadores.

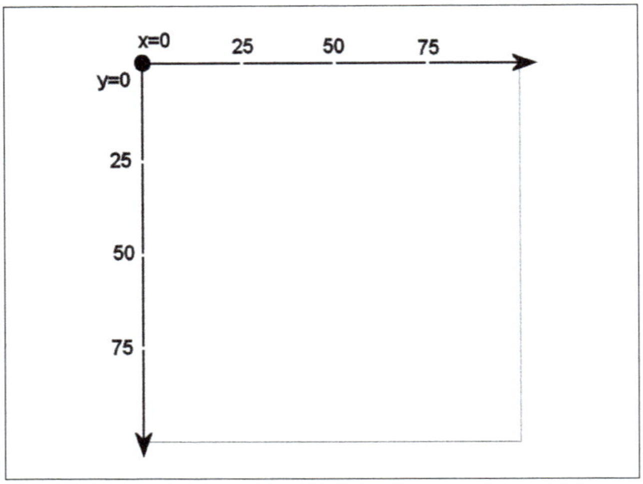

Figura 4.4 - Backtick en el mapa de caracteres.

Para activarlo, debemos acceder a la sección **Reloj, idioma y región** del panel de controlPara activarlo, debemos acceder a la sección Reloj, idioma y región del panel de controlPara activarlo, debemos acceder a la sección Reloj, idioma y región del panel de control (Figura 4.5).(Figura 4.5).(Figura 4.5).

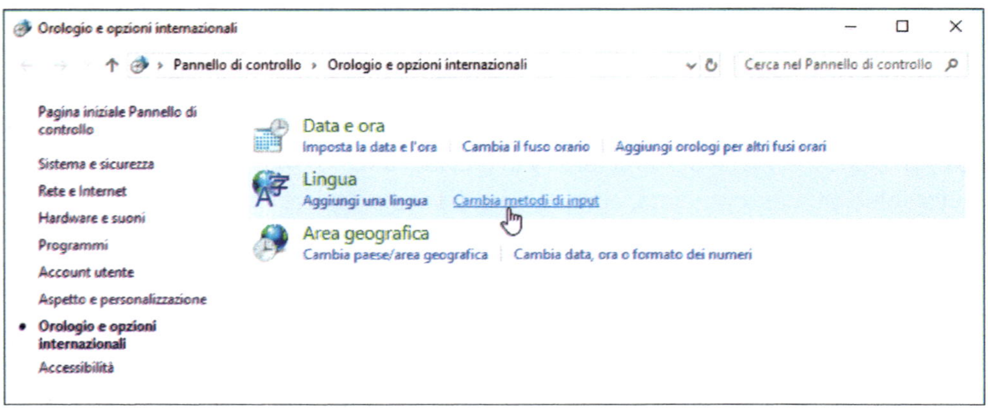

Figura 4.5 - La sección Reloj, idioma y región del panel de control.

Para abrir esta ventana, con Windows 7 selecciona **Inicio > Panel de control > Reloj, idioma y región**, y con Windows 10 selecciona **Inicio > Sistema de Windows > Panel de control > Hora e idioma > Región e idioma > Opciones adicionales de fecha, hora y configuración regional**.

En esta ventana, selecciona **Cambiar métodos de entrada** y, después, en la ventana siguiente, haz clic sobre **Opciones** correspondiente al idioma italiano.

En la nueva ventana, haz clic en **Agregar un método de entrada** (Figura 4.6). En la ventana siguiente, localiza el teclado **Querty Italiano 142** y haz clic en **Añadir**.

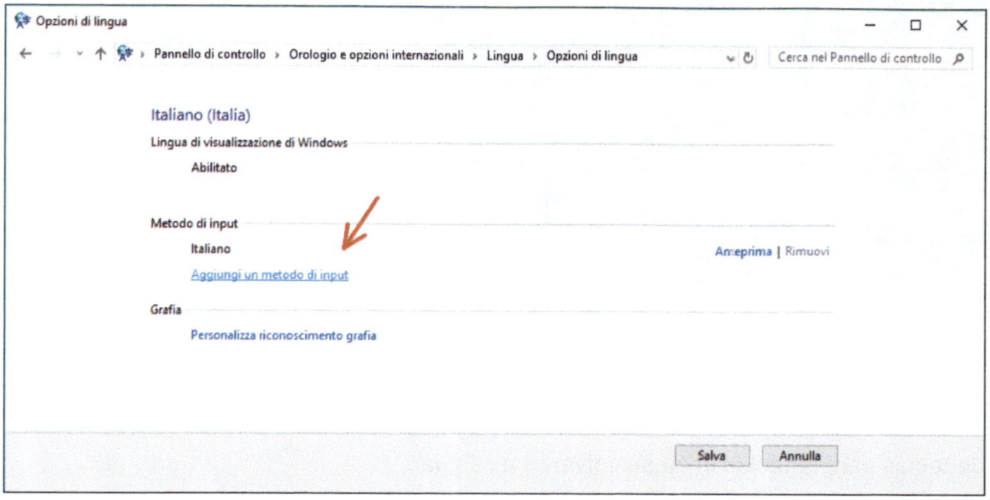

Figura 4.6 - Elige un nuevo método de entrada para el idioma italiano.

Una vez añadido el teclado, cierra las ventanas del panel de control y, en la barra de aplicaciones, localiza el icono del teclado actual: para el teclado italiano, aparecerá el icono IT. Pulsa sobre él y elige el teclado italiano 142Una vez añadido el teclado, cierra las ventanas del panel de control y, en la barra de aplicaciones, localiza el icono del teclado actual: para el teclado italiano, aparecerá el icono IT. Pulsa sobre él y elige el teclado italiano 142Una vez añadido el teclado, cierra las ventanas del panel de control y, en la barra de aplicaciones, localiza el icono del teclado actual: para el teclado italiano, aparecerá el icono IT. Pulsa sobre él y elige el teclado italiano 142 (Figura 4.7).

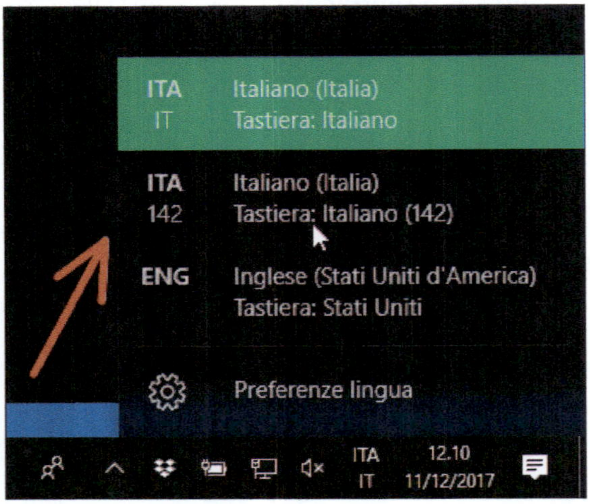

Figura 4.7 - Activar el teclado italiano 142.

A partir de ahora, para insertar el backtick, sencillamente deberás utilizar la combinación de teclas **AltGr + ù**.

Si has elegido insertar el teclado italiano 142, ten en cuenta que las combinaciones de teclas para la tecla Alt Gr se volverán a asignar.

Las nuevas combinaciones son las siguientes:

AltGr + Q = @
AltGr + 3 = #
AltGr + 5 = €
AltGr + 8 = [
AltGr + 9 =]
AltGr + 7 = {
AltGr + 0 = }
AltGr + + = ~

5

Los bucles

En muchas situaciones, es necesario repetir la misma operación sobre distintos datos y, para ello, nos pueden ayudar los bucles. Existen distintos tipos de bucle: aquí estudiaremos el bucle for con índice. También veremos cómo utilizar la consola del navegador para el análisis del código.

Temas tratados

- Bucle `for` con índice
- Seleccionar elementos en el DOM (HTML) con los selectores CSS
- Modificar atributos de elementos en el DOM
- Utilizar el operador de asignación compuesta
- Utilizar el operador de autoincremento
- Utilizar la consola del navegador

Empezamos con un caso sencillo sobre el cual trabajaremos utilizando bucles.

Nuestro objetivo es contabilizar los elementos de una lista.

```
<body>
  <ul id="numeros">
    <li>uno</li>
    <li>dos</li>
    <li>tres</li>
  </ul>
  <p id="output"></p>
  <script type="text/Javascript">
  const listaLI = document.querySelectorAll('#numeros li');
```

```
  const mensaje = `Hay ${listaLI.length} elementos en la lista UL "numeros"`;
  document.getElementById('output').innerHTML = mensaje;
  </script>
</body>
```

Puedes encontrar este ejemplo en el archivo bucle1.*html*

La parte HTML de este archivo contiene una lista no numerada (etiqueta `<UL>`) de elementos (etiqueta `<LI>`). El elenco tiene un ID asociado con valor `"numeros"`.

La primera operación que debemos llevar a cabo en nuestro código consiste en localizar esta lista dentro de la página HTML. Para ello, utilizaremos las funciones del DOM (*Document Object Model*) que ya hemos utilizado en los capítulos anteriores mediante el objeto `document`.

Recordemos que, para encontrar un elemento HTML (una etiqueta), se pueden utilizar diferentes opciones (en el capítulo dedicado al DOM retomaremos este argumento):

- Selector CSS `.miClase`: busca los elementos que tienen la clase CSS denominada *miClase*.
- Selector CSS `#miId`: busca los elementos que tienen un atributo `id` igual a "mild";
- `tag`: busca los elementos de tipo etiqueta (`p`, `pre`, `ul`...).

En nuestro caso específico, podemos localizar los elementos `LI` contenidos en el elemento `UL` con `id="numeros"` con el selector CSS `"#numeros li"` utilizado como argumento de la función `querySelectorAll()` del objeto `document`. La función devuelve una lista de los objetos del documento que corresponden a los selectores especificados como argumentos.

```
const listaLI = document.querySelectorAll('#numeros li');
```

El objeto `listaLI` (de tipo `NodeList`, un contenedor de objetos del cual hablaremos más adelante en este libro) contiene todos los elementos localizados con el selector pasado a la función `querySelectorAll` del objeto `document`.

NOTA

Es muy habitual buscar elementos en la página mediante librerías JavaScript, entre las cuales la más famosa es jQuery, puesto que inicialmente esta operación, realizada directamente en JavaScript, era un poco compleja. Sin embargo, con el paso de los años, los navegadores han introducido nuevas funcionalidades (como, precisamente, nuestra función `querySelectorAll`), que en muchos casos hacen que adoptar una librería externa no valga en absoluto la pena.

A continuación, podemos utilizar `listaLI` para mostrar cuántos elementos hay en la lista (tres, en nuestro caso) recurriendo a la propiedad `length` del objeto `listaLI`, que precisamente contiene el número de elementos que contiene el objeto.

```
const mensaje = `Hay ${listaLI.length} elementos en la lista UL "numeros"`;
document.getElementById('output').innerHTML = mensaje`;
```

Ahora, vamos a tratar de complicar un poco nuestro ejemplo. En lugar de limitarnos a contabilizar cuántos son los elementos de la lista, también queremos asociar a los elementos `LI` de esta lista un atributo "`value`", cuyo valor expresa el número en cifras. En otras palabras, queremos obtener un resultado como el que ves a continuación:

```
<ul id="numeros">
    <li value="1">uno</li>
    <li value="2">dos</li>
    <li value="3">tres</li>
</ul>
```

NOTA

Naturalmente, debemos pensar que tenemos que realizar esta operación de manera dinámica, por ejemplo, porque no podemos modificar nosotros el archivo HTML (creado por otro desarrollador) o porque la misma lista UL ha sido creada dinámicamente.

NOTA

Para no complicar demasiado el ejercicio, supongamos que los elementos `LI` están definidos por orden ("uno", "dos"...) y que, por tanto, no necesitamos saber que la palabra "dos" indica el número 2, sino que asumiremos simplemente que el primer elemento es 1, el segundo es 2, etc

Esto significa que debemos repetir la operación de agregar los atributos `value` varias veces, una para cada elemento de la lista. Para ejecutar estas operaciones, recurrimos a uno de los muchos bucles que JavaScript pone a nuestra disposición: el bucle `for` con índice.

Su forma es la siguiente:

```
for (valor índice inicial; valor máximo del índice; cuánto aumenta el índice) {
    instrucciones a repetir
}
```

Por ejemplo, el bucle:

```
for (let i=1; i <= 10; i+=1) {
    instruccion(i);
}
```

repite la instrucción 10 veces, con la variable índice `i`, que asume valores del 1 (`i=1`) al 10 (`i <= 10`), con paso 1 (`i += 1`): 1, 2, 3 hasta 10. Cuando `i` llega a 11, el bucle termina y la ejecución continúa desde la línea siguiente.

> **NOTA**
> Es habitual asignar un nombre corto, como `i`, `j`, `k`, a las variables índice de los bucles.

En nuestro ejemplo, hemos utilizado el **operador de asignación compuesta**, que combina un operador aritmético (+, en este caso) con el operador de asignación (=).

Con este operador, conseguimos realizar rápidamente 5 de `i`, añade 1 y asigna el resultado a `i`".

La notación:

```
i+=1
```

corresponde a:

```
i = i+1
```

El operador de asignación compuesta proporciona una solución más sintética y con menos probabilidades de error, dado que no se debe repetir el nombre de la variable sobre la que se trabaja.

Una alternativa a este operador es el **operador de autoincremento** (`i++`), que desarrolla la misma función.

La diferencia principal entre el operador de asignación compuesta (`i+=1`) y el operador de autoincremento (`i++`) consiste en el hecho que el primero permite incrementos de distintas unidades (`i+=2`, por ejemplo), mientras que el segundo permite solo incrementos de una unidad.

Volviendo a nuestro problema, podemos añadir al código mostrado anteriormente el bucle siguiente:

```
for (let i=0; i < listaLI.length; i+=1) {
    listaLI.item(i).value = i+1;
}
```

Puedes encontrar este ejemplo en el archivo bucles2.*html*

Analicemos con detalle este código.

El bucle empieza por el número 0 y acaba antes del 3 (el valor de `listaLI.length`), es decir, el bucle se ejecuta 3 veces (cuando i=0, cuando i=1 y cuando i=2) y se interrumpe cuando i=3 (`i < listaLI.length`).

La instrucción contenida en el bucle `for` (es decir, que se repite en cada iteración del bucle):

```
listaLI.item(i).value = i+1;
```

utiliza el conjunto de valores `item` que representa el conjunto de elementos `LI` que se encuentran en nuestra lista `UL`.

Cada elemento (es decir, cada elemento `LI`) tiene una posición determinada en el conjunto. Podemos acceder a un elemento en concreto indicando entre los paréntesis de `item` un número que representa su posición.

En la primera ejecución del bucle, accedo al elemento en la posición 0 (`i` al inicio vale 0), en la segunda repetición, accedo al elemento en la posición 1 (`i` ha aumentado una unidad), en la tercera y última, accedo al elemento en la posición 2 (`i` ha aumentado otra unidad).

En nuestro caso específico:

- En la primera vuelta del bucle `for`, `i = 0` y `listaLI.item(i)` indica el elemento `LI` "uno".
- En la vuelta siguiente, `i = 1` y `listaLI.item(i)` indica el elemento `LI` "dos".
- En la tercera y última vuelta, `i = 2` y `listaLI.item(i)` indica el elemento `LI` "tres".

Observa que en JavaScript los conjuntos de valores (como `listaLI`) siempre tienen índices que empiezan desde 0: el primer elemento tiene índice (posición) 0, el segundo tiene índice 1 y así sucesivamente.

Ahora que ya hemos visto cómo acceder a los distintos elementos `LI`, debemos precisar que con `listaLI.item(i).value` accedemos al atributo `value` del elemento `LI`: si el atributo `value` ya no existe, se crea y se le asigna un valor, si no, solo se modifica el valor.

Con la instrucción `listaLI.item(i).value = i+1` fijamos el valor de `value` al valor del índice aumentado en una unidad (para compensar el hecho de que el índice empieza desde 0 mientras que los números de la lista lo hacen desde 1).

Seguramente has observado que, en este caso, hemos escrito `i + 1` y no `i+=1` o `i+`. Esto es así porque no estamos modificando el valor de `i`, sino que solo lo estamos utilizando (leyendo) y, de hecho, es la instrucción `for` la que se ocupa de gestionar el incremento de la variable índice en cada vuelta o bucle.

La consola

Sin embargo, si ejecutamos en el navegador este código, no percibimos su acción (estamos actuando a nivel de código HTML con una modificación que no tiene ningún impacto sobre el *output* de la página en el navegador).

¿Y cómo podemos ver el resultado de nuestro bucle `for`?

Una posibilidad consiste en leer el código fuente de la página del navegador. Para acceder al código fuente de la página, pulsa con el botón derecho del ratón en cualquier punto de la página y selecciona la opción "Ver código fuente" o similar (depende del navegador): ¡verás que el código HTML ha sido modificado por nuestro código JavaScript!

Una manera más potente de analizar una página es abrir el modo de desarrolladores pulsando la tecla **F12** del teclado (en Firefox y Chrome, también mediante la combinación CTRL+MAYÚS+i).

En función del navegador que se utilice, aparece una ventana independiente o una sección en la página que muestra distintas pestañas, una de las cuales permite analizar el código HTML (Figura 5.1), además de los estilos CSS y el código JavaScript cargados por la página.

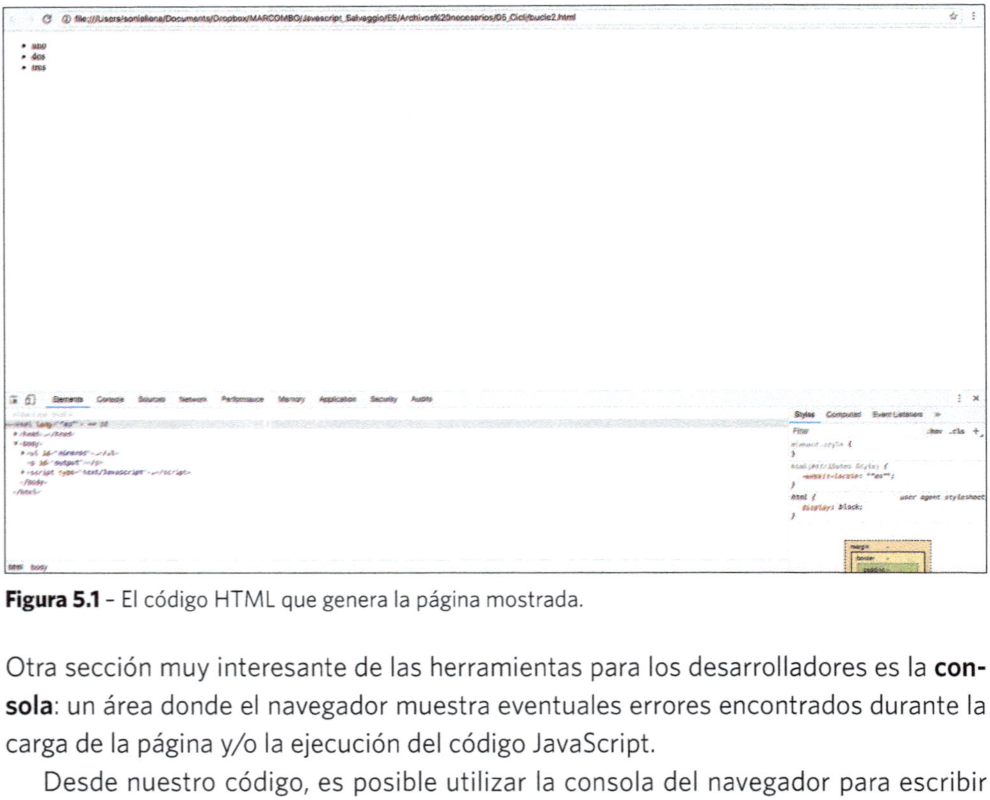

Figura 5.1 - El código HTML que genera la página mostrada.

Otra sección muy interesante de las herramientas para los desarrolladores es la **consola**: un área donde el navegador muestra eventuales errores encontrados durante la carga de la página y/o la ejecución del código JavaScript.

Desde nuestro código, es posible utilizar la consola del navegador para escribir mensajes que nos pueden ayudar a identificar problemas (los denominados mensajes de depuración).

Por ejemplo, podemos modificar nuestro bucle `for` del siguiente modo.

```
for (let i=0; i<listaLI.length; i+=1) {
    console.log(`i=${i} value=${i + 1} elemento=${listaLI.item(i)}`);
    listaLI.item(i).value = i+1;
}
```

Puedes encontrar este ejemplo en el archivo Bucles2.*html*

La instrucción `console.log` llama a la función `log` del objeto `console`, que escribe un mensaje en la consola del navegador.

> **NOTA**
>
> Obviamente, si la consola no está abierta, el mensaje no aparece.

Si ejecutamos el bucle, tendremos, en la consola (Figura 5.2), líneas como estas:

i=0 value=1 elemento=[object HTMLLIElement]
i=1 value=2 elemento=[object HTMLLIElement]
i=2 value=3 elemento=[object HTMLLIElement]

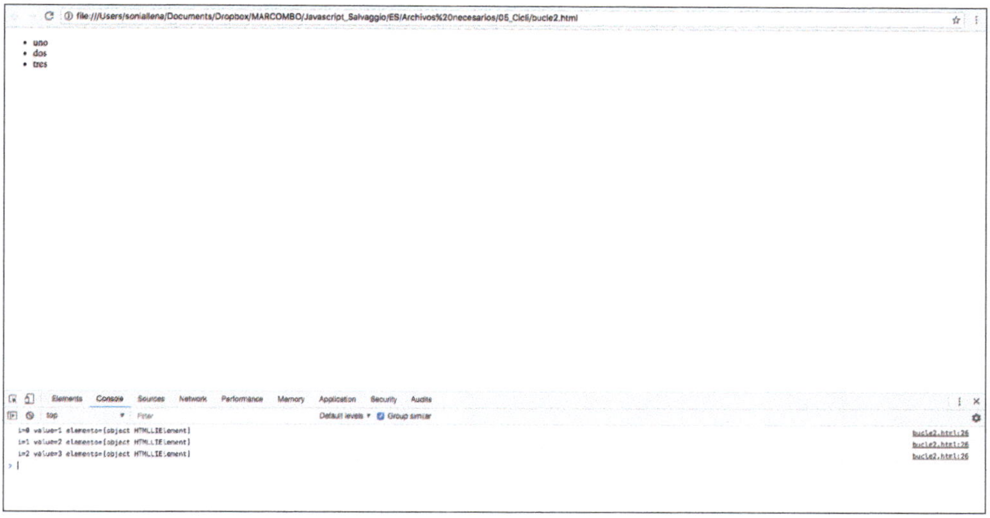

Figura 5.2 - Mensajes en la consola.

Estos mensajes confirman los valores de la variable índice `i`, del valor calculado para el atributo `value` y del hecho que `listaLI.item` contiene objetos JavaScript que representan elementos `LI`.

Algunos desarrolladores suelen mostrar en pantalla estos mensajes mediante ventanas `alert` que se abren en la página del navegador (Figura 5.3).

```
alert(`i=${i} value=${i + 1} elemento=${listaLI.item(i)}`);
```

Figura 5.3 - La ventana *alert*.

Es preferible utilizar `console.log` en lugar de las ventanas de `alert`, porque `console.log` no interrumpe la ejecución del código y en cambio `alert`, sí.

6

Funciones

En este capítulo hablaremos de funciones que permiten agrupar varias líneas de código para mantener el orden y reutilizar más fácilmente partes de código.

Temas tratados

- Definir y utilizar funciones
- Utilizar el operador ternario
- Pasar parámetros
- Arrays
- Funciones anónimas
- Área de validez de constantes y variables

Una función es un grupo de instrucciones que ejecuta una tarea o calcula un valor.

Para trabajar con funciones se precisan dos pasos:

- declarar la función y definir sus acciones
- llamar a la función en uno o varios puntos del código

Para explicar mejor el uso de funciones, empezaremos con un ejemplo:

```
<body>
  <p id="output"></p>
  <img id="carita" />

  <script type="text/javascript">
    function esFinDeSemana() {
      const dia = new Date().getDay();
      if (dia === 0 || dia === 6) return true;
```

```
        else return false
    }
    let valorSrc;
    if (esFinDeSemana() === true) valorSrc = 'CaritaFeliz.png';
    else valorSrc = 'CaritaTriste.png';

    document.getElementById('carita').src = valorSrc;
  </script>
</body>
```

Puedes encontrar este ejemplo en el archivo Funciones.*html*

Empezamos el análisis de este código precisamente por la función `esFinDeSemana`:

```
function esFinDeSemana() {
      const dia = new Date().getDay();
      if (dia === 0 || dia === 6) return true;
      else return false
}
```

Observa que, para crear la función, se utiliza la palabra `function` seguida del nombre de la misma función y, a su vez, seguida de un par de paréntesis.

Todas las líneas de código que forman parte de la función se sitúan entre llaves.

Anteriormente hemos dicho que una función puede limitarse a ejecutar acciones, o bien puede devolver un valor, como la función que estamos analizando.

El valor devuelto se introduce con la palabra `return`.

La función utiliza un código que ya te debería ser familiar: tras haber leído el número del día de la semana, si es sábado (6) o domingo (0), la función devuelve `true` y, si no, devuelve `false` (es decir, un valor booleano).

En realidad, podríamos escribir la función evitando la instrucción `if` y utilizando una notación más resumida:

```
return dia === 0 || dia === 6;
```

Esta instrucción devuelve el resultado de la comparación `dia === 0 || dia === 6`, es decir, verdadero o falso, igual que la instrucción `if` que hemos escrito inicialmente.

Tanto si utilizamos una instrucción `if`, como si recurrimos a la forma más resumida, el valor que devuelve la función se utilizará posteriormente en una instrucción `if` para crear el nombre de la imagen que se desea cargar en el objeto `<img>` con el `id = carita`.

```
if (esFinDeSemana() === true) valorSrc = 'CaritaFeliz.png';
    else valorSrc = 'CaritaTriste.png';
```

Observa que el nombre de la función se debe llamar completo entre paréntesis.

En este ejemplo, para simplificar un poco la lectura, hemos ejecutado explícitamente la comparación `esFinDeSemana() === true`; sin embargo, normalmente, cuando la parte derecha de la comparación es un valor booleano, no se ejecuta la comparación de manera explícita, sino que basta con una notación más reducida:

```
if (esFinDeSemana()) valorSrc = 'CaritaFeliz.png';
```

Antes de continuar, queremos mostrarte un modo más sintético de escribir una instrucción `if`, una manera que se puede utilizar cuando se tiene una comparación booleana y, por tanto, **una única** expresión a valorar si la comparación es verdadera y **una única** expresión a valorar si es falsa.

Las expresiones en cuestión no pueden llevar a cabo una operación, solo devolver un valor.

Toda la instrucción `if` anterior puede ser escrita del modo siguiente:

```
const valorSrc = esFinDeSemana() ? 'CaritaFeliz.png' : 'CaritaTriste.png';
```

Esta notación se denomina habitualmente **operador ternario** porque se compone de tres partes:

```
test booleano ? valor si verdadero : valor si falso
```

El resultado de un operador ternario, que siempre es un valor, se asigna a una variable o a una constante (o se utiliza para ejecutar operaciones que todavía no hemos explicado), si no, se pierde. Nuestra función se utiliza una sola vez, pero nada nos impide utilizarla también en otras situaciones.

Por ejemplo, podríamos enriquecer nuestro código como se indica a continuación, para mostrar, además de una imagen, también un mensaje adecuado para el momento de la semana:

```
const valorSrc = esFinDeSemana() ? 'CaritaFeliz.png' : 'CaritaTriste.png';
const mensaje = esFinDeSemana() ? 'Diviértete' : 'Venga, que ya falta poco';

document.getElementById('carita').src = valorSrc;
document.getElementById('output').innerHTML = mensaje;
```

Puedes encontrar este ejemplo en el archivo Funciones1.*html*

Tratemos de complicar un poco nuestro ejemplo de uso de una función haciendo que nos muestre el nombre del día de la semana actual.

```
<script type="text/javascript">
    const dia = new Date().getDay();
    function esFinDeSemana() {
      return dia === 0 || dia === 6;
    }
    function queDia() {
      const nombreDia = ['Domingo', 'Lunes', 'Martes', 'Miércoles', 'Jueves',
```

```
    'Viernes', 'Sábado'];
    return nombreDia[dia];
  }
  const valorSrc = esFinDeSemana() ? 'CaritaFeliz.png' : 'CaritaTriste.png';
  document.getElementById('carita').src = valorSrc;
  document.getElementById('output').innerHTML = queDia();
</script>
```

Puedes encontrar este ejemplo en el archivo FuncionesArray.*html*

La auténtica novedad de este código es la línea:

```
const nombreDia = ['Domingo', 'Lunes', 'Martes', 'Miércoles', 'Jueves', 'Viernes',
'Sábado'];
```

La constante `nombreDia`, a diferencia de las que hemos visto hasta hora, contiene un conjunto de datos.

Se define como **array** y contiene múltiples valores ordenados y colocados entre corchetes.

Dado que los valores de un array están dispuestos en un orden determinado, es posible acceder a él especificando su posición mediante un número de índice que empieza desde 0 (el primer elemento del array tiene el valor 0).

Para acceder a un elemento de un array, basta con poner entre los corchetes de dicho array el número de índice del elemento.

```
nombreDia[2]
```

devolverá el valor "Martes" que se encuentra en la posición 2 en el array (0 corresponde a domingo; 1, a lunes; 2, a martes... y 6, a sábado).

Nuestro array contiene los nombres de los días de manera que su posición corresponda al valor devuelto por `getDay()` y almacenado en la variable `dia`, que después podemos utilizar como índice de nuestro array.

```
nombreDia[dia]
```

Pasar parámetros a las funciones

Hasta ahora, hemos escrito funciones que elaboran datos que ya poseen y devuelven como mínimo un valor.

En realidad, es posible pasar uno o más datos (denominados **parámetros**) a la función en el momento en que esta se llama.

La función utilizará los datos pasados para sus elaboraciones y después estos influirán en el resultado de dicha función.

Comprobémoslo con un ejemplo:

```
<body>
  <p id="output"></p>
  <img id="carita" />
  <script type="text/javascript">
    function queDia(nombre) {
      const dia = new Date().getDay();
      const nombreDia = ['Domingo', 'Lunes', 'Martes', 'Miércoles', 'Jueves',
      'Viernes', 'Sábado'];
      return `Hola ${nombre}! Feliz ${nombreDia[dia]}`;
    }
    document.getElementById('output').innerHTML = queDia('Alessandra');
  </script>
</body>
```

Puedes encontrar este ejemplo en el archivo FuncionesParametros.*html*

El comportamiento de esta función debería resultarte familiar; así podemos centrarnos en la gestión del parámetro.

Como puedes ver, la función, desde su definición, está precispuesta a aceptar un parámetro, *nombre*, en nuestro caso, que posteriormente será pasado ('Alessandra') en el momento en que la función es llamada.

En este ejemplo, hemos pasado un único parámetro, pero las funciones de JavaScript pueden aceptar más de uno.

Con este propósito, os proponemos otro ejemplo:

```
<script type="text/javascript">
    function cuantosDias(año, mes, dia, NombreEvento) {
      const hoy = new Date();
      const milsegEnUnDia = 1000 * 60 * 60 * 24; // los milisegundos de un día
      // indico a media noche la fecha de hoy, de no ser así la resta entre ambas
      fechas no nos dará la hora correcta
      hoy.setHours(0, 0, 0, 0);
      const fechaEvento = new Date(año, mes - 1, dia)
      const diferenciaHoras = Math.abs(fechaEvento.getTimezoneOffset() / 60)
      - Math.abs(hoy.getTimezoneOffset() / 60);
      hoy.setHours(hoy.getHours() - diferenciaHoras);

      if (fechaEvento > hoy) {
        return `Faltan ${(fechaEvento.getTime() - hoy.getTime()) /
        milsegEnUnDia} días para ${NombreEvento}`;
      } else {
        return 'La fecha ya pasó'
      }
    }
    document.getElementById('output').innerHTML = cuantosDias(2017, 12, 25,
    'Navidad');
  </script>
```

Puedes encontrar este ejemplo en el archivo FuncionesParametros1.*html*

Esta vez la función es más compleja y prevé que se pasen cuatro parámetros: un año, un mes, un día y un evento. La función utilizará los primeros tres parámetros para crear una fecha y calcular cuántos días faltan para dicha fecha (obviamente, si esta todavía no ha pasado). El cuarto parámetro no es otro que un nombre para el evento representado por la fecha a partir de la cual calculamos los días que faltan.
Veamos cómo ocurre todo esto, puesto que la función contiene muchas novedades.

En primer lugar, además de la constante que representa la fecha, se crea otra que representa la duración de un día en milisegundos, porque la diferencia entre las fechas será devuelta exactamente en milisegundos y nosotros podremos utilizar el valor de esta constante para aplicar el resultado obtenido a varios días.

```
const milsegEnUnDia = 1000 * 60 * 60 * 24
```

Una vez hecho esto, indicamos la fecha de hoy a media noche. Si no lo hacemos, la fecha contiene también la hora del momento en que se ha creado y será más difícil de comparar con la fecha que crearemos con los parámetros pasados a la función que, en cambio, no contendrá un horario y, por tanto, hará referencia a la media noche:

```
hoy.setHours(0, 0, 0, 0);
```

`setHours`, efectivamente, ajusta la hora de una fecha. Requiere como argumentos hora, minutos, segundos y milisegundos.

En este momento, creamos la fecha con los parámetros que han sido pasados, sin olvidarnos de restar 1 al valor pasado para el mes, dado que JavaScript utiliza para los meses números que van del 0 (enero) al 11 (diciembre).

```
const fechaEvento = new Date(año, mes - 1, dia);
```

Para que nuestra función se comporte correctamente con o sin la horal legal, debemos ajustar el horario de la fecha de hoy de manera que tenga en cuenta el posible cambio de hora causado por la hora legal:

```
const diferenciaHoras = Math.abs(fechaEvento.getTimezoneOffset() / 60)
- Math.abs(hoy.getTimezoneOffset() / 60);
hoy.setHours(hoy.getHours() - diferenciaHoras);
```

Como ya sabéis (puesto que lo hemos visto en el capítulo *¡Hola mundo!*), `getTimezoneOffset` devuelve la diferencia en minutos entre el UTC y la hora local. Si dividimos este resultado entre 60, obtendremos las horas.

En este momento, recurrimos al objeto `Math`, que todavía no había salido, y que nos permite ejecutar operaciones matemáticas. En concreto con `abs()` obtenemos la parte absoluta (positiva) de un número (en España, `getTimezoneOffset` devuelve siempre un número negativo).

Si restamos el resultado de la diferencia en horas entre los dos eventos, obtenemos el espacio que necesitamos para alinear la fecha actual con la fecha de nuestro evento: lo hacemos con `setHours()`.

> **NOTA**
>
> Existen diversas funciones que nos permiten elaborar un número con el objeto Math:
>
> - `abs()`: devuelve el valor absoluto de un número.
> - `acos()`: devuelve el arcocoseno en radianes.
> - `asin()`: devuelve el arcoseno en radianes.
> - `atan()`: devuelve el arcotangente como valor numérico comprendido entre $-\pi/2$ y $\pi/2$ radianes.
> - `atan2()`: devuelve el arcotangente del cociente de sus argumentos.
> - `ceil()`: devuelve el valor de su argumento redondeando por exceso al entero más cercano.
> - `cos()`: devuelve el coseno expresado en radianes.
> - `exp()`: devuelve el valor de **e** elevado al valor pasado como argumento.
> - `floor()`: devuelve el valor de su argumento redondeado por defecto al entero más cercano.
> - `log()`: devuelve el logaritmo natural en base **e** del número pasado como argumento.
> - `max()`: devuelve el valor máximo entre los argumentos que le han pasado.
> - `min()`: devuelve el valor mínimo entre los argumentos que le han pasado.
> - `pow()`: devuelve el valor del primer argumento pasado, elevado al valor del segundo argumento.
> - `random()`: devuelve un número aleatorio comprendido entre 0 y 1.
> - `round()`: devuelve su argumento redondeado al entero más cercano.
> - `sin()`: devuelve el seno expresado en radianes.
> - `sqrt()`: devuelve la raíz cuadrada.
> - `tan()`: devuelve la tangente.

Cuando las fechas se indican en la misma referencia horaria, con una instrucción `if` configuramos los mensajes que la función debe devolver: si el evento es posterior a hoy, es decir, su fecha es mayor que la fecha actual, el mensaje contendrá el número de días que faltan para el event; si no, indicará que la fecha ya ha pasado.

```
if (fechaEvento > hoy) {
        return `Faltan ${(fechaEvento.getTime() - hoy.getTime()) /
        milsegEnUnDia} días a ${NombreEvento}`;
```

```
      } else {
        return 'La fecha ya pasó'
      }
```

En nuestro ejemplo, hemos pasado a la función los valores (año-mes-día) para construir una fecha, pero nada nos impide pasar a la función directamente un objeto fecha:

```
<script type="text/javascript">
  function cuantosDias(fecha, evento) {
    let hoy = new Date();
    const milsegEnUnDia = 1000 * 60 * 60 * 24
    hoy.setHours(0, 0, 0, 0);

    const diferenciaHoras = Math.abs(fecha.getTimezoneOffset() / 60)
    - Math.abs(hoy.getTimezoneOffset() / 60);
    hoy.setHours(hoy.getHours() - diferenciaHoras);

    if (fechaEvento > hoy)
    return `Faltan ${(fecha.getTime() - hoy.getTime()) / milsegEnUnDia}
    días para ${evento}`;
    else
    return 'La fecha ya pasó'
  }
  const fechaEvento =new Date(2017, 11, 25);
  document.getElementById('output').innerHTML = cuantosDias(fechaEvento,
  'Navidad');
</script>
```

Puedes encontrar este ejemplo en el archivo FuncionesParametros2.*html*

Funciones anónimas

En los ejemplos con los que hemos trabajado hasta ahora, siempre hemos asignado un nombre a las funciones. JavaScript también permite crear funciones anónimas y asignarlas a una variable. Esta operación es posible porque en JavaScript `function` es un tipo que se puede almacenar en una variable. En otros lenguajes esto no es posible.

```
<script type="text/javascript">
    let suma = function (x,y){
        return x + y;
    }
    console.log(suma(34,67));
</script>
```

Puedes encontrar este ejemplo en el archivo FuncionesAnonimas.*html*

Al utilizar la variable, podemos especificar entre sus paréntesis los parámetros que deseamos utilizar.

Las funciones anónimas también pueden ser utilizadas como parámetros para otras funciones. A lo largo de este libro, conoceremos ejemplos de este uso.

El área de validez de variables y constantes

Cuando se empiezan a utilizar funciones, es preciso prestar atención al área de validez de variables y constantes, es decir, a las partes del código donde variables y constantes pueden ser utilizadas. En nuestro ejemplo, hemos declarado la constante `dia` dentro de la función `EsFinDeSemana`.

```
function EsFinDeSemana() {
   const dia = new Date().getDay();
   return dia === 0 || dia === 6;
}
```

La constante existe solo dentro de la función y no puede ser utilizada fuera de ella. Por esta razón, podemos decir que el **área de validez** (en inglés *scope*) de la constante `dia` es la función `esFinDeSemana`. También se dice que `dia` es una constante local de la función `esFinDeSemana`. El mismo discurso vale para las variables.

Si definimos una variable o una constante fuera de una función, esta se denomina **global** y puede ser utilizada en cualquier lugar, incluso en posibles funciones, y mantiene su valor durante toda la ejecución del código.

Lo que acabamos de explicar es la teoría general referente al área de validez de las variables.

ECMAScript 6 presenta una aclaración más: el área de validez a **nivel de bloque** (*blocked-level*).

Tanto `let` como `const` generan variables y constantes a nivel de bloque.

Esto significa que, si en una función, por ejemplo, hay un bloque `if` y una variable o una constante se definen con `let` o `const` en el bloque `if`, estas existirán solo en el bloque y no en toda la función.

Por ejemplo:

```
function miFuncion() {
    if (true) {
        let variable = 123;
    }
    console.log(variable);
}
```

La función anterior nos devolvería un error porque `variable` existe solo en el bloque `if` y no la podemos utilizar fuera de ella para mostrar el valor en la consola.

Debemos profundizar en esta cuestión, precisando que `let` fue introducida a partir de ECMAScript 6 (2015) y no está disponible en las versiones anteriores del programa.

En las versiones de JavaScript anteriores, para declarar una variable se utilizaba la palabra `var`, que también se utiliza en ECMAScript 6.

Tratemos de entender por qué es conveniente utilizar `let`.

Las instrucciones:

```
var nombreUsuario1 = 'Mario Rossi';
let nombreUsuario2 = 'Paolo Bianchi';
```

desarrollan exactamente las mismas operaciones:

- Crean un área de memoria suficientemente amplia para conservar los caracteres de las cadenas.
- Asignan a esta área el nombre "nombreUsuario1"/"nombreUsuario2".

La diferencia entre ambas consiste en su área de validez o *scope*.

Ya hemos dicho que el área de validez de `let` es el bloque. Pues bien, el área de validez de `var`, en cambio, es la función.

Veamos un ejemplo para explicarlo mejor; utilizamos una función que acepta como parámetros de entrada un array de números y calcula su suma y su media aritmética.

```
function mediaConVar1(numeros) {
    var suma = 0;
    for (var indice = 0; indice < numeros.length; indice += 1) {
        suma += numeros[indice];
    }
    var media = suma / numeros.length;
    return `Los ${numeros.length} números tienen suma=${suma} y media=${media}.
    El índice es ${indice}`;
}
```

Ejemplo de uso de la función: `mediaConVar1([84, 36, 61, 67, 22, 20, 22, 16, 79, 54]);`

Puedes encontrar este ejemplo en el archivo Scope.*html*

En esta función hemos definido tres variables: `suma`, `indice` y `media`. Observa que están definidas en el punto en el que se utilizan: `suma` inmediatamente antes del bucle `for` del cálculo de la suma, `indice` dentro del bucle `for` y `media` después de que se ha calculado la suma.

La definición de variables en el punto en que se utilizan la primera vez es común a muchos otros lenguajes de programación.

Sin embargo, JavaScript, a diferencia de otros lenguajes, tiene un comportamiento peculiar (el término técnico es ***hoisting***): las instrucciones `var` dentro de una función se ejecutan antes que todas las otras, sea donde sea que se encuentren en la función.

Para demostrar este efecto, añadimos a nuestra función una línea que escribe en la consola del navegador el valor de la variable media **antes** que la línea que la define:

```
    var suma = 0;
    console.log(`media = ${media}`)
    for (var indice = 0; indice < numeros.length; indice += 1) {
        suma += numeros[indice];
    }
    var media = suma / numeros.length;
```

Pensaríamos que se produciría un error durante la ejecución, dado que utilizamos la variable `media` antes que su definición.

En lugar de eso, en la consola podemos ver:

media = undefined
(o media = "", según el navegador que se utilice)

Este mensaje significa que la variable `media` existe, pero que por el momento no tiene ningún valor. Esto se produce porque, de hecho, JavaScript, en fase de ejecución, reorganiza el código de esta manera:

```
function mediaConVar1bis(numeros) {
    var suma;
    var indice;
    var media;
    suma = 0;
    for (indice = 0; indice < numeros.length; indice += 1) {
        suma += numeros[indice];
    }
    media = suma / numeros.length;
    return `Los ${numeros.length} números tienen suma=${somma} y media=${media}.
    El índice es ${indice}`;
}
```

donde todas las variables se definen al inicio de la función, pero no se les asigna un valor de inmediato.

Este comportamiento puede llevar a engaño incluso a los más expertos, puesto que se sugiere siempre definir explícitamente las variables al inicio de la función para que se vea que, efectivamente, es JavaScript quien gestiona el código:

```
function mediaConVar2(numeros) {
    var suma = 0, indice, media;
    for (indice = 0; indice < numeros.length; indice += 1) {
        suma += numeros[indice];
    }
    media = suma / numeros.length;
    return `Los ${numeros.length} números tienen suma=${suma} y media=${media}.
    El índice es ${indice}`;
}
```

En el ejemplo, para crear un código más simplificado, hemos agrupado las definiciones en una única instrucción `var` (las variables separadas por comas) y hemos inicializado (mediante asignación), donde es necesario, el valor (suma = 0).

De este modo, con todas las variables al inicio, no es posible engañarse y utilizar una variable antes de que sea definida.

La solución de definir todas las variables al inicio, sin embargo, no es demasiado elegante y son pocos los lenguajes de programación que aconsejan o imponen esta práctica.

De hecho, esta puede causar errores en el código, dado que aleja el punto en que se define la variable del punto en que se utiliza y es más difícil mantener bajo control su gestión de forma correcta, sobre todo cuando el código es largo y complejo.

Así, en ECMAScript 6 (2015), para evidenciar este problema, se introdujo la instrucción `let`, que obliga a JavaScript a comportarse de una forma más parecida a los otros lenguajes: así se evita el *hoisting*, las variables se definen en el momento de la instrucción en que están creadas, no existen antes (por lo que no pueden ser utilizadas antes) y, si la definición se produce dentro de un bloque (entre dos {}), la variable no existe fuera de él.

> **NOTA**
> Recuerda que hemos dicho que el área de validez de `let` es el bloque, mientras que la de `var` es la función.

Si utilizamos `let`, la función propuesta se convierte en:

```
function mediaConLet(numeros) {
    let suma = 0;
    for (let indice = 0; indice < numeros.length; indice += 1) {
        suma += numeros[indice];
    }
    let media = suma / numeros.length;
    return `Los ${numeros.length} números tiene suma=${suma} y media=${media}.
    El índice es ${indice}`;
}
```

Puedes encontrar este ejemplo en el archivo Scope2.*html*

Si intentamos ejecutar esta función se producirá un error (visible en la consola del navegador) que indica que, en la instrucción de `return`, se utiliza una variable, `indice`, no definida.

De hecho, la variable `indice`, definida con `let`, existe solo dentro del bucle `for` (su área de validez es el bucle `for`).

Por lo tanto, debemos eliminar la lectura de la variable `indice` o definirla justo antes del bucle `for` (sin embargo, por norma general, las variables utilizadas como índice de un bucle no tienen ninguna utilidad fuera del bucle mismo):

```
return `Los ${numeros.length} números tienen suma=${suma} y media=${media}`;
```

Incluso si añadimos la línea:

```
console.log(`media = ${media}`)
```

antes del ciclo `for` se producirá un error, esta vez determinado por el intento de acceder a la variable `media` antes de su definición.

7

Formularios y eventos

Ha llegado el momento de aprender a leer el input del usuario con formularios adecuados. También veremos cómo ejecutar el código cuando se verifica un determinado evento.

Temas tratados

- Lectura y escritura en un formulario
- Eventos HTML y HTML5
- Respuesta a un evento
- Listener
- Subdivisión de cadenas en varias partes

En los ejemplos con los que hemos trabajado en el capítulo anterior hemos escrito directamente en el código los parámetros que se deben pasar a nuestras funciones, como la fecha respecto a la cual queremos calcular los días que faltan.

En esta ocasión queremos aprender a leer el input del usuario y a utilizarlo para nuestros procesos mediante JavaScript.

Continuaremos con el ejemplo que calcula el número de días que faltan para una fecha determinada, pero pediremos al usuario que nos proporcione dicha fecha.

Sin embargo, antes es necesario ver cómo leer el input del usuario. Volveremos al cálculo de los días al final del capítulo.

Naturalmente, para permitir al usuario que proporcione un input debemos preparar un formulario:

```
<body>
  <form id='miFormulario'>
    <input type="date" id='fecha'>
```

```
    <button type="button" onclick='leeFormulario()' id="boton">Envía</button>
  </form>
  <p id="output"></p>
  <script>
    function leeFormulario() {
      document.getElementById("output").innerHTML = `La fecha seleccionada es:
      ${document.getElementById('fecha').value}`;
    }
  </script>
</body>
```

Puedes encontrar este ejemplo en el archivo Formulario.*html*

Hemos creado un formulario muy sencillo que contiene un campo `<input>` HTML5 de tipo fecha y un botón.

Debemos precisar varios aspectos sobre estos objetos.

```
<input type="date" id='fecha'>
<button type="button" onclick='leeFormulario()' id="boton">Envía</button>
```

En primer lugar, debemos decir que, en el momento en que se ha escrito este libro (a finales de 2017), la última versión disponible de Firefox no muestra para el campo de tipo fecha ningún elemento para la selección de la fecha, que por tanto deberá introducirse manualmente.

Por eso, te aconsejo que pruebes este ejemplo con un navegador distinto, como Chrome o Edge.

Además, observa que, en cuanto se refiere al botón, hemos tenido que especificar de forma explícita su tipo (`type="button"`) para sobreescribir el comportamiento predeterminado de los botones en los formularios, que es el de `submit`, es decir, de envío del formulario.

Solo así, el botón puede comportarse como necesitamos y ejecutar la función JavaScript que está asociada a su **evento** `onclick`.

Podemos definir un **evento** como algo que ocurre en relación a un elemento de la página HTML, a menudo, aunque no siempre, vinculado a una acción del usuario. Cuando se utiliza en una página HTML, JavaScript es capaz de reaccionar a estos eventos.

En nuestro caso concreto, JavaScript es capaz de reaccionar al evento `onclick` sobre el botón con id="boton".

Como se puede ver, el evento `onclick` se verifica cuando un usuario hace clic sobre el botón.

La Tabla 7.1 resume los principales eventos HTML a los cuales JavaScript puede reaccionar.

NOTA

Volveremos a los eventos `ondragstart`, `ondragstart` y `ondrop` en el capítulo dedicado al arrastre. En él, presentaremos también otros eventos que se utilizan para arrastrar objetos.

Tabla 7.1 - Eventos.

Evento	Descripción
onchange	Se verifica cuando un elemento HTML se modifica
onclick	Se verifica cuando el usuario hace clic sobre un elemento HTML
onmouseover	Se verifica cuando el usuario pasa el ratón por encima de un elemento HTML
onmouseout	Se verifica cuando el usuario mueve el ratón fuera de un elemento HTML
onkeydown	Se verifica cuando el usuario pulsa una tecla del teclado
onload	Se verifica cuando el navegador ha completado la carga de la página
ondragstart	Se verifica cuando el usuario empieza a arrastrar un elemento HTML5
ondragover	Se verifica cuando el usuario arrastra un elemento HTML5 sobre otro
ondrop	Se verifica cuando el usuario libera un elemento HTML5 tras haberlo arrastrado

Después de esta panorámica sobre los eventos, volvemos a nuestro código y observamos que, en este caso, pedimos a JavaScript que ejecute una función cuando se verifica el evento.

La función que se ejecuta es `leeFormulario` y se limita a leer el valor del campo `<input id=fecha>` y a escribirlo en la página:

```
document.getElementById("output").innerHTML = `La fecha seleccionada es:
${document.getElementById('fecha').value}`;
```

Para leer el dato contenido en el formulario, accedemos a su valor tras haberlo identificado con `getElementById`.

El valor del campo es una cadena de texto (Figura 7.1) en el formato **aaaa-mm-dd**. Debemos tenerlo en cuenta en nuestras futuras creaciones.

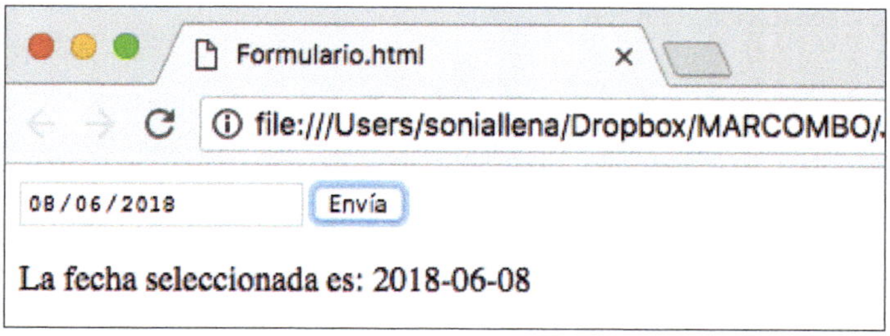

Figura 7.1 - El valor del campo fecha.

Del mismo modo que leemos el contenido del campo, también podemos escribirlo. Por ejemplo, queremos que, cuando se cargue la página, antes de la selección por parte del usuario, el campo muestre, como valor predeterminado, la fecha actual del sistema.

Corrige el código JavaScript del siguiente modo:

```
<script>
    const hoy = new Date();
    function leeFormulario() {
        document.getElementById("output").innerHTML = `La fecha seleccionada es:
        ${document.getElementById('fecha').value}`;
    }
    const año = hoy.getFullYear();
    const mes = hoy.getMonth() + 1;
    const dia = hoy.getDate();
    const fechaActual = `${año}-${mes}-${dia}`;
    document.getElementById("fecha").value = fechaActual;
  </script>
```

Puedes encontrar este ejemplo en el archivo Formulario1.*html*

Fuera de la función que reacciona al evento clic sobre el botón, creamos un objeto fecha que contiene la fecha actual. Leemos y almacenamos el año, el mes y el día en constantes especiales y después utilizamos estas constantes para construir una cadena que representa la fecha en el formato que el campo de entrada se espera (aaaa-mm-dd).

```
const fechaActual = `${año}-${mes}-${dia}`;
```

Una vez hecho esto, asignamos al valor del campo fecha la cadena que acabamos de construir:

```
document.getElementById("fecha").value = fechaActual;
```

Ahora que ya sabemos leer y escribir en el campo de un formulario, podemos enriquecer nuestro ejemplo con el código JavaScript que calcula la distancia en días entre la fecha seleccionada y la fecha actual.

```
<form>
    <input type="date" id='fecha'>
    <button type="button" onclick='cuantosDias()' id="boton">Calcula cuántos días
     faltan para la fecha seleccionada</button>
  </form>
  <p id="output"></p>
  <script>
    let hoy = new Date();
    function cuantosDias() {
      let fechaEvento = new Date(document.getElementById('fecha').value);
      console.log(fechaEvento);
      fechaEvento.setHours(0, 0, 0, 0);
      document.getElementById("output").innerHTML = fechaEvento;
      const milSegEnUnDia = 1000 * 60 * 60 * 24; // los milisegundos en un día
```

```
        hoy.setHours(0, 0, 0, 0);
        const diferenciaHoras = Math.abs(fechaEvento.getTimezoneOffset() / 60)
        - Math.abs(hoy.getTimezoneOffset() / 60);
        hoy.setHours(hoy.getHours() - diferenciaHoras);
        if (fechaEvento > hoy) {
          document.getElementById("output").innerHTML = `Faltan
          ${(fechaEvento.getTime() - hoy.getTime()) / milSegEnUnDia} días`;
        } else {
          document.getElementById("output").innerHTML = 'La fecha ya ha pasado'
        }
      }
      let año = hoy.getFullYear();
      let mes= hoy.getMonth() + 1;
      let dia = hoy.getDate();
      let fechaActual = `${año}-${mes}-${dia}`;
      document.getElementById('fecha').value = fechaActual;
    </script>
```

Puedes encontrar este ejemplo en el archivo Formulario2.*html*

Gran parte de este código te debería ser familiar, porque no es otra cosa que una adaptación de lo que hemos visto en el capítulo anterior.

Existen solo algunas apreciaciones que hacer.

A diferencia de lo que hemos hecho con anterioridad, esta vez creamos la fecha no pasando números que representan año, mes y día, sino una cadena extraída de nuestro campo `<input type="date">`.

```
let fechaEvento = new Date(document.getElementById('fecha').value);
```

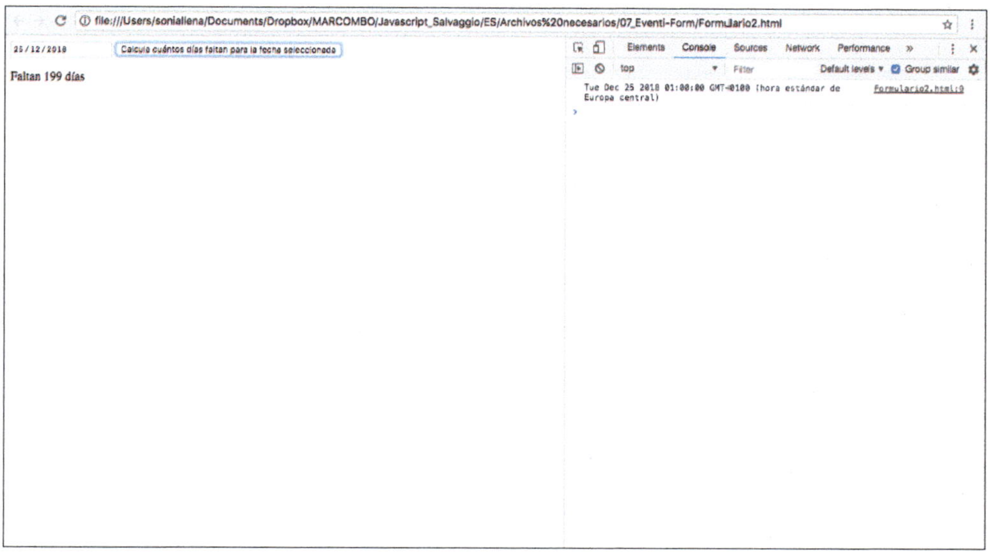

Figura 7.2 - La fecha ha sido creada a la una de la madrugada.

La fecha creada con una cadena de texto en el formato "aaaa-mm-dd", que es el que nos devuelve el campo del formulario, es tratada como UTC y no como local.

En la práctica, para nosotros (que estamos +1 respecto al UTC), la fecha tiene como hora la 1 de la madrugada y no media noche, como cuando creamos la fecha partiendo de los números que representan año, mes y día.

Puedes comprobarlo fácilmente leyendo el resultado que se muestra en la consola (Figura 7.2).

Para solucionar este problema, bastará con indicar la fecha a medianoche como ya hemos hecho en alguna ocasión.

Operar con cadenas de texto

Paar evitar tener que indicar la fecha a media noche y/o provocar posibles problemas, otro enfoque podría ser el de extraer de la cadena de texto que leemos en el campo de entrada las partes que representan el año, el mes y el día y después utilizarlas para crear la fecha, como hemos hecho en el capítulo anterior.

Puedes sustituir las líneas que hemos analizado y resaltado en negrita en el código anterior con las líneas siguientes:

```
const partesFecha = document.getElementById('fecha').value.split('-');
const fechaEvento = new Date(partesFecha[0],partesFecha[1]-1,partesFecha[2] );
console.log(fechaEvento);
```

Puedes encontrar este ejemplo en el archivo Formulario3_cadenas.*html*

La fecha se creará con el horario de medianoche (Figura 7.3).

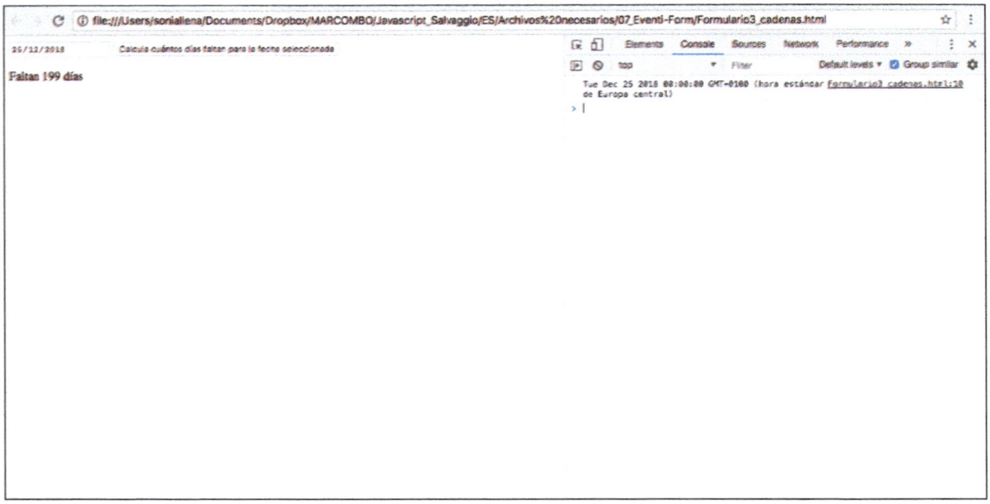

Figura 7.3 - La fecha creada a medianoche.

Pero vamos a intentar entender cómo funciona este código. Todo se basa en el método `split` que podemos aplicar a las cadenas de texto.

`Split` requiere como argumento un separador y devuelve un array que contiene las partes de la cadena de texto a las cuales se aplica el método divididas según el separador. El separador, obviamente, no forma parte de las cadenas resultantes.

En nuestro caso, suponiendo que hayamos seleccionado como fecha el 25/12/2018, la cadena de texto inicial será:

```
"2018-12-25"
```

Por lo que nuestra separador será "-" y el array resultante contendrá los valores siguientes:

```
partesFecha[0] = 2018
partesFecha[1] = 12
partesFecha[2] = 25
```

Naturalmente, el valor para el mes disminuye en una unidad, dado que `new Date` espera el mes expresado con un número del 0 al 11.

Gestores de eventos

En todos los ejemplos anteriores, hemos gestionado los eventos con gestores en línea de tipo `onEvent` (`onClick`, `onLoad`...); sin embargo, JavaScript dispone de otro tipo de sintaxis que prevé el uso de un **listener**, es decir, de una función que "escucha" (*listen*) esperando el evento que recibe como primer argumento y, si este se verifica, ejecuta el código que recibe en los argumentos siguientes.

Para probar esta sintaxis, vamos a escribir el primer ejemplo propuesto en este capítulo:

```
<form id='miFormulario'>
  <input type="date" id='fecha'>
  <button type="button" onclick='leeFormulario()' id="boton">Envía</button>
</form>
<p id="output"></p>
<script>
  function leeFormulario() {
    document.getElementById("output").innerHTML = `La fecha seleccionada es:
    ${document.getElementById('fecha').value}`;
  }
  document.getElementById("boton").addEventListener('click', leeFormulario)
</script>
```

Puedes encontrar este ejemplo en el archivo Formulario_listener.*html*

Observa que hemos llamado el método `addEventListener()` sobre el botón (identificado, como es habitual, mediante `getElementById`) y, como primer argumento, le hemos pasado el evento que queremos interceptar, mientras que como segundo argumento le hemos pasado la función que se debe ejecutar si el evento se verifica.

Los nombres de los eventos que podemos pasar a `addEventListener()` son iguales a los que hemos visto anteriormente, pero sin el prefijo `on`.

NOTA

El método `addEventListener` acepta un tercer argumento booleano que permite definir si el evento debe ser definido en fase de captura (`true`) o en fase de ***bubbling*** (`false`). Si elegimos gestionar el evento en fase de captura (o ***capturing***), el evento primero es capturado por el elemento más externo y, después, difundido a los elementos internos. Pasa lo contrario con la gestión en fase de bubbling, donde el evento primero es capturado y gestionado por el elemento más interno y después se propaga a los elementos más externos. Este es el comportamiento predefinido, si no se asigna un valor al tercer argumento de `addEventListener`.

Además de pasar una función, también es posible escribir directamente el código que se tiene que ejecutar tras la verificación del evento mediante una función anónima, como hemos hecho en el código siguiente:

```
<style>
        .colorPicker {
            width: 50px;
            height: 50px;
            float: left;
            margin: 5px;
            border-style: solid;
        }
    </style>
    <div class="colorPicker" id="negro" style="background-color:black"></div>
    <div class="colorPicker" id="blanco" style="background-color:white"></div>
    <div style="clear:both;"></div>
    <div id="texto" style="width:400px; height: 400px; border-style:solid">
        ...
    </div>
    <script>
        document.getElementById("negro").addEventListener('click', function () {
            document.getElementById("texto").style.backgroundColor = 'black';
            document.getElementById("texto").style.color = 'white';
        });
        document.getElementById("blanco").addEventListener('click', function () {
            document.getElementById("texto").style.backgroundColor = 'white';
            document.getElementById("texto").style.color = 'black';
        })
    </script>
```

Puedes encontrar este ejemplo en el archivo Formulario_listener1.*html*

Si ejecutas este código en el navegador, podrás ver dos cuadros, uno blanco y otro negro (id="negro" e id="blanco") y un espacio con texto (Figura 7.4).

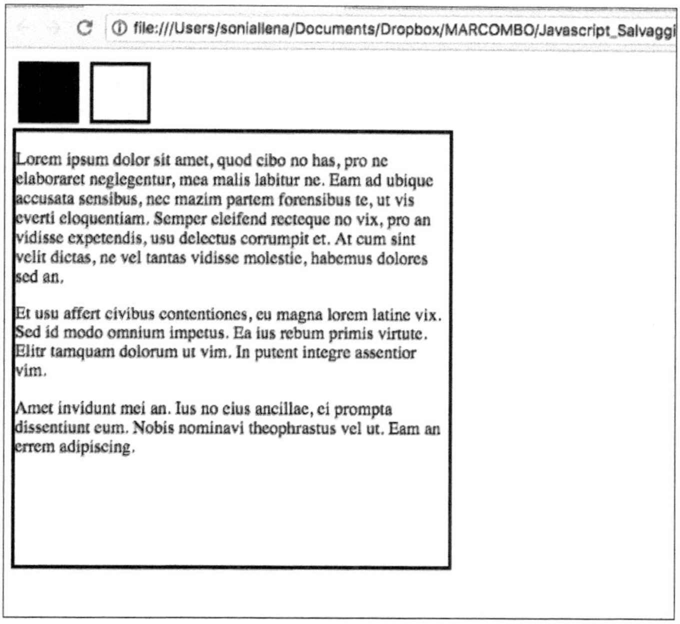

Figura 7.4 - La página en el navegador.

Si haces clic sobre uno de los cuadros verás como cambia el color de fondo y el de los caracteres del área con el texto.

A los dos cuadros se ha añadido un listener (analizamos solo uno, puesto que el otro funciona de modo idéntico) que responde al evento click:

```
document.getElementById("blanco").addEventListener('click', function () {
            document.getElementById("texto").style.backgroundColor = 'white';
            document.getElementById("texto").style.color = 'black';
        })
```

Al pulsar sobre el cuadro blanco, se ejecuta una función anónima que configura el fondo blanco para el área de texto y el color negro para sus caracteres.

Para realizar estas modificaciones, hemos utilizado las propiedades del objeto de Java-Script `style`, que representa una instrucción de estilo para un objeto. Sus propiedades corresponden a las propiedades de estilo CSS.

También se necesita una función anónima cuando en el gestor del evento se desea llamar una función a la cual se pasan parámetros.

Modificamos el ejemplo anterior para tener una función que modifica el color de fondo y de los caracteres del área de texto. A esta función debemos pasarle los colores que deseamos utilizar.

Mostramos solo la parte `<script>` del archivo, puesto que el resto no cambia respecto al ejemplo anterior:

```
<script>
    function configuraFondo(colorFondo, colorTexto) {
        document.getElementById("texto").style.backgroundColor = colorFondo;
        document.getElementById("texto").style.color = colorTexto;
    }
    document.getElementById("negro").addEventListener('click', function () {
        configuraFondo('black', 'white');
    });
    document.getElementById("blanco").addEventListener('click', function () {
        configuraFondo('white','black');
    })
</script>
```

Puedes encontrar este ejemplo en archivo Formulario_listener2.*html*

Para completar este ejemplo, añadimos el código que muestra un puntero con forma de mano cuando el ratón pasa por encima de los cuadros y le devuelve la forma clásica de flecha cuando el ratón se aleja de ellos: para ello, debemos utilizar los eventos `mouseover` y `mouseout`.

Antes de escribir los gestores para estos eventos, escribimos la función que queremos llamar cuando los eventos se verifican.

```
function configuraRaton(puntero) {
            document.body.style.cursor = puntero;
}
```

Utilizamos la propiedad `cursor` de `style`. El aspecto del puntero se pasará como parámetro cuando se llame la función en los gestores de los eventos:

```
document.getElementById("negro").addEventListener('mouseover', function () {
            configuraRaton('pointer');
        });
document.getElementById("blanco").addEventListener('mouseover', function () {
            configuraRaton('pointer');
        })
document.getElementById("negro").addEventListener('mouseout', function () {
            configuraRaton('auto');
        });
document.getElementById("blanco").addEventListener('mouseout', function () {
            configuraRaton('auto');
}
```

Los valores pasados a la función `configuraRaton` son los valores que pueden ser aceptados por la propiedad `cursor`. Nosotros hemos utilizado los más comunes: `pointer`, que corresponde a la manita que señala los elementos activos y los vínculos, y `auto`, que corresponde al puntero normal en forma de flecha blanca. Para todos los otros valores disponibles, puedes dirigirte a la página https://www.w3schools.com/jsref/prop_style_cursor.asp.

> **NOTA**
> Retomaremos este ejemplo y profundizaremos en él en el capítulo dedicado a `this`.

En este capítulo, solo hemos hecho mención del uso de los listeners. Volveremos a hablar de ellos más adelante, en el capítulo dedicado a las funciones avanzadas y en el que también trataremos el elemento `this`.

8

Expresiones regulares

Las expresiones regulares describen un patrón de caracteres y se pueden utilizar para verificar que el texto se ajusta a un modelo específico.

Temas tratados

- Creación de patrones
- Uso de expresiones regulares
- Probar si un elemento es `''`, `null`, `undefined`, `false`, `0` o `NaN`
- Unir los valores de un array en una única cadena de texto
- `forEach` para ejecutar un bucle sobre todos los elementos de un array

Las expresiones regulares describen un patrón de caracteres y pueden ser utilizadas para verificar que un texto se ajusta a un modelo específico.

Es decir, estas expresiones nos permiten verificar que un valor representa, como mínimo en su forma (verificar la sustancia es un poco más complicado), el dato que efectivamente se solicita.

Imagina un módulo que requiere proporcionar una dirección de correo electrónico. Antes de memorizar el dato, necesitamos estar seguros de que se trata efectivamente de una dirección de correo electrónico. Esto puede valer también para otros tipos de datos, como códigos fiscales o partidas de IVA.

Las expresiones también tienen otro uso, a saber, la posibilidad de manipular las cadenas basadas en estructuras predefinidas.

Para utilizar las expresiones regulares, es preciso definir un patrón o ***pattern***, un modelo con el cual comparar la cadena de texto a verificar.

La convalidación de un dato insertado en un formulario, con la introducción en HTML5 del atributo `pattern`, ha sido simplificada y ya no necesita código JavaScript.

En cualquier caso, HTML5, para la definición de los patrones de control, utiliza la sintaxis de las expresiones regulares de ECMAScript.

Por esta razón, todo cuanto expongamos en este capítulo es válido también para la validación de formularios HTML5.

Definir los patrones para las expresiones regulares

Antes de empezar con los ejemplos prácticos, queremos exponer los principios básicos con los cuales se construyen los patrones de las expresiones regulares, que después podremos dar por sabidos.

El concepto básico es que es preciso encontrar el modo de describir qué caracteres son aceptables en la expresión regular escrita (cifras, letras, caracteres especiales, etc.). Para ello, se pueden utilizar los símbolos mostrados en las tablas siguientes.

Tabla 8.1 - Clases de caracteres.

Carácter	Representa
\d	Cualquier cifra del 0 al 9
\D	Cualquier carácter (letras, símbolos, pero no cifras)
\w	Cualquier carácter del alfabeto latino, mayúsculas o minúsculas, cifras y el guion bajo (A-Z, a-z, 0-9, _)
\W	Caracteres especiales, no caracteres alfabéticos en minúscula o mayúscula, cifras, ni guiones bajos o espacios
\s	Un carácter que indica un espacio (espacio, tabulación, retorno de carro, etc., traducible en blanco, CR, LF, FF, HT, VT)
\S	Cualquier carácter, excepto aquellos que indican un espacio
.	Cualquier carácter único
\t	Un carácter de tabulación
\r	Un retorno de carro (*carriage return*)
\n	Nueva línea
\v	Tabulación vertical

Continúa

Continuación

\f	*Form feed* para enviar la página a la impresora y avanzar al módulo siguiente
[\b]	Retroceso
\0	Carácter nulo
\cX	Donde X es una letra de la A a la Z. Encuentra un carácter de control en una cadena de texto
\	Tiene dos usos: • indica que el carácter siguiente no debe ser tratado literalmente, sino que es un carácter especial en la expresión regular. \d no indica la letra "d" sino una cifra, como hemos visto anteriormente; • indica que un carácter que normalmente se utiliza como carácter especial es tratado literalmente. \. no indica un carácter único cualquiera como hemos visto anteriormente, sino el carácter "."

Tabla 8.2 - Conjunto de caracteres.

Carácter	Representa
[...]	Cualquiera de los caracteres indicados entre los corchetes
[^...]	Cualquier carácter, excepto los que se indican entre corchetes

Tabla 8.3 - Alternativas.

Carácter	Representa
x|y	Encuentra o x o y. De forma más general, | indica una alternativa entre lo que se encuentra a su derecha y a su izquierda

Tabla 8.4 - Límites.

Carácter	Representa
^	Identifica el inicio de una cadena de texto. Por ejemplo, /^A/ identifica la primera "A" de "Alessanda", pero no las siguientes
$	Identifica el final de una cadena de texto. Por ejemplo, /$o/ identifica la "o" de "perro" pero no de "mona"
\b	Identifica los límites de una palabra, es decir, la posición en que un carácter (no especial) no es seguido o precedido por un carácter (no especial). Por ejemplo, /\bn/ identifica la "n" de "noche" o de "con", pero no de "ángulo"
\B	Identifica los límites sin palabra, a saber, los casos en que un carácter y el siguiente o el precedente son del mismo tipo (caracteres normales o caracteres especiales)

Tabla 8.5 - Repeticiones.

Carácter	Representa
{n}	El elemento precedente se repite n veces
{n,}	El elemento precedente se repite n veces o más. En la práctica, n es el número mínimo de repeticiones
{n,m}	El elemento precedente está repetido de un mínimo de n veces a un máximo de m veces
*	El elemento precedente se repite 0 o más veces
?	El elemento precedente se repite 0 o una vez
+	El elemento precedente se repite una o más veces

Tabla 8.6 - Declaraciones.

Carácter	Representa
x(?=y)	Identifica un carácter x solo si es seguido por un carácter y

Las expresiones regulares permiten agrupar partes de caracteres para un posible uso posterior. El grupo se define como "capturing" si es recordado y si no, como "non capturing".

Tabla 8.7 - Agrupación y almacenamiento

Carácter	Representa
(x)	Identifica el grupo x y recuerda el grupo identificado
\n	Donde n es un número entero positivo
(?:x)	Identifica z, pero no lo recuerda

Las banderas o *flags* se sitúan al final del patrón y modifican su comportamiento.

Tabla 8.8 - Flags.

Carácter	Representa
g	Identifica todas las coincidencias del patrón y no se detiene en la primera
i	No distingue entre mayúsculas y minúsculas
m	Línea múltiple; trata los caracteres de inicio y fin (^ e $) como si trabajaran en varias líneas (es decir, identifica el inicio y el final de cada línea individual)
u	El patrón es tratado como unicode. Presentado con ECMAScript 6
y	Ejecuta una búsqueda *"sticky"*, es decir, identifica el patrón solo a partir de la posición indicada en la propiedad `lastIndex` de la expresión regular. Presentado en ECMAScript 6

En JavaScript, los patrones pueden ser escritos según tres sistemas de notación.

Suponiendo que tenemos el patrón `[aeiou]\d` y el flag `g`, podemos escribir de una de las siguientes maneras:

- **/patron/flags**: `let patron = /[aeiou]\d/g;`
- **new RegExp(patron[, flags])**: `let patron = new RegExp('[aeiou]\\d','g');`
- **RegExp(patron[, flags])**: `let patron = RegExp('[aeiou]\\d', 'g').`

Observa que en la segunda y tercera solución, el patrón se escribe como una cadena de texto y, por tanto, para conseguir que el carácter `\` asuma su significado de metacarácter y transforme el significado de `d` (que no tiene que representar la letra d, sino cualquier número), debemos situar otra barra inclinada antes de la que transforma el `d`: `\\d`.

Esta práctica se denomina **escape** del carácter.

Una vez dicho esto, la primera solución nos parece la más inmediata y rápida, por lo que será la que adoptaremos en los ejemplos propuestos en este capítulo. Sin embargo, naturalmente, cada uno es libre de proceder como prefiera.

Aplicar expresiones regulares

Después de esta introducción/referencia, podemos pasar a aplicar las expresiones regulares en algunos ejemplos.

Podemos empezar aplicando a una expresión regular el método `test()` para verificar si una cadena de texto se corresponde con un determinado patrón.

```
let texto = "ape5"
let patron = /[aeiou]\d/g;
let correspondeAPatron = patron.test(texto);
console.log(correspondeAPatron);
```

Puedes encontrar este ejemplo en el archivo test.*html*

En este caso, en la consola leeremos `true`, porque nuestro texto se corresponde con `patron`, en cuanto contiene una vocal (uno de los caracteres entre corchetes) inmediatamente seguida de una cifra. Es decir, que la parte de la cadena que se corresponde con el patrón es "e5".

Dejamos invariable el código y la cadena texto; vamos a modificar el patrón y ver los distintos resultados del método test.

Tabla 8.9 - Ejemplos de patrones.

Patrón	Resultado test	Notas
`/^[aeiou]\d`	`false`	La búsqueda se realiza al inicio de la cadena (^)
`[aeiou]\d$`	`true`	La búsqueda se realiza al final de la cadena (^)
`/[aeiou]+\d/`	`true`	La vocal se busca una o más veces
`[aeiou]\\.\d`	`false`	Entre la vocal y el número debe haber también un punto (`\\.`). Observa que delante del carácter punto (.) hemos tenido que añadir un carácter de barra invertida (\), es decir, el carácter de **escape** que suspende el significado especial del carácter que lo sigue dentro de la expresión regular. En este caso, sirve para especificar que el carácter punto debe tener su significado literal y no su valor especial en la expresión regular (el punto indica un carácter cualquiera), es decir, su valor de metacarácter

Seguimos con otro ejemplo similar, esta vez permitimos al usuario la inserción del texto que se desea verificar con una expresión regular: veremos si el texto insertado contiene alguna cifra.

```
<form>
  <input type="text" id='texto'>
  <button type="button" onclick='contieneNumeros()' id="boton">Comprueba si el
  texto insertado contiene números</button>
</form>
<p id="output"></p>
<script>
  function contieneNumeros() {
    let texto = document.getElementById('texto').value;
    let numeroPatron = /\d+/;
    let contieneNumeros = numeroPatron.test(texto);
    contieneNumeros ? document.getElementById('output').innerHTML = "El texto
    insertado contiene números" :
    document.getElementById('output').innerHTML = "El texto insertado NO contiene
    números"
  }
</script>
```

Puedes encontrar este ejemplo en el archivo contieneNumeros.*html*

Observa el patrón que hemos utilizado:

```
let numeroPatron = /\d+/;
```

El patrón espera una cifra (`\d`) repetida más de una vez (`+`).

Extraer texto con una expresión regular

En los ejemplos anteriores, nos hemos limitado a verificar si un texto contenía una parte de cadena de texto que se corresponde con un patrón determinado.

Ahora queremos probar de extraer la parte de la cadena que se corresponde con una expresión regular.

Supongamos, por ejemplo, que deseamos extraer el código postal de una dirección:

```
let direccion = 'Plaza del Ayuntamiento, 08029 Barcelona'
let cpPatron = /\d{5}/;
let cp = direccion.match(cpPatron);
console.log(cp);
document.getElementById('output').innerHTML = `El CP e: ${cp}`;
```

Puedes encontrar este ejemplo en el archivo extraerCP.*html*

Para ello, utilizamos el método `match()` de la cadena de texto (no de la expresión regular como pasaba con el método `test()`) al cual pasamos como argumento el patrón de la expresión regular.
El patrón que utilizamos prevé una repetición de 5 cifras:

```
cpPatron = /\d{5}/;
```

El método `match()` nos devuelve un array (Figura 8.1) que contiene las coincidencias encontradas. En este caso, la coincidencia identificada solo es una y, por tanto, podemos tranquilamente utilizar la variable que contiene el array para mostrar un valor en el `<div>` output de nuestra página.

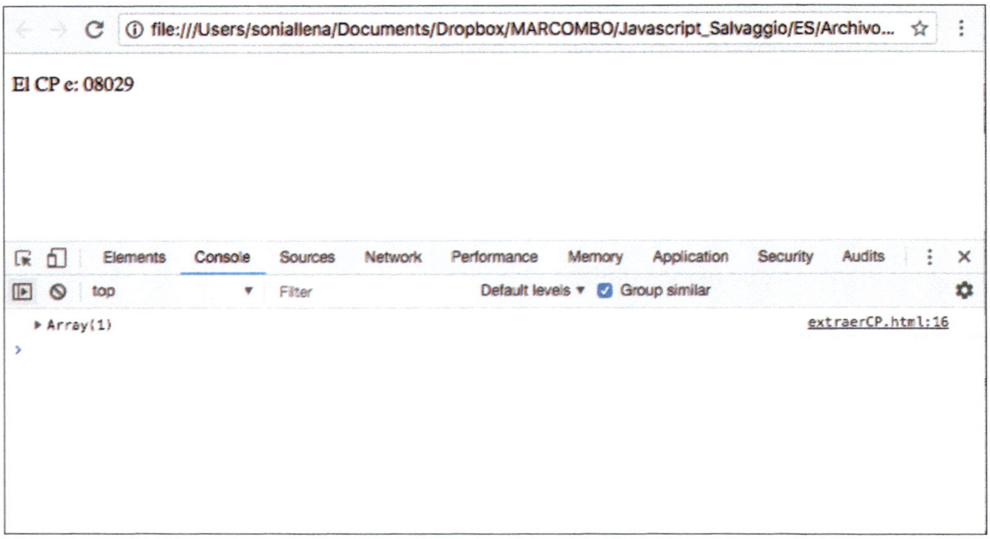

Figura 8.1 - La consola muestra que el método match() nos devuelve un array.

En nuestro ejemplo, hemos escrito la dirección de la cual se extraerá el CP directamente en el código. ¿Qué ocurriría si dejáramos que fuera el usuario quien insertara la dirección mediante un formulario y este insertara algo que no contuviera un CP?

```
<form>
    <label for="texto">Escribe la dirección de la cual quieres extraer el CP:</label>
    <input type="text" id='texto'>
    <button type="button" onclick='extraeCP()' id="boton">Extrae CP</button>
</form>
<p id="output"></p>
<script>
    function extraeCP() {
        let direccion = document.getElementById('texto').value;
```

```
        let cpPatron = /\d{5}/;
        let cp = direccion.match(cpPatron);
        if (!cp) {
            document.getElementById('output').innerHTML = 'El texto insertado no
contiene un CP';
        } else {
            document.getElementById('output').innerHTML = `El CP es: ${cp}`;
        }
    }
</script>
```

Puedes encontrar este ejemplo en el archivo extraesCP1.*html*

Si el usuario no inserta un CP (o algo que tenga forma de CP), el array CP tiene un valor `null` (Figura 8.2).

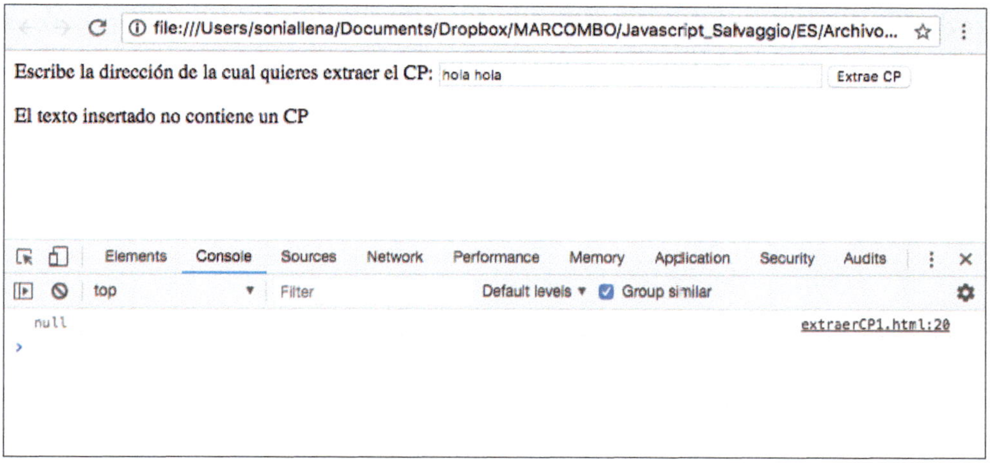

Figura 8.2 - Si la cadena escrita por el usuario no contiene un conjunto de 5 cifras, el CP es `null`.

Es preciso verificar si CP no tiene un valor y, en ese caso, actuar en consecuencia.

Para ello, utilizamos el operador `not !`, que niega aquello que viene a continuación. Es como si pidiéramos a la instrucción `if` que verificara si CP no tiene un valor.

`!cap` resulta `true` si la variable `cap` es `''` (cadena vacía), `null`, `undefined`, `false`, `0` O `NaN` (*not a number*); en nuestro caso, es `null`.

Una vez realizada esta comprobación, podemos mostrar los mensajes oportunos.

En nuestro ejemplo anterior, hemos supuesto que la dirección insertada por el usuario contiene un único valor que corresponde a nuestra expresión regular. ¿Y si fueran dos, como un número postal de 5 cifras y después un CP? ¿Y si, por ejemplo, la dirección fuera "Calle del Triunfo, 07891 08029 Barcelona"?

```
function extraeCP() {
            let direccion = document.getElementById('texto').value;
            let cpPatron = /\d{5}/g;
            let cp = direccion.match(cpPatron);
            console.log(cp);
            if (!cp) {
                document.getElementById('output').innerHTML = 'El texto insertado no 
contiene un CP';
            } else {
                document.getElementById('output').innerHTML = `El CP es: ${cp[cp.
length-1]}`;
            }
        }
```

Puedes encontrar este ejemplo en el archivo extraerCP2.*html*

En primer lugar, debemos modificar nuestro patrón, puesto que, de no ser así, `match()` se detendrá durante la búsqueda en la primera coincidencia del patrón (Figura 8.3), es decir, en la parte que, en nuestro ejemplo, indica la dirección postal.

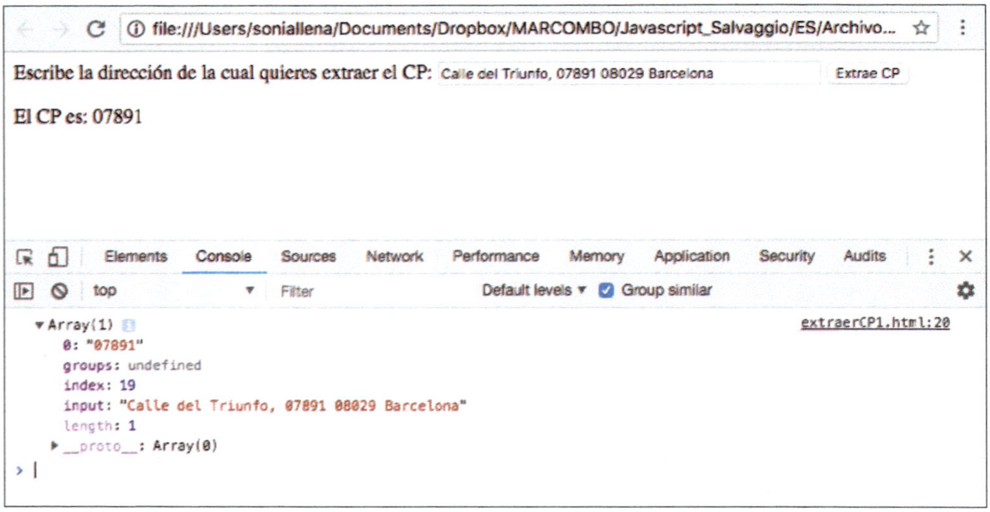

Figura 8.3 - La expresión regular identifica solo la primera coincidencia del patrón.

Es preciso añadir al patrón el flag `g`, de manera que la búsqueda no se interrumpa y se identifiquen todas las coincidencias con nuestro patrón (Figura 8.4).

```
let capPattern = /\d{5}/g;
```

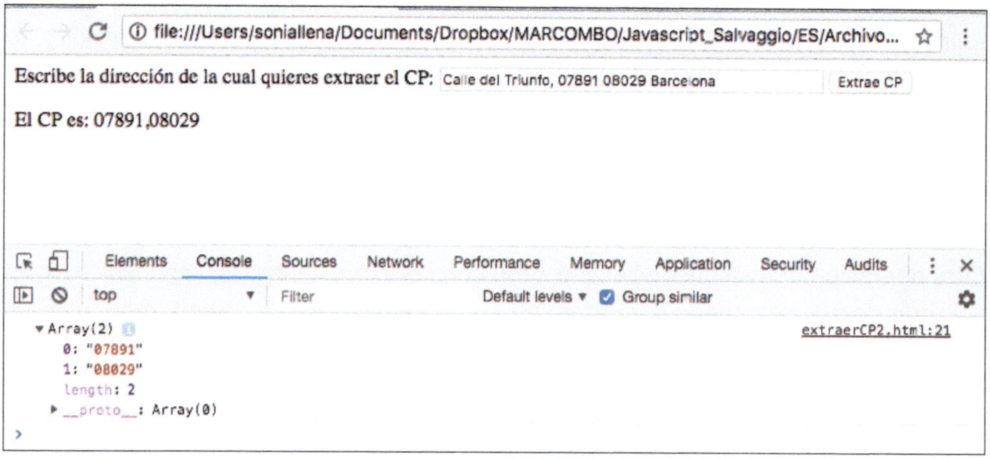

Figura 8.4 - Con el flag g se identifican todas las coincidencias del patrón.

Ahora ya solo nos queda por descubrir, leyendo la propiedad `length`, cuántos elementos contiene el array `cp` y, después, leer el valor situado en última posición (`length-1`, dado que el índice del array empieza desde 0):

```
cp[cp.length-1]
```

Con el mismo principio, podemos realizar otro ejemplo. Supongamos que tenemos una caja de texto en la cual pedimos al usuario que escriba un código numérico (por ejemplo, una matrícula) que podría escribirse en distintos formatos: /(X 0000 XX, 0000 XXX, XX 0000 XX...

Nos interesa extraer la parte numérica y combinarla sin utilizar espacios ni separadores, eliminando cualquier otro carácter.

```
<form>
    <label for='texto'>Escribe el número de tu matrícula:</label>
    <input type="text" id='texto'>
    <button type="button" onclick='envía()' id="boton">envía el dato insertado</
button>
</form>
<p id="output"></p>
<script>
    function envia() {
        let codigoMatricula = document.getElementById('texto').value;
        let numerosPatron = /\d+/g;
        let numeros = codigoMatricula.match(numerosPatron);
        let matriculaCorrecta = numeros.join('');
        document.getElementById('output').innerHTML = matriculaCorrecta;
    }
</script>
```

Puedes encontrar este ejemplo en el archivo unificaNumeros.*html*

La única novedad de este código consiste en el método `join()` del array, que nos permite unificar los elementos de un array en una única cadena. Nosotros hemos elegido no añadir ningún separador entre los elementos en la cadena resultante, por lo que hemos pasado al método `join` una cadena vacía (`''`), pero es posible elegir cualquier separador, simplemente pasándolo como argumento de `join`.

Realizar sustituciones en las cadenas

Otra operación que se puede llevar a cabo con las expresiones regulares consiste en sustituir partes de cadena con otras, así como cambiar de posición y modificar los grupos identificados por el patrón de la expresión regular.

Empezamos a ver cómo identificar grupos de caracteres en las expresiones regulares:

```
<script>
    let patron = /(\w+)\s(\w+)/;
    let texto = 'Nombre: Alessandra Salvaggio 1973';
    let resultado = texto.match(patron);
   console.log(resultado);
</script>
```

Puedes encontrar este ejemplo en el archivo grupos.*html*

Los grupos son, como hemos visto en esta parte del capítulo, conjuntos de caracteres situados entre paréntesis. Nuestro patrón:

```
let patron = /(\w+)\s(\w+)/;
```

debe identificar un número mayor o igual a 1 de caracteres no especiales (`\w+1`) seguidos de un espacio (`\s`) y después de otros caracteres no especiales (`\w+1`).

La parte (`\w+1`) indica que la expresión regular debe identificar no solo la coincidencia completa del patrón, sino también los dos grupos (`\w+1`).

En este caso específico, el resultado será un array que contiene los siguientes valores:

```
Array [ "Alessandra Salvaggio", "Alessandra", "Salvaggio" ]
```

El primer valor del array es la primera coincidencia del patrón entero, y los otros valores son las coincidencias de los grupos.

Podemos acceder a los valores memorizados en los grupos con la sintaxis $1, $2, etc.

Gracias al método `replace()` de la expresión regular (no de la cadena), podemos sustituir en la cadena un grupo con otro y obtendremos, por ejemplo, la inversión de nombre y apelllido. En realidad, sustituimos la parte del texto que corresponde a la expresión regular ('Alessandra Salvaggio'), con el contenido de ambos grupos, en el orden que prefiramos.

```
<script>
  let patron = /(\w+)\s(\w+)/;
  let texto = 'Nombre: Alessandra Salvaggio 1973';
  let nuevoTexto = texto.replace(patron, '$2, $1');
  console.log(nuevoTexto);
</script>
```

Puedes encontrar este ejemplo en el archivo replace.*html*

El resultado de la ejecución de este código es:

```
Nombre: Salvaggio, Alessandra 1973
```

Gracias al signo $ podemos obtener otras operaciones de transformaciones con los grupos.

La tabla siguiente muestra distintos ejemplos. El patrón y la cadena sobre los cuales se aplica la expresión regular son los del ejemplo que acabamos de proponer.

Tabla 8.10 - Ejemplos de patrón.

Tipo	Instrucción	Resultado	Notas
$n	`texto.replace(patron, '$2')`	Nombre: Salvaggio 1973	La parte de la cadena identificada por la expresión regular queda sustituida por el grupo 2
cadena $n cadena	`let nuevotexto = texto.replace(patron, '$1, Apellido: $2');`	Nombre: Alessandra, Apellido: Salvaggio 1973	La parte de la cadena identificada por la expresión regular queda sustituida por el primer grupo de la cadena, ", Apellido: " y después por el segundo grupo
$$	`texto.replace(patron, '$$')`	Nombre: $ 1973	La parte de la cadena identificada por la expresión regular queda sustituida por el símbolo $

$&	`texto.replace(patron, '$& apellido');`	Nombre: Alessandra Salvaggio apellido 1973	La parte de la cadena identificada por la expresión regular queda sustituída por la misma parte de la cadena identificada por la expresión regular. A continuación, se sitúa la cadena especificada (apellido)
$`	``texto.replace(patron, '$`uffa')``	Nombre: Nombre: uffa 1973	La parte de la cadena identificada por la expresión regular queda sustituida por la parte del texto que la precede (Nombre:). A continuación, se sitúa la cadena especificada (uffa)

Además de sustituir una parte de la cadena con los grupos identificados por el patrón, podemos simplemente sustituirla con otra cadena.

Estos son dos ejemplos bastante comunes.

Eliminar espacios múltiples

```
<form>
    <div style="float:left;">
        <textarea id='texto1' cols=50 rows=20 float=left></textarea>
        <button type="button" onclick='EliminaEspacios ()' id="boton">Elimina
        espacios</button>
        <button type="button" onclick='borrarTodo()' id="boton2">Borrar
        todo</button>
        <textarea id='texto2' cols=50 rows=20 float=left></textarea>
    </div>
</form>
<p id="output"></p>
<script>
    let texto = 'Lorem ipsum dolor   ...';
    document.getElementById('texto1').value = str;
```

```
        function EliminaEspacios() {
            texto = document.getElementById('texto1').value;
            //let re = /\s{2,}/g;
            let patron = /\s+/g;
            let textoSinEspacios = texto.replace(patron, ' ');
        }
        function borrarTodo() {
            document.getElementById('texto2').value = '';
            document.getElementById('texto1').value = '';
        }
    </script>
```

Puedes encontrar este ejemplo en el archivo sustituirEspaciosMultiples.*html*

Este código genera una página HTML con dos áreas de texto; en la primera se precarga un texto con espacios múltiples (puedes sustituirlo tranquilamente por otro texto que prefieras directamente en el navegador).

Al pulsar el botón con id `pulsante`, vuelve a escribirse el texto pero sin espacios múltiples en la segunda área de texto.

El patrón que se debe utilizar debe contener el flag `g`, para evitar que, tras haber encontrado el primer espacio múltiple, la búsqueda del patrón se interrumpa.

El patrón que debemos utilizar es el siguiente:

```
let re = /\s+/g;
```

y espera identificar el espacio (`\s`) repetido una o más veces (`+`).

> **NOTA**
>
> Otra posibilidad consiste en utilizar el patrón `let re = /\s{2,}/g;` el cual identifica un espacio repetido dos o más veces y después lo sustituye con una cadena vacía (`let textoSinEspacios = str.replace(re, '');`). Sin embargo, en presencia de espacios múltiples situados tras un signo de puntuación, todos los espacios se eliminan, sin dejar ningún espacio individual.

Después de haber identificado los grupos de espacios (también los compuestos por un espacio único) el método `replace` los sustituirá con un espacio solo (Figura 8.5).

```
let textoSinEspacios = str.replace(re, ' ');
```

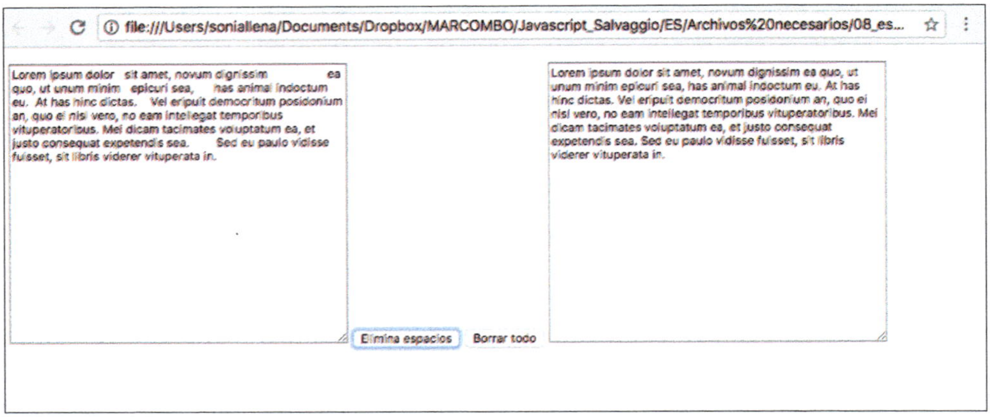

Figura 8.5 - El resultado de la eliminación de espacios.

> **NOTA**
>
> Si deseas eliminar solo los espacios exteriores, puedes utilizar el patrón `let pattern = /^\s+|\s+$/;` y sustituirlo con una cadena vacía `let textoSinEspacios = texto.replace(patron, '')`. El patrón utiliza una alternativa (`|`) e identifica los espacios o al inicio (`^\s+`) o al final de la cadena (`\s+$/`). En realidad, para eliminar los espacios exteriores de una cadena, puede ser más rápido recurrir al método `trim()` aplicado a la misma cadena `let textoSinEspacios = texto.trim();`
>
> **Puedes encontrar estos ejemplos en el archivo sustituirEspaciosExteriores.*html***

Eliminar caracteres especiales

Otro caso común consiste en eliminar de una cadena caracteres especiales, los cuales podrían haberse insertado por error.

```
<form>
        <div style="float:left;">
            <textarea id='texto1' cols=50 rows=20 float=left></textarea>
            <button type="button" onclick='EliminaEspacios()' id="boton">Elimina
            caracteres especiales</button>
            <button type="button" onclick='borrarTodo()' id="boton2">Borrar
            todo</button>
            <textarea id='texto2' cols=50 rows=20 float=left></textarea>
        </div>
    </form>
    <p id="output"></p>
    <script>
```

```
        let texto = 'pero ¿por qué $ veo todas estas letras%% raras?';
        document.getElementById('texto1').value = texto;
        function EliminaEspacios() {
            texto = document.getElementById('texto1').value;
            let patron = /[!£$?%&]/g;
            let textoSinEspacios = texto.replace(patron, '');
            document.getElementById('texto2').value = textoSinEspacios;
        }
        function borrarTodo() {
            document.getElementById('texto2').value = '';
            document.getElementById('texto1').value = '';
        }
    </script>
```

Puedes encontrar este ejemplo en el archivo sustituirCaracteresEspeciales.*html*

Este ejemplo es muy parecido al anterior. El patrón debe tener el flag `g` y, cuando se identifica, debe ser sustituido por una cadena vacía.

```
let patron = /[!£$?%&]/g;
let textoSinEspacios = texto.replace(patron, '');
```

NOTA

Podríamos haber utilizado el patrón `/\W/g;`, pero este patrón no elimina solo los caracteres especiales, sino también los espacios. En lugar de eliminar todos los espacios, podría ser más útil eliminar los exteriores de la cadena, que se podrían haber escrito por error.

Separar una frase en palabras

En el ejemplo siguiente, trataremos de separar una frase en palabras gracias a las expresiones regulares.

Dejaremos que sea el usuario quien inserte la frase que hay que descomponer.

```
<form>
        <label for='texto'>Una frase:</label>
        <input type="text" id='texto' style="width: 300px;">
        <button type="button" onclick='encuentraPalabras()' id="boton">envía el dato
        insertado</button>
    </form>
    <p id="output"></p>
    <script>
        function encuentraPalabras() {
            let texto = document.getElementById('texto').value;
            let patron = /\s*[a-zA-Z]+\s*/g;
            let palabras = texto.match(patron);
            console.log(palabras);
            let textoAEscribir = '';
            if (palabras) {
```

```
            palabras.forEach(function(elemento, indice) {
                textoAEscribir = `${textoAEscribir} ${indice+1}:
                ${elemento.trim()}<br>`;
                console.log(textoAEscribir);
            })
            document.getElementById('output').innerHTML = `El texto insertado
            contiene ${palabras.length} palabras: <br> ${textoAEscribir}`;
        } else {
            document.getElementById('output').innerHTML = "El texto insertado no
            contiene ninguna palabra";
        }       }
</script>
```

Puedes encontrar este ejemplo en el archivo separarPalabras.*html*

Empezamos nuestro análisis observando el patrón que hemos escrito para identificar las palabras en la frase. Por palabras entendemos conjuntos de caracteres alfabéticos (en mayúscula y minúscula) precedidos y seguidos de uno o más espacios:

```
let patron = /\s*[a-zA-Z]+\s*/g;
```

El patrón busca cero o más espacios (`\s*`), una o más letras en mayúscula o minúscula (`[a-zA-Z]+`) y cero o más espacios (`\s*`).

> **NOTA**
>
> Por ahora, supongamos que separamos solo con espacios. Más adelante propondremos una solución que contempla también los distintos signos de puntuación.

La búsqueda de cero o más espacios es necesaria porque, por norma general, las palabras iniciales y finales de una frase van precedidas y seguidas por un espacio.

El patrón tiene el flag `g` porque la búsqueda no debe detenerse en la primera coincidencia encontrada (la primera palabra), sino que debe recuperar todas las palabras.

En lugar del patrón propuesto antes, podríamos haber obtenido el mismo resultado utilizando el que proponemos a continuación:

```
let patron = /\s*[a-z]+\s*/gi;
```

La diferencia consiste en el hecho que buscamos solo las letras en minúscula y no en mayúscula `[a-z]`, pero identificaremos también estas últimas gracias al flag `i`, *ignore case*, que elimina la distinción entre letras mayúsculas y letras minúsculas.

El resultado del uso de los dos patrones es idéntico. Elige el que te resulte más cómodo.

Si ejecutamos el método `match` sobre nuestra cadena con uno de estos patrones, obtenemos el array `palabras`, que, como puedes ver en la consola, contiene todas las palabras de la frase.

```
let palabras = texto.match(patron);
```

Si el array no es nulo (`if(palabras)`), ejecutamos sobre el mismo un bucle. Lo hacemos de un modo ligeramente distinto al habitual: en lugar de recurrir al bucle `for`, hemos utilizado el método `forEach()` del array, que permite ejecutar una operación sobre cada elemento del array.

En este caso en concreto, para cada elemento del array, ejecutamos una función anónima que tiene como parámetros `elemento` e `indice` (los nombres son arbitrarios), que representan respectivamente el elemento del array sobre el cual se está trabajando y su índice. Observa que (hemos resaltado en negrita el contenido entre paréntesis) el método `forEach` contiene por completo la función anónima.

```
if (palabras) {
                palabras.forEach(function(elemento, indice) {
                    textoAEscribir = `${textoAEscribir} ${indice+1}:
                    ${elemento.trim()}<br>`;
                    console.log(textoAEscribir);
                })
```

NOTA

También podríamos haber escrito un auténtico bucle `for`:

```
if (palabras) {
      for (let i = 0; i < palabras.length; i += 1) {
          textoAEscribir = `${textoAEscribir}  ${palabras[i].trim()}<br>`;
          console.log(textoAEscribir);
      }
```

Recuerda que `length` es la longitud del array `palabras` (es decir, el número de elementos contenidos en él).

Para cada bucle, añadimos a la variable `textoAEscribir` el contenido del array en la posición actual y agregamos un retorno de carro `<br>`.

Es necesario borrar los espacios con el método `trim()` porque en las cadenas identificadas por la expresión regular y almacenadas en el array `palabras`, se incluyen los espacios.

Al final del bucle `for` escribimos el número de palabras encontradas (es decir, la longitud del array `palabras`) y la variable `textoAEscribir`, en el `<div>` output: veremos cómo se ajustan cada una de las palabras (Figura 8.6).

Figura 8.6 - Las palabras extraídas del texto.

En esta ocasión, nos hemos limitado a separar las palabras basándonos en el espacio, pero ¿y si quisiéramos gestionar otros separadores, como los signos de puntuación?

Probablemente sería más sencillo afrontar el problema de forma distinta, separando la cadena según un separador creado con una expresión regular.

Ya hemos utilizado el método `split()`, que separa las cadenas según el separador pasado.

Ahora queremos utilizarlo recurriendo a una expresión regular para definir el separador, para poder definir separadores distintos (,;.?...).

El único elemento que se debe modificar en la página es la función `encuentraPalabras`. El resto de la página es idéntica al ejemplo anterior:

```
function encuentra Palabras() {
            let texto = document.getElementById('texto').value;
            let palabras = texto.split(/[\s\.,;:!?]+/);
            console.log(palabras);
            let textoAEscribir = '';
            if (palabras) {
                palabras.forEach(function(elemento, indice) {
                    textoAEscribir = `${textoAEscribir} ${indice+1}:
                    ${elemento.trim()}<br>`;
                    console.log(textoAEscribir);
                })
                document.getElementById('output').innerHTML = `El texto insertado
                contiene ${palabras.length} palabras: <br> ${textoAEscribir}`;
            } else {
                document.getElementById('output').innerHTML = "El texto insertado no
                contiene ninguna palabra";
            }        }
```

Puedes encontrar este ejemplo en el archivo separarPalabras2.*html*

El método `split` es pasado directamente al patrón que espera la identificación de uno o más (+) de los caracteres separadores indicados entre corchetes.

```
let palabras = texto.split(/[\s\.,;:!?]+/);
```

El resultado de la operación es un array (`palabras`) que contiene las partes de la cadena identificadas.

Esta técnica funciona perfectamente si el separador no se encuentra en última posición: en este caso, el array resultante contiene en última posición una cadena vacía (Figura 8.7).

Figura 8.7 - El array resultante contiene un elemento más.

Es preciso modificar la función, añadiendo a `split` la función `filter`:

```
letpalabras=texto.split(/[\s\.,;:!?]+/).filter(function(palabra){return!!palabra;});
```

Puedes encontrar este ejemplo en el archivo separarPalabras3.*html*

`Filter` es una función que se aplica al array resultante de la ejecución de `split`. Analiza cada uno de los elementos del array (en este caso, indicado con el término `palabra`) y valora si conservarlo en el nuevo array que devolverá y que después será almacenado en la variable `palabras`.

Para valorar si una palabra debe ser insertada o no en el nuevo array, `filter` utiliza la función anónima pasada como argumento.

En este caso en concreto, la función controla si la palabra está vacía o contiene como mínimo un carácter. Para llevar a cabo este control, se utiliza un atajo típico de JavaScript: en JavaScript, una cadena vacía es equiparada al valor booleano `false`, mientras que una cadena que contiene como mínimo un carácter es equiparada al booleano `true`.

Por lo tanto, la expresión `!!palabra`, que utiliza dos veces el operador `not` (`!`), es verdadera solo si la cadena no está vacía. Si la expresión resulta verdadera, la cadena se inserta en el nuevo array, si no, no.

El flag sticky (y)

ECMAScript 6 introdujo en la sintaxis de las expresiones regulares el flag `sticky`. Este flag hace que la expresión regular sea valorada en la cadena en la posición almacenada en su propiedad `lastIndex`.

En la primera ejecución del método `match()` o `test()`, si no se ajusta de otro modo, `last Index = 0`, luego `lastIndex` se ajusta a la posición inmediatamente posterior a aquella en que se ha encontrado la coincidencia de la expresión regular.

Veamos un ejemplo para entenderlo mejor.

Supongamos que tenemos el código siguiente:

```
let cadena = 'escribo 3 numeros 123'
let patron = /\d+/y;
let prueba = cadena.match(patron);
console.log(`prueba: ${prueba}`);
console.log(`lastIndex: ${patron.lastIndex}`);
```

Puedes encontrar este ejemplo en el archivo sticky.*html*

Nuestro patrón busca grupos de una o más cifras, pero lo hace en modalidad *sticky*, lo que significa que, dado que al inicio `lastIndex = 0`, la ejecución de la expresión regular no encuentra nada, porque no hay ningún número en posición 0. En la consola, de hecho, leemos:

```
prueba = null
patrón.lastIndex = 0
```

Sin embargo, si modificamos el código así:

```
let cadena = 'Escribo 3 numeros 123'
let patron = /\d+/y;
patron.lastIndex = 7;
let prueba = cadena.match(patron);
console.log(`prueba: ${prueba}`);
console.log(`lastIndex: ${patron.lastIndex}`);
```

es decir, cambiando manualmente el valor de `lastIndex` (`patron.lastIndex = 7`), la expresión regular encontrará una coincidencia y en la consola leeremos:

```
prueba: 3
lastIndex: 8
```

Observa que `lastIndex` se ha convertido en 8, que es la posición siguiente a la primera coincidencia de la expresión regular (la cifra 3).

Obviamente, cambiar a mano el valor de `lastIndex` puede no ser muy cómodo.

Sin embargo, podríamos llevar a cabo el cambio natural de `lastIndex` si tuviéramos cadenas con una estructura más bien regular.

Probemos con otro ejemplo:

```
let texto = '1. manzana 2. pera 3. banana 4. naranja'
let patron = /\d\.\s[a-zA-Z]+(\s|$)/y;
let prueba = texto.match(patron);
console.log(`prueba: ${prueba}`);
console.log(`lastIndex: ${patron.lastIndex}`);
prova = texto.match(patron);
console.log(`prueba: ${prueba}`);
console.log(`lastIndex: ${patron.lastIndex}`);
prova = texto.match(patron);
console.log(`prueba: ${prueba}`);
console.log(`lastIndex: ${patron.lastIndex}`);
prova = texto.match(patron);
console.log(`prueba: ${prueba}`);
console.log(`lastIndex: ${patron.lastIndex}`);
```

Nuestra cadena de partida (`let texto = '1. manzana 2. pera 3. banana 4. naranja'`) está formada por una secuencia de elementos con una estructura fija:

- una cifra (`\d`)
- un punto (`\.`)
- un espacio (`\s`)
- uno o más caracteres alfabéticos (`[a-zA-Z]+`)
- un espacio o el final de la cadena (`\s|$`)

El patrón refleja esta estructura y está en modo *sticky*.

Si ejecutamos nuestro código en la consola, podremos leer lo siguiente:

prueba: 1. manzana ,
lastIndex: 8
prueba: 2. pera ,
lastIndex: 16
prueba: 3. banana ,
lastIndex: 26
prueba: 4. naranza,
lastIndex: 36

Cada vez que se ejecuta el método `match()`, `lastIndex` se sitúa después de la coincidencia de un bloque que corresponde al patrón, en la segunda ejecución del método `match()` podemos recuperar la segunda coincidencia del bloque, etc.

Con esta técnica, a diferencia de con un patrón con un flag `g`, podemos procesar nuestra cadena una parte cada vez, tanto para evitar creaciones de cadenas demasiado largas, como si los datos no nos llegan todos a la vez.

9

Objetos

Hasta ahora hemos utilizado objetos predefinidos como Math y Date; ha llegado el momento de aprender a crear y utilizar objetos personalizados.

Temas tratados

- Crear objetos
- Object literal
- Operadores módulo (%)
- Transformar una fecha en una cadena

En los capítulos anteriores, ya hemos trabajado con objetos como `Date`, `Boolean`, `Math`, `Array`, entre otros. Son estos objetos **primitivos** de JavaScript.

Si quieres una lista completa, puedes consultar la página https://developer.mozilla.org/es/docs/Web/JavaScript/Referencia/Objetos_globales.

Los objetos, junto a las funciones, constituyen la base sobre la cual descansa JavaScript y, por tanto, es importante conocerlos bien.

La característica común de los objetos es que contienen dos tipos de elementos:

- funciones (como `Date.getFullYear()`)
- datos representados por variables o constantes (como `Math.PI`, el valor del número pi griego)

Adoptando la terminología de los lenguajes orientados a objetos, en JavaScript las funciones "dentro" de un objeto también se denominan normalmente ***métodos***, mientras que los datos, definidos como par nombre-valor, se denominan ***propiedades***.

Además de los objetos primitivos, JavaScript permite la creación por parte del usuario de objetos personalizados, dotados de métodos y propiedades propios.

Existen distintos modos de crear un objeto. Empezamos por el caso más sencillo:

```
let vacio = {} ;
```

La variable `vacio` es un objeto sin métodos ni propiedades.

> **NOTA**
> Podría parecer que un objeto vacío no es muy útil pero, más adelante, veremos que en realidad existen casos en que sí lo es.

De un modo muy parecido, podemos crear un objeto dotado de contenido:

```
<p id="output"></p>
  <p id="output2"></p>
  <script type="text/javascript">
    let objeto = {
      numero: 123,
      color: 'rojo',
      descripcion: function () {
        return 'Soy un objeto rojo con el número 123';
      }
    };
    document.getElementById('output').innerHTML = JSON.stringify(objeto) ;
    document.getElementById('output2').innerHTML = objeto.descripcion() ;
  </script>
```

Puedes encontrar este ejemplo en el archivo objetos2.*html*

El objeto que acabamos de crear se llama `miObjeto`, tiene dos propiedades, "número" y "color", y un método, "descripción".

El método está creado con una función anónima, pero podría utilizar una sintaxis más resumida:

```
descripcion() {
        return "Soy un objeto rojo con el número 123";
}
```

Para mostrar en la página el contenido de un objeto, tenemos el método `stringify` del objeto JSON.

> **NOTA**
> JSON es un objeto JavaScript primitivo. Por ahora, lo utilizamos por comodidad, pero más adelante en este libro dedicaremos un capítulo en exclusiva a su uso.

En cuanto al método `descripcion()`, lo hemos llamado exactamente como hemos llamado siempre a los métodos de los objetos primitivos de JavaScript (por ejemplo, `Date.getTime()`).

En el navegador, el código propuesto anteriormente produce el resultado mostrado en la Figura 9.1.

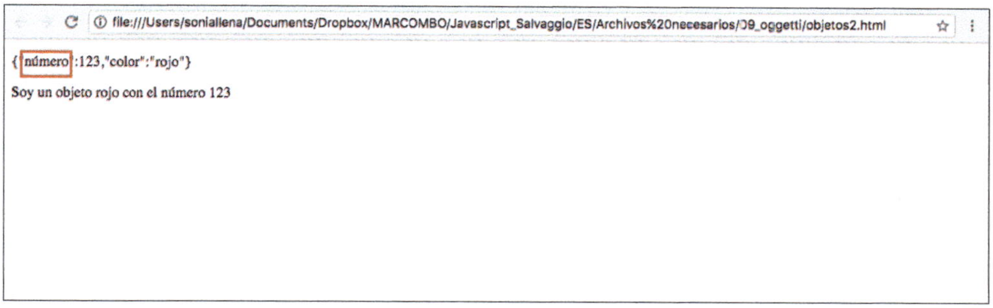

Figura 9.1 - El resultado de la ejecución del código propuesto en un navegador.

La técnica (variable = { contenido objeto}) que hemos utilizado para crear estos primeros objetos se denomina ***object literal***.

> **NOTA**
> Existen otros métodos de definir los objetos. Los veremos más adelante en este libro.

El objeto creado con esta técnica, como has podido comprobar, puede contener cero, uno o *n* elementos (propiedades y métodos).

Vamos a precisar algunas características propias de esta técnica:

- Si el objeto contiene elementos, su orden no influye.
- Los elementos se separan entre sí con una coma. La coma **NO** debe colocarse detrás del último elemento.
- Las propiedades se definen como pares nombre/valor, separadas por dos puntos.
- El nombre de una propiedad es una cadena de texto. Si no contiene espacios o caracteres especiales, el nombre de una propiedad, aun siendo una cadena, puede ser indicado, sin comillas ni comillas dobles, que, por el contrario, se necesitan si el nombre contiene un espacio. Sin embargo, se desaconseja fervorosamente el uso de esta práctica. Siempre es mejor evitar el uso de espacios en los nombres de las propiedades. La recomendación más común es la de utilizar, para el nombre de las propiedades, palabras sin caracteres especiales; se recurrirá, si

es necesario, a la sintaxis *camel-case* (o sintaxis del camello), donde las palabras van unidas pero empiezan en mayúscula para una mayor legibilidad: miObjeto, nombreAbueloMaterno...). Estos son algunos ejemplos:

- numero = 123; // válido
- "numero" = 123; // válido
- "un numero" = 123; // válido;
- un numero = 123; // **no** válido por el espacio entre un y número
- unNumero = 123 // válido

- El valor de una propiedad se expresa según las reglas de su tipo, es decir, depende de si el valor es una cadena, un número, una fecha, un array u otro objeto.

Ejemplo práctico

Ahora que ya hemos presentado los objetos, vamos a intentar crear uno un poco más complejo, dotado de una propiedad y de tres métodos.

Utilizaremos nuestro objeto para gestionar las propiedades de un año. Nuestro objeto se llamará `año`, calculará si el año es bisiesto, cuándo es Semana Santa y el día de la semana en que cae Navidad.

```
<p id="output"></p>
    <p id="output2"></p>
    <p id="output3"></p>
    <script type="text/javascript">
        let año = {
            //añoRef : 2017,
            añoRef: (new Date).getFullYear(),
            bisiesto() {
                let año = this.añoRef;
                if ((año % 400 == 0) || (año % 4 == 0) && año % 100 != 0) {
                    return true;
                } else {
                    return false;
                }
            },
            semanaSanta() {
                let a;
                let b;
                let c;
                let año = this.añoRef;
                let d;
                let e;
                let M;
                let N;
                let dia;
                let mes;
                if (año < 2099) {
                    M = 24;
                    N = 5;
                } else if (año < 2199) {
```

```
                M = 24;
                N = 6;
            }
            else if (año < 2299) {
                M = 25;
                N = 0;
            }
            else if (año < 2399) {
                M = 26;
                N = 1;
            }
            else if (año < 2499) {
                M = 25;
                N = 1;
            }
            a = año % 19;
            b = año % 4;
            c = año % 7;
            d = ((19 * a) + M) % 30
            e = ((2 * b) + (4 * c) + (6 * d) + N) % 7;

            if (d + e < 10) {
                dia = d + e + 22;
                mes = 3;
            }
            else {
                dia = d + e - 9;
                mes = 4;
            }

            if (dia == 26 && mes == 4) {
                dia = 19;
                mes = 4;
            }

            if (dia == 25 && mes == 4 && d == 28 && e == 6 && a > 10) {
                dia = 18;
                mes = 4;
            }
            return new Date(año, mes - 1, dia);
        },
        diaNavidad() {
            const nombreDia = ['Domingo', 'Lunes', 'Martes', 'Miércoles',
            'Jueves', 'Viernes', 'Sábado'];
            let navidad = new Date(this.añoRef, 11, 25);
            return nombreDia[navidad.getDay()];
        }
    }
    document.getElementById('output').innerHTML = año.semanaSanta();
    document.getElementById('output2').innerHTML = año.bisiesto();
    document.getElementById('output3').innerHTML = año.diaNavidad();
</script>
```

Puedes encontrar este ejemplo en el archivo año.*html*

El código es largo, intentemos analizarlo por orden.

Nuestro objeto dispone de la propiedad `añoRef`, que está situada como año actual (`(new Date).getFullYear()`). Naturalmente, en lugar de almacenar en la propiedad el valor del año actual, podríamos especificar un año cualquiera, simplemente indicando su número.

En los métodos que hemos definido, necesitamos utilizar el valor de esta propiedad que asignamos a variables internas a los métodos. Para hacer referencia a una propiedad del objeto desde dentro de un método propio utilizamos la palabra clave `this`.

```
let año = this.añoRef;
```

El objeto contiene tres métodos (`bisiesto`, `semanaSanta` y `diaNavidad`). Cada uno de ellos devuelve un valor mediante la instrucción `return`.

`Bisiesto` devuelve un valor booleano que indica si el año es bisiesto (`true`) o no (`false`); `semanaSanta` devuelve un objeto de tipo fecha que contiene la fecha para Semana Santa para el año indicado y `navidad` devuelve una cadena que representa el nombre del día de la semana en que cae Navidad en el año indicado.

Observa, por tanto, que los tres métodos devuelven valores de distinto tipo.

Veamos cómo funcionan en concreto los tres métodos; empezamos por `bisiesto`.

El año es bisiesto si es divisible por 4, pero no por 100, o si es divisible por 400. Por eso, podemos decir que un año es bisiesto si se verifica **como mínimo** uno de estos casos:

- **caso A**: el número es divisible por 4, pero no por 100:
  `(año % 4 == 0) && año % 100 != 0);`
- **caso B**: el número es divisible por 400: `(año % 400 == 0)`.

> **NOTA**
> Recuerda que || corresponde al operador booleano *or*, mientras que && es el operador booleano *and*.

Observa que, para verificar si un número es divisible por otro, utilizamos el **operador módulo** %, que ejecuta la división del elemento a su izquierda por el de su derecha y devuelve el **resto**.

```
año % 4 == 0
```

Así, indica que el resto de año: 4 debe ser igual a 0.

El cálculo de Semana Santa es más complejo, puesto que Semana Santa cae el primer domingo después del primer plenilunio que se verifica tras el equinoccio de primavera. Con un sistema de divisiones y comprobaciones (no es este el lugar para explicarlas todas), llegamos a determinar el mes y el día en que cae Semana Santa.

Una vez conseguidas estas informaciones, si las unimos al año sobre el cual estamos trabajando, podemos construir y después devolver la fecha de Semana Santa.

El cálculo del día de Navidad ya lo conoces y no requiere otros comentarios.

Al final de nuestro código, llamamos a los métodos del objeto que acabamos de crear para escribir en la página las informaciones acerca del año.

```
document.getElementById('output').innerHTML = año.semanaSanta();
document.getElementById('output2').innerHTML = año.bisiesto();
document.getElementById('output3').innerHTML = año.diaNavidad();
```

En nuestro ejemplo, hemos insertado el valor del año sobre el que trabajamos directamente en el objeto (extrayéndolo del año actual), pero dado que se trata de una propiedad, la podemos ajustar desde fuera del objeto.

Si, tras haber cambiado el valor de la propiedad `añoRef`, llamamos a los métodos del objeto, estos nos darán un resultado distinto.

```
<script type="text/javascript">

    let año = {
        añoRef: (new Date).getFullYear(),
        bisiesto() {
            ...
        },
        semanaSanta() {
            ...
        },
        diaNavidad (){
            ...
         }
    }
    año.añoRef = 1973;
    document.getElementById('output').innerHTML = año.semanaSanta();
    document.getElementById('output2').innerHTML = año.bisiesto();
    document.getElementById('output3').innerHTML = año.diaNavidad();
</script>
```

Puedes encontrar este ejemplo en el archivo año2.*html*

Observa que, dentro del objeto, hemos dejado la asignación de un valor a la propiedad `añoRef` y después, antes de utilizar los métodos propios del objeto, le asignamos un nuevo valor que influirá en la ejecución de los métodos.

Para terminar este primer capítulo dedicado a los objetos, queremos hacer que el usuario pueda elegir el año que desea utilizar con el objeto que acabamos de crear de un campo `<select>` generado dinámicamente durante la carga de la página.

```
<body>
    <form id='miFormulario'>
        <select id="listaAños"></select>
```

```
        <button type="button" onclick='muestraInfo()' id="boton">Muestra
        información del año</button>
    </form>

    <p id="output"></p>
    <p id="output2"></p>
    <p id="output3"></p>
    <script type="text/javascript">
        const select = document.getElementById('listaAños');
        for (let i = 1940; i <= (new Date).getFullYear() + 20; i += 1) {
            select.innerHTML += `<option value="${i}">${i}</option>`;
        }
let año = {
            añoRef: (new Date).getFullYear(),
            bisiesto() {
                ...
            },
            semanaSanta() {
                ...
            },
            diaNavidad (){
                ...
             }
        }
        function muesstraInfo() {
            año.añoRef = document.getElementById('listaAños').value;
            let opciones = { weekday: 'long', year: 'numeric', month: 'long', day:
            'numeric' }
            document.getElementById('output').innerHTML = `Fecha de Semana Santa:
            ${año.semanaSanta().toLocaleDateString('it-IT', opciones)}`;
            año.bisiesto() ?
            document.getElementById('output2').innerHTML =
            "El año es bisiesto" :
            document.getElementById('output2').innerHTML =
            "El año NO es bisiesto";
            document.getElementById('output3').innerHTML =
            `Día de Navidad:
            ${año.diaNavidad()}`;
        }
    </script>
```

Puedes encontrar este ejemplo en el archivo año3.*html*

Hemos insertado en la página un formulario con un campo `<select>` cuyo id es `lista Años` y un botón que, al pulsarlo, ejecuta la función `muestraInfo`. Esta función utiliza el objeto año.

Al inicio de la parte de JavaScript de la página, almacenamos en una constante el objeto HTML `<select>`:

```
const select = document.getElementById('listaAños');
```

Esto nos permite hacer referencia al campo <select> de un moco más sencillo en las líneas siguientes:

```
for (let i = 1940; i <= (new Date).getFullYear() + 20; i += 1) {
            select.innerHTML += `<option value="${i}">${i}</option>`;
}
```

Con un bucle for que empieza en 1940 hasta una fecha posterior al año actual, añadimos, dentro del campo <select>, el código que agrega una opción de selección al mismo campo. Para 1940, el código añadido será:

```
<option value="1940">1940</option>
```

Para cada bucle, añadimos, mediante el operador de asignación compuesto (+=), una nueva <option> al campo <select>.

El código HTML resultante será como el siguiente:

```
<select id="listaAños">
   <option value="1940">1940</option>
   <option value="1941">1941</option>
   <option value="1942">1942</option>
   <option value="1943">1943</option>
...
   <option value="2034">2034</option>
   <option value="2035">2035</option>
   <option value="2036">2036</option>
   <option value="2037">2037</option>
</select>
```

Al pulsar sobre el botón del formulario, se ejecuta la función muestraInfo que, como primera operación, asigna a la propiedad añoRef del objeto año el valor seleccionado en el campo <select>.

Una vez hecho esto, en lugar de escribir el objeto que contiene la fecha de Semana Santa tal y como es lo convertimos en una cadena de texto con el formato de fecha local, mediante el método toLocaleDateString(). Pasamos al método una indicación de la cultura local (si no lo hiciéramos, el método la determinaría de la configuración del PC) y una variable, opciones, que contiene las opciones para la personalización del formato de salida para la fecha:

```
let opciones = { weekday: 'long', year: 'numeric', month: 'long', day: 'numeric' }
```

En este caso en concreto, pedimos a JavaScript que formatee la fecha con el nombre del día de la semana (weekday) y del mes (month) con formato largo (long); el año (year) y el día (day), con un número (numeric).

NOTA

Existen otros métodos para la transformación de un objeto fecha en cadena de texto:

- `toDateString()`: convierte el componente fecha en cadena, excluyendo la hora.
- `toISOString()`: convierte una fecha en cadena de texto en formato ISO.
- `toLocaleDateString()`: convierte el componente fecha en una cadena de texto, según la configuración local.
- `toLocaleTimeString()`: convierte el componente hora en cadena de texto, excluyendo la fecha, según la configuración local.
- `toLocaleString()`: convierte una fecha en una cadena según la configuración local.
- `toString()`: convierte una fecha en una cadena de texto.
- `toTimeString()`: convierte el componente hora en una cadena de texto, excluyendo la fecha.
- `toUTCString()`: convierte una fecha UTC en una cadena de texto.

El resto de la función debería resultarte conocido y no requiere más comentarios.

10

Arrays asociativos

En este capítulo, hablaremos de los arrays asociativos, en los cuales la clave para acceder a los distintos elementos no es numérica, sino de tipo cadena de texto.

Temas tratados

- Arrays asociativos
- BOM
- Leer el idioma del navegador
- Añadir propiedades a los objetos tras haberlos creado

Utilizar objetos para crear arrays asociativos

En los capítulos anteriores hemos visto cómo utilizar arrays y acceder a sus elementos mediante un índice numérico.

Existen también arrays denominados **asociativos**, cuyos elementos son accesibles mediante nombres, es decir, cadenas de texto, así como índices numéricos. En la práctica, creamos pares de clave/valor contenidos en una variable de tipo array.

En realidad, en JavaScript, los arrays asociativos se implementan con objetos.

Antes de ver cómo, debemos realizar una premisa importante.

Para acceder a las propiedades de los objetos, hemos aprendido a utilizar la sintaxis del punto, por ejemplo:

```
let miAño =  año.añoRef
```

Existe también la sintaxis con corchetes:

```
let miAño =  año["añoRef"]
```

NOTA

La instrucción `let miAño = año["añoRef"]` equivale a la anterior `let miAño = año.añoRef`, pero, para el uso normal del objeto (es decir, no como array asociativo), se prefiere la sintaxis con el punto por ser más resumida y comprensible.

La sintaxis de los corchetes es la que se utiliza para usar un objeto como array asociativo.

Te proponemos este ejemplo:

```
<p id="output"></p>
<p id="output2"></p>
<script type="text/javascript">
  let idiomas = {
    "es-ES": 'español',
    "en-US": 'inglés americano',
    "en-UK": 'inglés britanico'
  };
  let idioma = idiomas["en-US"];
  document.getElementById('output2').innerHTML = `El idioma elegido es:
${idioma}`;
</script>
```

Puedes encontrar este ejemplo en el archivo ArrayAsociativo.*html*

El objeto `idiomas` es un array asociativo y contiene pares de "identificador lengua" : "descripción lengua".

En la variable `idioma` almacenamos el idioma correspondiente a la clave "`en-US`". "`en-US`" es el índice asociativo (es decir, el índice no numérico) del array `idiomas`.

Después utilizamos el valor de esta variable para mostrar un mensaje en pantalla.

Vamos a complicar un poco el ejemplo, leemos el identificador del idioma que se utiliza en el navegador y lo utilizamos para extraer la descripción del idioma en el array asociativo.

La definición del array en el nuevo ejemplo no cambia.

Cambia la parte del código que la sigue:

```
let idiomaNavegador = window.navigator.language;
let idioma = idiomas[idiomaNavegador] || 'desconocida';
document.getElementById('output').innerHTML = idiomaNavegador;
document.getElementById('output2').innerHTML = idioma;
```

Puedes encontrar este ejemplo en el archivo ArrayAsociativo2.*html*

La primera novedad de este código consiste en el uso del objeto `window`, que constituye el denominado **BOM**, ***Browser Object Model***, que permite acceder al entorno (navegador, preferencias del usuario) en el cual se muestra la página HTML.

NOTA

Dedicaremos al BOM todo un capítulo más adelante en este libro.

En otras palabras, mediante el BOM, podemos acceder a informaciones como el idioma preferido del usuario que está visitando la página o el nombre y la versión de su navegador. También podemos mostrar ventanas de advertencia (con la función `alert()`, a la cual hemos hecho referencia en un capítulo anterior).

El objeto predeterminado `window`, con sus métodos y propiedades, nos permite acceder al BOM, y es tanta su importancia que no es preciso ni indicarlo explícitamente en el código.

Por ejemplo, el método `window.alert()` puede ser utilizado (y es la solución normalmente adoptada) incluso escribiendo solo `alert()`.

Volvamos a nuestro ejemplo; el objeto `window` dispone de la propiedad `navigator`, que representa el navegador y es, a su vez, un objeto y, por tanto, contiene en sí misma propiedades y métodos.

En nuestro ejemplo, hemos utilizado la propiedad `language` del objeto `navigator` (`navigator.language`), que devuelve, como cadena de texto, el código del idioma configurado como predeterminado en el navegador del usuario.

La variable `idiomaNavegador` se utiliza como índice asociativo del array `idiomas` para extraer la descripción del idioma.

¿Pero qué ocurre si en nuestra lista de idiomas no hay un idioma correspondiente al índice asociativo que hemos proporcionado?

Al escribir el código, es necesario siempre prever situaciones como esta. Por suerte, en casos similares, la sintaxis de JavaScript nos ayuda.

La instrucción:

```
let idioma = idiomas[idiomaNavegador] || 'desconocido';
```

utiliza el operador lógico `or` (`||`) que nos permite indicar `"desconocido"` como valor de `idioma`, cuando el objeto `idiomas` no contiene el dato para el idioma.

Podríamos escribir la instrucción propuesta arriba de manera más explicita recurriendo a una instrucción `if`.

```
let idioma;
if (idioma[idiomaNavegador]) {
```

```
        idioma = idiomas[idiomaNavegador];
} else {
        idioma = 'desconocido';
}
```

Basta una simple comparación referente a la longitud del código para elegir la solución en una única línea con el operador `or`.

Array asociativo completado durante la ejecución del código

A continuación, nos gustaría proponer un caso más complejo en el cual el array asociativo se crea **vacío** y se va completando con pares clave/valor durante la ejecución del código.

Crearemos una página con un `<textarea>` donde el usuario podrá insertar texto: queremos contabilizar el número de palabras unívocas insertadas y su frecuencia, es decir, cuántas veces se utiliza cada palabra en el texto insertado.

```
<textarea id="texto" cols="100" rows="20"></textarea>
  <button type="button" onclick='cuentaFrecuenciaPalabras()' id="boton">Frecuencia
palabras</button>
  <p id="output"></p>
  <script type="text/javascript">
    function cuentaFrecuenciaPalabras() {
      const palabras
      = document.getElementById('texto').value.split(/[\s\.,;:!?]+/).filter(function
(palabra)
      { return !!palabra; });
      const recuento = {};
      recuento["TOTAL"] = palabras.length;
      for (let i = 0; i < palabras.length; i += 1) {
        const palabras = palabras[i];
        if (recuento[palabra]) {
          recuento[palabra] += 1;
        } else {
          recuento[palabra] = 1;
        }
      }
      let clave = '';
      let textoAMostrar = '';
      for (clave en recuento) {
        textoAMostrar += (`${clave}: ${recuento[clave]}<br/>`);
      }
      document.getElementById('output').innerHTML = textoAMostrar;
    }
  </script>
```

Puedes encontrar este ejemplo en el archivo cuentaPalabras.*html*

La pulsación del botón situado junto al `<textarea>` llama a la ejecución de la función `cuentaFrecuenciaPalabras();` analicemos en detalle esta función.

En primer lugar, almacenamos en la variable array (un array con índice numérico, no de tipo asociativo) las palabras que aparecen en el texto insertado.

Extraemos las palabras separando la cadena con el método `split` que ya conoces y que no necesita más comentarios. Al final de la instrucción que localiza las palabras, llamamos a la función `filter`, que se retomará más adelante, cuando hablemos del paso de funciones como argumentos a otras funciones. Aquí utilizamos la función `filter` para descartar, a partir del recuento de palabras, eventuales espacios múltiples que podrían ser considerados como palabras diferentes.

La segunda operación consiste en crear un nuevo objeto que contendrá los recuentos para cada palabra:

```
const recuento = {};
```

Observa que hemos creado el objeto vacío, puesto que, obviamente, todavía no conocemos las palabras que escribirá el usuario en el `<textarea>`.

Después, añadimos al objeto un dato: el número total de palabras escritas.

```
recuento["TOTAL"] = palabras.length;
```

De hecho, estamos añadiendo al objeto `recuento` una nueva propiedad, cuyo nombre es `"TOTAL"` y cuyo valor es `palabras.length` (la longitud del array `palabras` o el número de palabras en el texto).

Esta operación es perfectamente legal y, de hecho, es una práctica muy habitual añadir nuevas propiedades y, si se desea, nuevos métodos, también a los objetos JavaScript tras haberlos definido.

Además de la propiedad `TOTAL`, añadimos al array tantas propiedades como palabras unívocas existen en el array `palabras`:

```
for (let i = 0; i < palabras.length; i += 1) {
        const palabra = palabras[i];
        if (recuento[palabra]) {
          recuento[palabra] += 1;
        } else {
          recuento[palabra] = 1;
        }
      }
```

El bucle sobre el array `palabras` escanea todas las palabras del texto e indica su frecuencia en el recuento.

Las palabras se añaden al objeto `palabras` como propiedad cuyo nombre es la misma palabra y cuyo valor es el número de veces que se ha localizado la palabra en el texto.

Si if (recuento[palabra]) es true significa que la palabra ya había sido localizada, por lo que incrementamos una unidad el recuento con recuento[palabra] += 1.

Al contrario, si el valor del if es false, es la primera vez que se encuentra la palabra en el texto, por lo que, con recuento[palabra] = 1 creamos la nueva propiedad con el mismo nombre que la palabra y un valor de frecuencia de 1 (valor inicial).

Tras haber añadido las propiedades a nuestro objeto, las utilizamos para crear una cadena de texto que después mostraremos en pantalla.

Lo hacemos recurriendo a un tipo de bucle for que todavía no hemos conocido:

```
for (clave en recuento) {
        textoAMostrar += (`${clave}: ${recuento[clave]}<br/>`);
}
```

El tipo de bucle for in permite iterar entre las propiedades de un objeto y ejecutar operaciones en cada iteración.

Para cada bucle, la variable clave asume el nombre de la propiedad sobre la cual está trabajando en aquel momento.

Nosotros utilizamos el valor para escribir el nombre de la propiedad (${clave}) y también para acceder al valor de la propiedad misma en el array recuento (${recuento[clave]).

11

New: crear instancias de objetos

Igual que hemos creado nuevas instancias de los objetos predefinidos (por ejemplo, Date), también podemos crear nuevas instancias de los objetos que hemos creado.

Temas tratados

- Crear objetos mediante una función constructora
- Crear instancias de un objeto con `New`
- Utilizar la instancia de un objeto como propiedad de otro objeto
- Utilizar el objeto `Image()`

Los objetos que hemos creado en capítulos anteriores son objetos únicos, no es posible crear nuevas instancias con propiedades con valores distintos.

A continuación, queremos hacer algo parecido a lo que ya hemos hecho varias veces con los objetos predefinidos de JavaScript; por ejemplo, crear diferentes fechas mediante el objeto `Date`.

Pues bien, podemos hacer lo mismo pero con los objetos que creamos nosotros.

Para crear objetos de los cuales se puedan crear instancias, es preciso recurrir a una sintaxis distinta a la que hemos utilizado en el capítulo anterior. En concreto, debemos recurrir a una **función constructora**.

```
<script type="text/javascript">
        function Libro (titulo, autor, año, editor) {
            this.titulo = título;
            this.autor = autor;
            this.año = año;
            this.editor = editor;
        }
```

```
        let libro1 = new Libro('Análisis de datos con Excel', 'Alessandra
Salvaggio',
        '2017', 'LSWR');
        let libro2 = new Libro('HTML 5 e CSS3', 'Alessandra Salvaggio', '2015',
        'LSWR');
        console.log(libro1);
        console.log(libro2);
    </script>
```

Puedes encontrar este ejemplo en el archivo new.*html*

Hemos creado la función constructora del objeto `Libro` (los nombres de las funciones constructoras se escriben, habitualmente, con la inicial en mayúscula, aunque no es obligatorio). La función espera parámetros que constituirán las propiedades de la instancia del objeto creado por las funciones.

También hemos creado dos instancias del objeto `Libro`: `libro1` y `libro2`, cada una de ellas con valores distintos para las propiedades definidas por la función constructora, como puedes comprobar fácilmente observando el resultado en la consola del navegador (Figura 11.1).

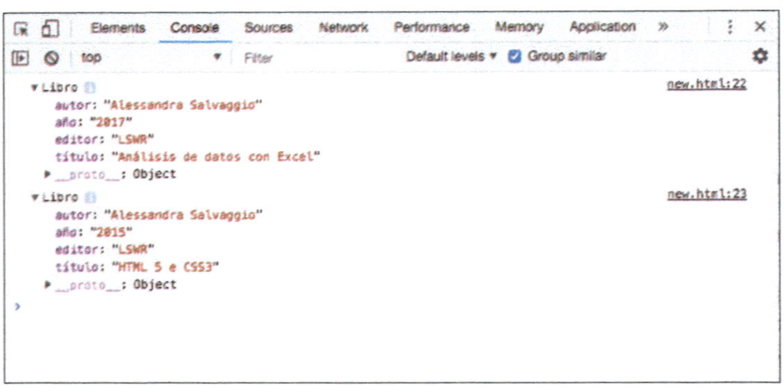

Figura 11.1 - Las instancias del objeto Libro.

Continuamos con nuestro ejemplo. Seguidamente, crearemos un segundo objeto (`Autor`) y utilizaremos una instancia suya como propiedad de una instancia del objeto `Libro`.

```
    <script type="text/javascript">
        function Libro (titulo, autor, año, editor) {
            this.titulo = título;
            this.autor = autor;
            this.año = año;
            this.editor = editor;
        }
        function Autor (nombre, apellido){
            this.nombre = nombre;
            this.apellido = apellido;
```

```
        };
        let autor1 = new Autor('Alessandra','Salvaggio')
        let libro1 = new Libro('Análisis de datos con Excel', autor1, '2017',
        'LSWR');
        let libro2 = new Libro('Scratch Programming Playground: Learn to Program by
Making Cool Games', 'Al Sweigart',
        '2017', 'LSWR');
      console.log(libro1);
      console.log(libro1.autor.nombre);
      console.log(libro2);
    </script>
```

Puedes encontrar este ejemplo en el archivo new2.*html*

En este código, hemos definido la función constructora `Autor` y después le hemos creado una instancia `autor1`.

A continuación, `autor1` es utilizada como propiedad `autor` para la instancia del objeto `Libro`, `libro1`.

En la segunda instancia del objeto `Libro`, `libro2`, la propiedad `autor` es simplemente una cadena de texto.

Podemos acceder directamente a la propiedad de un objeto utilizado, al mismo tiempo, como propiedad con la sintaxis:

```
objeto.propiedad.propiedad
```

En nuestro caso en concreto:

```
libro1.autor.nombre
```

La Figura 11.2 muestra el resultado en la consola de Chrome.

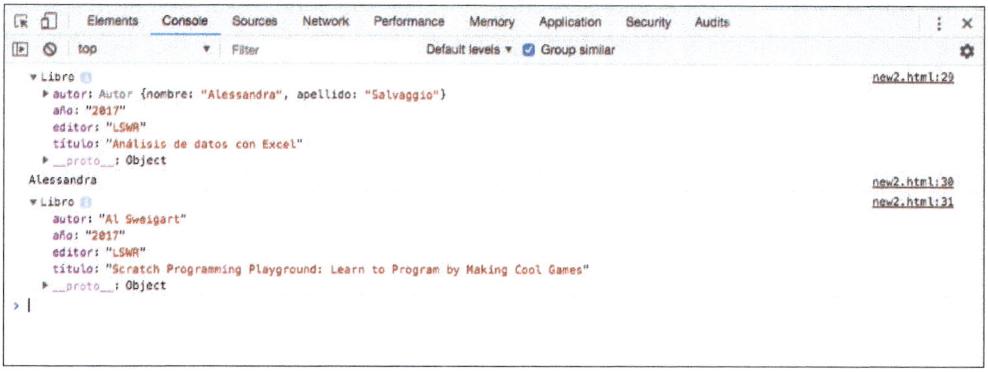

Figura 11.2 - Las instancias del objeto Libro y la propiedad autor.nombre.

Esta operación, es decir, utilizar la instancia de un objeto como propiedad de otro objeto, también es posible con las instancias de objetos predefinidos de Javascript.

En el ejemplo siguiente, crearemos una instancia del objeto predefinido `Image()`. Este objeto permite crear instancias del objeto HTML `<img>`.

```
<script type="text/javascript">
    function Libro (titulo, autor, año, editor, cubierta) {
        this.titulo = título;
        this.autor = autor;
        this.año = año;
        this.editor = editor;
        this.cubierta = cubierta;
        this.muestraCubierta = function(){
            document.body.appendChild(this.cubierta);
        }
    }
    function Autor (nombre, apellido){
        this.nombre = nombre;
        this.apellido = apellido;
    };
    let cubierta1 = new Image();
    cubierta1.src = 'Cover_AnalisisDatosExcel.jpg';
    let autor1 = new Autor('Alessandra','Salvaggio')
    let libro1 = new Libro('Análisis de datos con Excel', autor1, '2017',
    'LSWR', cubierta1);
    libro1.muestraCubierta();
</script>
```

Puedes encontrar este ejemplo en el archivo new3.*html*

Observa que hemos añadido al objeto `Libro` la propiedad `cubierta` y el método `muestraCubierta`.

El método está realizado con una función anónima. En este caso, la función utiliza el método `appendChild()` que añade un nodo como último nodo de un elemento HTML. En este caso, añadiremos un objeto `<img>` creado con una instancia de `Image()` en el cuerpo, `<body>`, de la página.

En nuestro código, se crea la instancia de `Image()` `cubierta1`.

A su propiedad `src` se le asigna el nombre de la imagen a cargar.

Nuestro método `muestraCubierta` añade esta imagen al cuerpo de la página HTML.

12

Modo estricto

ECMAScript, desde la versión **5**, presenta el concepto de **modo estricto** para que el código JavaScript esté menos sujeto a **errores**. Veamos cómo **usarlo** y, sobre todo, por qué **conviene** adoptarlo.

Temas tratados

- Uso del modo estricto
- Activar el modo estricto
- Ventajas del modo estricto

Hasta ahora, hemos omitido el concepto del modo de ejecución estricto de JavaScript porque era necesario presentar algunos conceptos como las variables y las funciones. Sin embargo, ahora es el momento de detenernos y explicar este concepto.

Ante todo, digamos que el modo estricto fue presentado en la versión 5 de ECMAScript con el objetivo de hacer que el código JavaScript fuera menos riguroso y evitar comportamientos que pudieran terminar fácilmente en error.

El modo estricto es soportado por IE 10+, Firefox 4+, Chrome 13+, Safari 5.1+ y Opera 12+. Las versiones anteriores ignoran el modo estricto y podrían mostrar comportamientos inesperados.

Para activar el modo estricto, basta con añadir la cadena de texto, o, mejor dicho, la directiva, `"use strict"` o `'use strict'` al inicio de un script o de una función.

Si esta declaración se añade al inicio de un script, tendrá validez global y todo el código del script se ejecutará en modo estricto.

La declaración dentro de una función tendrá validez local en la función misma.

Hay que tener en cuenta que el uso de la directiva 'use strict' solo tiene efecto si se coloca como primer elemento de un script o de una función, en otra posición no se reconoce.

¿Por qué utilizar el modo estricto?

La respuesta a esta pregunta podría ser simplemente que el modo estricto simplifica la escritura de código JavaScript seguro y confiable . De hecho, en este modo se generan errores cuando se utilizan formas sintácticas incorrectas que, sin embargo, en modos no estrictos, se toleran y "se dejan pasar".

Un ejemplo de ello es que en el modo no estricto no es obligatorio declarar las variables antes de utilizarlas. Esto hace que, si nos equivocamos al teclear el nombre de una variable (por un error tipográfico común), no se genera ningún error, sino que se crea una nueva variable global con el nuevo nombre. Es sencillo entender que este comportamiento lleva fácilmente a la generación de errores. En modo estricto, esto no es posible, debido a la obligación de declarar todas las variables.

El rigor que incorpora el modo estricto requiere una mayor atención en la escritura del código e impone algunos límites, pero compensa ampliamente con la garantía de un código más sólido y con menos errores.

Veamos las principales características del modo estricto:

- No está permitido utilizar variables antes de declararlas y, puesto que los objetos también son variables, tampoco es posible utilizar un objeto antes de declararlo.
- No está permitido eliminar una variable o un objeto. En modo no estricto, el operador `delete` permite eliminar una variable con la sintaxis `delete nombre variable`. Del mismo modo, no se pueden eliminar objetos o funciones.
- No se permite duplicar el nombre de los parámetros de una función: `function (argumento, argumento)` generaría un error.
- No se permiten literales numéricos en base 8 (generan confusión debido a que el cero a la izquierda en esta notación asume un significado, indica que el número siguiente es en base 8, cosa que normalmente no ocurre con los números decimales. Por ejemplo, `let num = 010;` generaría un error).
- No está permitido escribir una propiedad de solo lectura.
- No está permitido escribir propiedades de tipo solo `get`. Por ejemplo:
  ```
  let objeto{get x() {return 0}};
  objeto.x = 10;
  ```
  generaría un error.
- Ninguna variable puede llamarse `eval` o `arguments`.

- No se permite la instrucción `with` para agrupar varias instrucciones relativas al mismo objeto:

```
with(Math){x = cos(4); y= sin(6)};
```

  generaría un error. La instrucción debe escribirse así:

```
let x = Math.cos(4);
let y = Math.sin(6);
```

- Por razones de seguridad, no está permitido utilizar `eval()` para crear una variable en el área de validez desde la cual ha sido llamada. La función `eval`, que se desaconseja utilizar, interpreta una cadena de texto como instrucción JavaScript:

```
eval ("var x = 2");
alert (x);
```

  generaría un error.
- No se permiten nombres que utilicen las palabras clave reservadas para implementaciones futuras: `implements`, `interface`, `let`, `package`, `private`, `protected`, `public`, `static`, `yield`.

Como habrás observado, en la escritura del código del libro hemos evitado voluntariamente la sintaxis no permitida por el modo estricto, el cual aconsejamos adoptar por todas las ventajas que hemos destacado.

13

This

En este capítulo queremos explicar el uso de la palabra clave this, que en JavaScript tiene comportamientos un poco distintos de los habituales en otros lenguajes de programación.

Temas tratados

- Utilizar `getElementByClassName` para identificar todos los objetos de una página a la cual se aplica una clase CSS
- El valor de `this` en el objeto global y en las funciones
- Diferencias de comportamiento de `this` en modo estricto y no estricto
- El valor de `this` en las instancias de objetos creados con `New`
- El valor de `this` en los gestores de eventos
- Cambiar el contexto de `this` con `call`, `apply` y `bind`

En este punto del libro, debemos detenernos para explicar la palabra clave `this`.

De hecho, en JavaScript, en ocasiones puede resultar un poco complicado entender a qué se refiere, también por qué, en este lenguaje, `this` se comporta de forma distinta respecto a lo que ocurre en otros lenguajes de programación.

A decir verdad, existen bastantes diferencias si se trabaja en modo estricto o no estricto y según la manera en que se llama una función.

Con todas estas variantes en juego, puedes entender que puede resultar un poco confuso.

Tratemos de explicarlo un poco.

Empezamos diciendo que, en el área de validez global, `this` representa el objeto global que, en el navegador, es `window`, independientemente de si se trabaja en modo estricto o no. Si ejecutas el código siguiente:

```
<script>
    console.log(this);
</script>
```

en la consola verás exactamente el objeto `window`.

Puedes encontrar este ejemplo en el archivo this.*html*

Pero ¿qué ocurre si utilizamos `this` dentro de una función? ¿A qué se refiere?

En este caso, la respuesta cambia si trabajamos en modo estricto o no.

En modo no estricto, `this` se refiere al objeto global, es decir, en el navegador, a `window`.

Haz la prueba modificando el código anterior con el siguiente:

```
<script type="text/javascript">
        function miFuncion() {
            return this;
        }
        console.log(miFuncion());
</script>
```

Puedes encontrar este ejemplo en el archivo this2.*html*

La consola seguirá mostrando el objeto `window`.

Pero, si pasas al modo estricto, `this` permanece vinculado a aquello a lo que está vinculado cuando se entra en la función. Si no está definido explícitamente de alguna manera, será `undefined`, como puedes comprobar fácilmente modificando el código anterior así:

```
<script type="text/javascript">
        function miFuncion() {
            'use strict';
            return this
        }
        console.log(miFuncion());
        console.log(window.miFuncion());
</script>
```

Puedes encontrar este ejemplo en el archivo this3.*html*

La consola, en este caso, devolverá la primera vez `undefined`, la segunda, `window`. Esto ocurre porque, la primera vez, la función es llamada directamente y no como método o propiedad de un objeto, como ocurre, en cambio, la segunda vez, en que la función es llamada como método de `window` (`window.miFuncion()`).

NOTA

Algunos navegadores no implementan correctamente este comportamiento y siempre se devuelve el objeto `window`.

NOTA

Para pasar el valor de `this` de un contexto a otro, se debe utilizar `call()` y `apply()`, de los cuales hablaremos más adelante.

Como puedes suponer por los ejemplos realizados en los capítulcs anteriores, las cosas cambian un poco dentro de la definición de un objeto; de hecho, cuando una función se llama como método de un objeto (lo hemos visto más arriba con `window.miFuncion()`), `this` se refiere al objeto sobre el cual se llama el método, independientemente del modo en que se está trabajando. Veamos un ejemplo sencillo para demostrarlo:

```
<script type="text/javascript">
let objeto = {
  numero: 123,
  color: 'rojo',
  descripcion: function () {
            console.log(this.color);
  }
};
objeto.descripcion();
</script>
```

Puedes encontrar este ejemplo en el archivo this4.*html*

En este caso, la consola nos mostrará el valor 'rojo', puesto que `this` hace referencia al objeto que hemos denominado `objeto`.

Este comportamiento no se comprueba solo si la función está definida como método dentro del objeto, sino que también se comprobaría si hubiéramos definido un objeto y, después, una función de manera independiente y solo en un segundo momento hubiéramos unido la función a un método del objeto, como mostramos en el código siguiente:

```
<script type="text/javascript">
    let miColor = {
        color:'rojo'
        };
    function descripcion () {
        console.log(this.color);
    }
    miColor.lee = descripcion;
    miColor.lee();
</script>
```

Puedes encontrar este ejemplo en el archivo this5.*html*

NOTA

La propiedad `miColor.lee` contiene una función. Si la llamamos con los paréntesis, ejecutamos la función `descripcion` que ha sido asignada a la propiedad `lee`.

En el navegador, el resultado siempre es `rojo`.

Debemos precisar, sin embargo, que el valor de `this` está influido siempre y solo por la referencia más cercana.

Para comprobarlo, añade las líneas siguientes al ejemplo anterior:

```
miColor.nuevaProp = {
            metodo: descripcion,
            color: 'azul'
            };
miColor.nuevaProp.metodo();
```

Esta vez, la última línea devuelve `azul`, independientemente del hecho que, en un principio, en el objeto `miColor`, la propiedad `color` tuviera el valor `rojo`.

En este caso en concreto, cuando llamamos la función `descripcion`, la llamamos como método del objeto `miColor.nuevaProp`, por lo que `this` dentro de la función se refiere a `miColor.nuevaProp`, es decir, a la referencia más cercana. El hecho de que el objeto `nuevaProp` sea un miembro de `miColor` no tiene ninguna influencia.

New

Las cosas cambian un poco cuando `this` se utiliza en una función constructora de un objeto: `this` hace referencia al objeto global, pero cuando creamos una instancia del objeto con la palabra clave `New`, `this` hace referencia al objeto instancia.

Observa el ejemplo siguiente:

```
<script type="text/javascript">
    function Autor(nombre, apellido) {
        this.nombre = nombre;
        this.apellido = apellido;
    };
    let autor1 = new Autor('Alessandra', 'Salvaggio');
    console.log(autor1);
</script>
```

Puedes encontrar este ejemplo en el archivo this6.*html*

En este caso, la consola devuelve:

```
Autor {nombre: "Alessandra", apellido: "Salvaggio"}
```

Gestor de eventos

Cuando una función es llamada en un gestor de eventos, this está vinculado al elemento sobre el cual se ha configurado dicho gestor.

```
<style>
    .colorPicker {
        width: 50px;
        height: 50px;
        float: left;
        margin: 5px;
    }
</style>
<div class="colorPicker" id="rojo" style="background-color:red"></div>
<div class="colorPicker" id="azul" style="background-color:blue"></div>
<script>
   document.getElementById("rojo").addEventListener('click', function(){
        console.log(this.style.backgroundColor);
   }
   )
   document.getElementById("azul").addEventListener('click', function(){
        console.log(this.style.backgroundColor);
   }
   )
</script>
```

Puedes encontrar este ejemplo en el archivo This_listener.*html*

Si pruebas a ejecutar este código, se dibujarán dos cuadrados de colores, creados mediante dos <div>.

Al pulsar sobre cada uno de ellos, se muestra en pantalla el color de fondo del elemento sobre el cual se ha hecho clic.

```
console.log(this.style.backgroundColor)
```

This es el elemento <div> sobre el cual se ha preparado el gestor de eventos.

This sería gestionado del mismo modo si, en lugar de llamar directamente el código que muestra la información en pantalla, llamáramos a una función.

```
<script>
        function dimeElColor(){
            console.log(this.style.backgroundColor);
        }
      document.getElementById("rojo").addEventListener('click', dimeElColor);
      document.getElementById("azul").addEventListener('click', dimeElColor);
</script>
```

Puedes encontrar este ejemplo en el archivo This_listener2.*html*

Las cosas se complican un poco si utilizamos un gestor de eventos en línea de tipo onEvent.

Veamos un ejemplo que "rescribe" con esta sintaxis el ejemplo que acabamos de proponer:

```
<div class="colorPicker" id="rojo" style="background-color:red"
onClick="console.log(this.style.backgroundColor)"></div>
<div class="colorPicker" id="azul" style="background-color:blue"
onClick="dimeElColor()"></div>     <script>

    function dimeElColor() {
        //'use strict';
        console.log(this.style.backgroundColor);
    }
</script>
```

Puedes encontrar este ejemplo en el archivo This_listenerOnEvent.*html*

En este caso, el primer evento `onClick`:

```
onClick="console.log(this.style.backgroundColor)"
```

funciona perfectamente y `this` representa el objeto sobre el cual se ha pulsado.

En cambio, el segundo:

```
onClick="dimeElColor()"
```

devuelve un error.

En la función `dimeElColor`, `this`, en modo estricto, no está definido, por lo que no podemos leer la propiedad `backgroundColor` de su objeto `style`.

También si no trabajamos en modo estricto obtenemos un error, porque `this` representa el objeto global `window` que no dispone de un objeto `style` del cual leer la propiedad.

En los ejemplos realizados hasta ahora, siempre hemos utilizado el método `getElementById` para identificar un elemento en la página y escribir el código correspondiente.

También lo hemos hecho así en los ejemplos propuestos más arriba.

Sin embargo, en la página, puede haber un único elemento con un `id` determinado; de hecho, nuestros `<div>` de colores tienen `id` distintos y hemos tenido que escribir gestores de eventos diferentes para cada uno de ellos.

Si tuviéramos muchos `<div>`, la operación sería pesada. Podemos intentar un enfoque distinto, recurriendo a `getElementByClassName`. Los distintos elementos utilizan la misma clase CSS y podríamos utilizarla para identificar de una sola vez todos los elementos que la utilizan y escribir un único gestor de eventos.

En realidad, la cuestión es un poco más complicada que esto, porque `getElementByClassName` no devuelve un único objeto sobre el cual trabajar directamente, sino que devuelve un objeto de tipo `HTMLCollection` que, a su vez, contiene todos los elementos de la clase. Para añadir a cada uno de ellos el gestor de eventos, debemos ejecutar un bucle.

> **NOTA**
> No es posible ejecutar un bucle `for each` sobre un objeto `HTMLCollection`, por lo que hemos utilizado un bucle `for` con un índice.

```
<style>
        .colorPicker {
            width: 50px;
            height: 50px;
            float: left;
            margin: 5px;
        }
    </style>
    <div class="colorPicker" id="rojo" style="background-color:red"></div>
    <div class="colorPicker" id="azul" style="background-color:blue"></div>
    <div class="colorPicker" id="verde" style="background-color:green"></div>
    <div class="colorPicker" id="amarillo" style="background-cclor:yellow"></div>
    <script>
        function dimeElColor(){
            console.log(this.style.backgroundColor);
        }
let classe = document.getElementsByClassName("colorPicker");
        for (let i = 0; i < classe.length; i++) {
            classe[i].addEventListener('click', dimeElColor);
        }
        </script>
```

Puedes encontrar este ejemplo en el archivo This_listener3.*html*

Independientemente de cómo hemos añadido el gestor de eventos, `this` en la función `dimeElColor` siempre hará referencia al objeto `<div>` específico sobre el cual se ha hecho el clic detectado por el gestor de eventos.

Juntando el uso de `this`, los gestores de eventos y `getElementByClassName`, podemos crear un simple ejemplo en el cual el clic sobre los `<div>` de colores configure el color de fondo de un `<div>` con texto.

Para hacer este ejemplo más interesante, hagamos que, al pasar el puntero del ratón por encima de uno de los `<div>` de colores, se muestre una previsualización del color de fondo sobre el `<div>` con el texto, pero que, al alejar el puntero del `<div>` de color sin hacer clic, se restaure el color de fondo anterior.

En este punto del libro, el lector ya debería haber adquirido los conocimientos necesarios para comprender solo el código.

Observa el uso de la función fondo utilizada para memorizar el color de fondo en uso.

```
<body>
    <style>
        .colorPicker {
            width: 50px;
            height: 50px;
            float: left;
            margin: 5px;
            border-style: solid;
        }
    </style>
    <div class="colorPicker" id="rojo" style="background-color:red"></div>
    <div class="colorPicker" id="azul" style="background-color:blue"></div>
    <div class="colorPicker" id="verde" style="background-color:green"></div>
    <div class="colorPicker" id="amarillo" style="background-color:yellow"></div>

    <div style="clear:both;"></div>
    <div id="texto" style="width:400px; height: 400px; border-style:solid">
...
...
    </div>
    <script>
        let fondo = 'white';

        function muestraFondo() {
            document.getElementById('texto').style.backgroundColor =
            this.style.backgroundColor;
        }
        function ajustaRaton(puntero) {
            document.body.style.cursor = puntero;
        }
        function eliminaFondo() {
            document.getElementById("texto").style.backgroundColor = fondo;
            ajustaRaton('auto');
        }
        function eventoMouseOver() {
            fondo = document.getElementById('texto').style.backgroundColor;
            document.getElementById('texto').style.backgroundColor =
            this.style.backgroundColor;
            ajustaRaton('pointer');
        }
        function eventoClick() {
            document.getElementById('texto').style.backgroundColor =
            this.style.backgroundColor;
            fondo = document.getElementById('texto').style.backgroundColor;
        }
        let clase = document.getElementsByClassName("colorPicker");

        for (var i = 0; i < classe.length; i++) {
            clase[i].addEventListener('mouseover', eventoMouseOver);
            clase[i].addEventListener('mouseout', eliminaFondo);
            clase[i].addEventListener('click', eventoClick);
        }
    </script>
```

Puedes encontrar este ejemplo en el archivo This_listener4.*html*

Call y Apply

En los ejemplos propuestos hasta ahora, `this` se utilizaba sin otros métodos que modificaran su valor. Las cosas se complican un poco cuando utilizamos `call()`, `apply()` y `bind()`.

Estos tres métodos permiten indicar explícitamente el valor de `this` cambiando el contexto (global, función, objeto...) al cual hace referencia.

Se trata de tres métodos similares, pero con ligeras diferencias; en concreto `bind()`, que trataremos en una sección a parte.

`Call` y `apply` se invocan inmediatamente. `Call` acepta cualquier número de parámetros, mientras que `apply` requiere dos: el objeto que contiene los valores para `this` y un array con todos los otros argumentos necesarios. Veamos un ejemplo de ello:

```
<script type="text/javascript">
        let saludo = {
            textoSaludo: "Hola",
            saluda: function(nombre, apellido) {
                console.log(`${this.textoSaludo} ${this.titulo} ${nombre}
                ${apellido}`);
            }
        }
        let señora = {
            titulo: "Señora",
            textoSaludo: "Buenos días"
        }
        saludo.saluda("Francisca", "Blanco");
        saludo.saluda.call(señora, "Julia", "Gómez")
        saludo.saluda.apply(señora, ["María", "Gallo"])
    </script>
```

Puedes encontrar este ejemplo en el archivo Call.*html*

Analicemos las tres instrucciones finales.

La primera:

```
saludo.saluda("Francisca", "Blanco");
```

devolverá:

```
Hola undefined Francisca Blanco
```

Y esto ocurre porque `this.titulo` no está definido en el objeto `saludo`.

La segunda instrucción:

```
        saludo.saluda.call(señora, "Julia", "Gómez")
```

devolverá:

```
Buenos días Señora Julia Gómez
```

En efecto, se utiliza el objeto `señora` para definir los valores de las variables `this`.

No solo ahora `this.titulo` tiene un valor y ya no es `undefined`, sino también `this.textoSaludo` utiliza el valor definido en el objeto `señora` y no el que se encuentra definido en el objeto `saludo`.

Ahora, `this` hace referencia al objeto `señora` y ya no a `saludo`.

Lo mismo ocurre si utilizamos `apply()`.

La instrucción:

```
saludo.saluda.apply(señora, ["María", "Gallo"])
```

devuelve, como podemos esperar:

```
Buenos días Señora María Gallo
```

También en este caso, `this` se refiere al objeto `señora` y no a `saludo`.

Bind

También `bind()` trabaja sobre el valor de `this` pero, aplicado a una función, crea otra cuya palabra clave `this` hace referencia al primer parámetro pasado a `bind()`.

Visto así no parece demasiado claro: pogamos un ejemplo para que todo resulte más comprensible.

```
<script type="text/javascript">
    this.color = 'rojo';
    let nuevoColor = { color: 'rosa' };
    function queColor() {
        console.log (this.color);
    }
    queColor();
    let dimeQueColor = queColor.bind(nuevoColor);
    dimeQueColor(); //rosa
</script>
```

Puedes encontrar este ejemplo en el archivo Bind.*html*

Si tratas de ejecutar este código, en la consola podrás leer:

rojo

rosa

La primera vez que se llama a la función `queColor()`, `this.color` tiene el valor rojo, definido en el objeto global.

Cuando la función se utiliza para asignar un valor a la variable `dimeQueColor`, se ejecuta utilizando bind que le asigna el objeto nuevoColor donde color=rosa.

En el navegador podremos leer el valor que color tiene en el objeto nuevoColor y no el del objeto global.

> **NOTA**
> La variable dimeQueColor contiene una función. Al llamarla con los paréntesis ejecutamos dicha función.

Probemos con otro ejemplo, para explicarlo mejor:

```
<div id='output'></div>
<div id='output1'></div>
<div id='output2'></div>

<script type="text/javascript">
    this.numero = 9;
    let objeto = {
        numero: 10,
        leeNumero: function () {
            return this.numero;
        }
    };
    document.getElementById('output').innerHTML = objeto.leeNumero();
    let recuperaNumero = objeto.leeNumero;
    document.getElementById('output1').innerHTML = recuperaNumero();
    let recuperaNumero_bind = recuperaNumero.bind(objeto);
        document.getElementById('output2').innerHTML = recuperaNumero_bind();
</script>
```

Puedes encontrar este ejemplo en el archivo Bind1.*html*

Inicialmente, la variable numero se define en el objeto global y asume el valor 9.

Después, dentro de la variable objeto, se define la propiedad numero a la cual se asigna el valor 10. Si llamamos al método objeto.leeNumero(), obtenemos el valor 10.

Sin embargo, cuando asignamos el método objeto.leeNumero() a una variable (recuperaNumero) y llamamos a la variable a nivel global (document.getElementById('output1').innerHTML = recuperaNumero()) obtenemos 9.

En cambio, si realizamos un bind con objeto, obtendremos de nuevo 10.

En los ejemplos anteriores, las funciones que hemos utilizado con bind requerían un único parámetro.

En realidad, es posible utilizar bind con una función que requiera más parámetros y utilizar bind para asociar a la función un objeto con uno o más de los parámetros de la función.

Probemos con el código siguiente:

```
<script type="text/javascript">
    let test = {
        a: 1,
        suma(b, c, d) {
            console.log(this.a+b+c + d);
        }
    }
    let numeroA = {
        a:10
    }
    test.suma(20, 30, 40);
    let pequeñoBind = test.suma.bind(numeroA, 50, 70);
    pequeñoBind(20);
</script>
```

Puedes encontrar este ejemplo en el archivo Bind2.*html*

La primera vez que llamamos a la suma (`test.suma(20, 30, 40)`), en la consola leemos 91.

Hasta aquí no hay nada distinto de `call` y `apply`, pero ¿qué podríamos hacer si quisiéramos utilizar el valor de `a` definido en `númeroA`, pero desconociéramos todos los otros argumentos?

Es aquí donde `bind` nos puede ayudar.

```
let pequeñoBind = test.suma.bind(numeroA, 50, 70);
```

Con `bind` se devuelve una función que, a su vez, dispone de otra función en la que ya se ha realizado el "bind" de `this` al objeto `númeroA`. También hemos pasado a la función el segundo y el tercer argumento.

En otro momento, bastará pasar solo el cuarto argumento.

```
pequeñoBind(20);
```

Esta vez leeremos en la pantalla del navegador 150 (a=10, b=50, c=70, d=20).

14

Funciones avanzadas

En este capítulo volveremos a las funciones: empezaremos revisando cuanto hemos visto hasta ahora para, después, introducir conceptos más avanzados.

Temas tratados

- Function declaration
- Function expression
- Funciones predicadas
- Funciones flecha
- El valor de `this` en las funciones flecha
- Generar un número aleatorio con `Random`
- Redondear un número con `floor()` y `ceiling()`

Para empezar el tema sobre las características avanzadas de las funciones, recordemos que podemos definir una función de distintas maneras.

Una primera posibilidad consiste en el uso de una declaración de función (*function declaration*) como la siguiente:

```
function dobleA (valor) {
    return valor * 2;
}
```

En esta declaración, la función tiene un nombre, `dobleA`, tiene cero, uno o más argumentos (en el ejemplo, un argumento, `valor`); tiene un cuerpo, es decir, un conjunto de instrucciones (también una sola o, incluso, ninguna) que determinan el comportamiento de la función, y puede tener (como en este ejemplo) un valor de devolución identificado por la palabra clave `return`.

El segundo modo de definición de una función precede al uso de una expresión de tipo función (*function expression*):

```
function (valor) {
    return valor * 2;
}
```

Una expresión de tipo función es anónima (no hay un nombre detrás de la palabra clave `function`) y debe ser asignada a una variable o pasada como argumento a otra función; no puede permanecer sola en el código como la declaración de una función.

El nombre de la variable o del argumento determina el nombre que hay que utilizar para llamar a una expresión de tipo función. Por ejemplo:

```
let dobleB = function (valor) {
    return valor * 2;
}
```

Las dos formas, function declaration y function expression, es decir, nuestras dos funciones `dobleA` y `dobleB`, son equivalentes y se llaman de la misma manera:

```
let num1 = dobleA(2);  // resultado 4
let num2 = dobleB(2);  // resultado 4
```

Como hemos dicho, las funciones también pueden ser pasadas como argumentos a otras funciones. Por ejemplo:

```
function calculoGenerico (valor, formula) {
     return formula(valor);
}
```

Aquí la función `calculoGenerico` recibe dos argumentos: el número `valor` y la función `formula`. En el cuerpo de la función `calculoGenerico`, la función `formula` es llamada pasándole como argumento el argumento `valor`.

Podemos utilizar `calculoGenerico` para calcular el cuádruple de un número:

```
let cuadruple = calculoGenerico (3, function(num) {
return num *4;
});  // resultado 12
```

Puedes encontrar este ejemplo en el archivo funcionesAvanzadas1.*html*

El primer argumento, 3, es el número (argumento `valor` en la definición de `calculoGenerico`); el segundo argumento es una función anónima que, dado un número, calcula su cuádruple. Observa que estamos pasando la definición completa de esta función anónima como argumento de `calculoGenerico`.

Como alternativa, habríamos podido definir por separado la función que debemos pasar:

```
function formulaCuadruple (num) {
return num *4;
}
let cuadruple = calculoGenerico (3, formulaCuadruple);  // resultado 12
```

Puedes encontrar este ejemplo en el archivo funcionesAvanzadas2.*html*

En el ejemplo que acabamos de proponer, resulta fundamental observar que estamos pasando, como segundo argumento de `calculoGenerico`, la **definición** de la función (a través de su nombre, `formulaCuadruple`) y no el resultado de su **invocación**.

De hecho, sería un error escribir:

```
let cuadruple = calculoGenerico (3, formulaCuadruple() );  // ERROR
```

es decir, sería un error escribir los paréntesis después de `formulaCuadruple`.

Realmente, una cosa es pasar a `calculoGenerico` la función (nombre sin paréntesis) y otra es pasar el resultado de dicha función (nombre sin paréntesis).

Si utilizamos los paréntesis estamos pidiendo a JavaScript que ejecute la función `formulaCuadruple` y que, después, pase el resultado a `calculoGenerico`. Como `formulaCuadruple` se espera un argumento (`num`) y nosotros no se lo indicamos (paréntesis vacíos), la ejecución de `formulaCuadruple` genera un error.

NOTA

Observa la definición de la función `calculoGenerico`:

```
function calculoGenerico(valor, formula) {
  return formula(valor);
}
```

Verás que en esta función se especifica que el primer argumento `valor` debe ser pasado como argumento a la función llamada como segundo argumento. Por esta razón, no pasamos explícitamente un valor a `formulaCuadruple` cuando la utilizamos como segundo argumento de `calculoGenerico`. Naturalmente, si la llamáramos, como una función separada, en otro contexto, sería absolutamente necesario pasarle el valor que necesita.

Si hacemos una comparación con la cocina, no es lo mismo intercambiar con otra persona una receta (la función, entendida como secuencia de instrucciones) o el plato ya preparado (el resultado de la ejecución de la secuencia de instrucciones).

Nuestro ejemplo podría parecer inútilmente complejo (y realmente lo es, pues podríamos haber multiplicado directamente el número por 4), pero de esta forma nos permite ilustrar la extrema flexibilidad de JavaScript en la gestión de las funciones.

Pasar funciones como argumentos a otras funciones permite, así, crear funciones genéricas aplicables en contextos distintos a través de su especialización expresada por la función pasada como argumento.

Ya hemos podido ver algún ejemplo en el capítulo dedicado a los arrays asociativos:

```
const palabras = document.getElementById('texto').value.split(/[\s\.,;:!?]+/).
filter(function (palabra) { return !!palabra; });
```

En este ejemplo, la función `filter` recibe, como argumento, una función anónima (`function (palabra) { return !!palabra; }`) la cual debe devolver un valor `boolean` que determina si un elemento es filtrado (en el sentido de descartado) o no. Si la función pasada como argumento devuelve `true` entonces el elemento no está descartado; de otro modo, sí lo está.

> **NOTA**
> Una función que devuelve un valor `boolean` se denomina **predicada**.

Con la función pasada como argumento, la función genérica `filter` se especializa en el contexto (sobre el array en concreto y con una regla de filtrado determinada) sobre el cual se ha aplicado. Si pasamos a `filter` otra función **predicada** (por ejemplo, que se excluyan todas las palabras de menos de tres caracteres) obtenemos un resultado distinto, pero con la misma configuración general y sin volver a escribir por completo el código.

Es preciso realizar una pequeña aclaración referente a nuestro ejemplo: la función anónima pasada a `filter` recibe un argumento al cual, para su comprensión, se le ha asignado el nombre `palabra`. Obviamente, este nombre no tiene ningún significado semántico para JavaScript, y devuelve `true` si `palabra` no es una cadena de texto vacía o nula.

Estrictamente, una cadena vacía o un valor nulo no son lo mismo, ni representan el mismo tipo de dato.

Sin embargo, JavaScript tiene una gran flexibilidad y lleva a cabo una conversión automática entre los tipos. De hecho, JavaScript define que una cadena vacía o nula equivale al valor booleano `false` por lo que podemos asumir la existencia de una variable denominada `cadenaVacia` y con valor `cadena vacia ('')`:

- `cadenaVacia = false`
- `!cadenaVacia = true`
- `!!cadenaVacia = false`

donde `!` es el operador de negación que ya conocemos. Así, pues, si `palabra` está vacía o es nula, entonces `!!palabra` es `false` y, por tanto, queda descartada por la función `filter`.

Las funciones flecha

Hasta aquí nada nuevo, solo unas cuantas aclaraciones.

Además de los modos de definición de las funciones que acabamos de recordar, ECMAScript 2015 (ES6) introdujo dos nuevas modalidades de definición de funciones con el doble objetivo de simplificar la sintaxis y resolver algunos aspectos relativos a la asociación dinámica de `this` (mostrada en el capítulo anterior).

Retomemos la función `dobleB` descrita al inicio de este capítulo:

```
let dobleB = function (valor) {
    return valor * 2;
}
```

Esta definición de función se basa en algunos elementos:

- la palabra clave `function`;
- los argumentos de la función entre paréntesis;
- las llaves que encierran el cuerpo de la función;
- la palabra clave `return` que indica el valor devuelto por dicha función.

Es evidente que se necesitan muchos elementos, es decir, que hay que escribir desde el teclado muchos caracteres, los cuales deben estar presentes para describir una función, incluso una tan simple como esta.

Una de las dos nuevas modalidades presentadas por ES6 tiene precisamente la ventaja de una mayor compactibilidad.

Esta nueva modalidad "compacta" (que comparte espacio y no sustituye a las que hemos descrito en este capítulo) se denomina **función flecha** (*arrow function*) y se caracteriza por:

- La palabra clave `function` queda sustituida por los dos símbolos `=>` (que parecen una flecha, de ahí el nombre; no hay ningún espacio entre ellos).
- Si el resultado de la función es una expresión (por ejemplo, un cálculo), la palabra clave `return` se puede omitir; **la última expresión** determina el valor devuelto por la función.
- Si el cuerpo de la función tiene una sola línea, las llaves se pueden omitir.
- Si hay un único argumento, los paréntesis se pueden omitir.

Nuestra función `dobleB`, en versión "flecha", se convierte en:

```
let dobleB = valor => valor * 2;
```

Examinémosla parte por parte.

La parte inicial, `let dobleB =`, no cambia porque continuamos asignando una función anónima a una variable. Las funciones flecha son, de hecho, una variante de las expresiones de tipo función: son anónimas y deben ser asignadas a variables o a argumentos de función.

La palabra clave `function` ha sido sustituída por `=>`. Pero este símbolo se coloca **después** de los argumentos y no antes, como ocurre con `function`.

El argumento, `valor`, se indica antes de la flecha, mientras que el cuerpo de la función, `valor * 2`, se coloca después de la flecha:

- Las llaves no se necesitan porque es una única línea de código.
- El valor devuelto se extrae indirectamente del valor asumido por la expresión `valor * 2`.

Como podemos observar fácilmente, las funciones flecha son, sin ninguna duda, mucho más concisas y destacan los elementos esenciales de una función: los argumentos y el cuerpo de la función.

En la práctica, para obtener una mayor compactibilidad del código, cuando la función tiene un único argumento, a menudo se suele indicar con un único carácter:

```
let dobleB = x => x * 2;
```

El código está reducido al mínimo, pero contiene todas las informaciones que se necesitan.

> **NOTA**
> Obviamente, si la función tiene más argumentos, es mejor denominarlos de un modo más detallado, más claro. Más adelante, veremos algunos ejemplos de ello.

Para apreciar mejor la compactibilidad de las funciones flecha, vamos a escribir en versión "flecha" algunas de las funciones propuestas anteriormente.

Empezamos por la función `calculoGenerico`:

```
let cuadruple = calculoGenerico (3, function(num) {
return num *4;
});
```

Si utilizamos la función flecha, esto se convierte en:

```
let cuadruple = calculoGenerico(3, n => n * 4);
```

Puedes encontrar este ejemplo en el archivo funcionesAvanzadas3.*html*

En cambio, si retomamos el ejemplo de `filter` (omitimos la primera parte de la línea):

```
...filter(function (palabra) { return !!palabra; });
```

la podemos escribir del siguiente modo:

```
...filter( p => !!p );
```

Otro ejemplo de compactibilidad del código. El carácter que hemos utilizado aquí es `p` para recordar el significado del argumento (una palabra). Para cálculos matemáticos, se utilizan habitualmente las letras *x*, *y* y *z* (como en las ecuaciones).

NOTA

Hay que tener en cuenta que, con las funciones flecha, no estamos cambiando el comportamiento de la función. Simplemente estamos simplificando el modo en que la describimos.

Hasta aquí hemos visto el caso más sencillo de función flecha: una función que requiere un único argumento, ejecuta una única operación y devuelve un valor.

La sintaxis de flecha, sin embargo, puede ser utilizada también para otros tipos de funciones. A continuación, veremos unos ejemplos de ello.

Todos los ejemplos propuestos a continuación se han agrupado en el archivo funcionesAvanzadas4.*html*

Funciones que requieren varios argumentos

Empezamos con un sencillo ejemplo de una función que calcula el área de un rectángulo.

Versión tradicional:

```
function areaRectangulo(base, altura){
      return base * altura;
}
```

Versión flecha:

```
let areaRectanguloF = (base, altura) => base * altura;
```

Los argumentos están definidos entre los paréntesis de la función, exactamente igual que en la versión tradicional.

Funciones que no requieren ningún argumento

Vamos a crear una función que devuelve un número aleatorio entre 0 y 10. Recurriremos al método `random()` del objeto `Math`. `Random()` devuelve un número aleatorio entre 0 y 1. Pasaremos el resultado de `Random` multiplicado por 10 (para poder colocarnos en el intervalo 0-10) al método `floor()`, que redondea por defecto al entero más cercano el número que se le pasa como argumento.

> **NOTA**
> Recordemos que existe también el método `ceiling()`, que redondea por exceso al entero el argumento que le viene pasado.

Versión tradicional:

```
function numAleatorio() {
	return Math.floor(Math.random() * 10);
}
```

Versión flecha:

```
const numAleatorioF = () => Math.floor(Math.random() * 10);
```

Funciones que ejecutan varias operaciones

Si la función ejecuta varias operaciones, es preciso colocarlas entre llaves, igual que en las funciones tradicionales.

Versión tradicional:

```
function yaEsFinDeSemana() {
	const dia = new Date().getDay();
	if (dia === 0 || dia === 6) return true;
	else return false
}
```

Versión flecha:

```
const yaEsFinDeSemanaF = () => {
	const dia = new Date().getDay();
	if (dia === 0 || dia === 6) return true;
	else return false;
}
```

Funciones que necesitan un return

Si el resultado de la función no es una expresión de la cual JavaScript puede derivar el resultado de dicha función, es preciso utilizar la palabra clave `return`, como en el ejemplo siguiente.

Versión tradicional:

```
function queDia() {
      const nombreDia = ['Domingo', 'Lunes', 'Martes', 'Miércoles', 'Jueves',
      'Viernes', 'Sábado'];
      return nombreDia[dia];
}
```

Versión flecha:

```
const queDiaF = g => {
      const nombreDia = ['Domingo', 'Lunes', 'Martes', 'Miércoles', 'Jueves',
      'Viernes', 'Sábado'];
      return nombreDia[g];
};
```

En este caso, ha sido necesario utilizar `return` porque la instrucción `nombreDia[g]` por sí sola no tiene un valor (no es una expresión).

Funciones que no devuelven ningún valor

Existen algunas funciones que no devuelven ningún valor, sino que simplemente ejecutan operaciones. Estas también pueden ser escritas con la sintaxis de flecha.

Este sería un ejemplo con una función que configura el color del fondo de la página. Versión tradicional:

```
function configuraColorFondo(color){
      document.body.style.backgroundColor = color;
}
```

Versión flecha:

```
const configuraColorFondoF = color => document.body.style.backgroundColor = color;
```

Gestión de this

Además de la significativa reducción en la sintaxis, las funciones flecha introducen un cambio en el comportamiento de `this`.

Como hemos visto en el capítulo anterior, no es fácil entender y recordar todos los posibles comportamientos de `this` e incluso los desarrolladores con más experiencia pueden tener dificultades: precisamente por eso, en ES5 se introdujo la función `bind()`, que permite definir de manera explícita el valor de `this`.

A diferencia de las otras modalidades de definición de una función, las funciones flecha no definen su propio `this`, sino que lo heredan del contexto de ejecución en el cual se definen: este comportamiento se define como `enclosing execution context`. De este modo, pasamos de una asociación de `this` **dinámica** (y, por tanto, variable) a una **léxica** (y, por tanto, fija).

Retomamos ahora algunos ejemplos del capítulo anterior (renombramos `miFuncion` como `miFuncionD` para remarcar que se trata de una declaración de función):

```
function miFuncionD() {
      //'use strict';
      return this;
}
console.log(`This para miFuncionD=${miFuncionD()}`);
```

La consola del navegador muestra `window`, el objeto padre al cual, como ya hemos visto, todas las funciones definidas con una declaración fuera de un objeto son automáticamente asociadas.

Si ejecutamos el código en modo estricto (basta con eliminar los caracteres de comentario de `use strict`), en la consola aparece `undefined`.

Transformamos la función `miFuncionD` en una expresión de tipo función:

```
const miFuncionE = function () {
      //'use strict';
      return this;
    }
console.log(`This para miFuncionE=${miFuncionE()}`);
```

NOTA

Transformar una declaración en una expresión es sencillo: basta con asignar la función a una variable que tenga el nombre de la función y eliminar el nombre después de `function`.

Tanto en modo estricto como en modo no estricto, el comportamiento de `miFuncionE` es idéntico al de `miFuncionD`.

A continuación, transformamos `miFuncionE` en `miFunciónF`, una función flecha, de la manera que hemos descrito en este capítulo:

```
let miFuncionF = () => {
      //'use strict';
      return this;
}
console.log(`This para miFuncionF=${miFuncionF()}`);
```

Puedes encontrar estos ejemplos en el archivo funcionesAvanzadas5.*html*

En cuanto ejecutes este código, comprobarás una diferencia: en ambos modos, estricto y no estricto, el comportamiento es idéntico: `this` es el objeto `window`, porque representa el contexto de ejecución que incluye la definición de `miFuncionF`.

Este comportamiento de `this` en las funciones flecha simplifica la estructura del código, aunque existen situaciones a las cuales es preciso prestar atención, puesto que el resultado no siempre es el esperado.

Si volvemos a escribir en versión "flecha" un ejemplo del capítulo anterior, tendremos el código siguiente:

```
let objeto = {
      color: 'rojo',
      descripcionF: () => {
        console.log(this.color);
      },
      descripcionE: function () {
        console.log(this.color);
      },
      descripcionM() {
        console.log(this.color);
      }
    };
    objeto.descripcionF();
    objeto.descripcionE();
    objeto.descripcionM();
```

Puedes encontrar este ejemplo en el archivo funcionesAvanzadas6.*html*

donde el método `descripcion`, renombrado `descripcionE`, ha sido transformado en función flecha (`descripcionF`).

En el navegador, aparece `undefined` para `descripcionF` y 'rojo' para `descripcionE`.

Esto ocurre porque, para `descripcionE`, `this` es `objeto` mientras que, para `descripcionF`, `this` es `window` en cuanto que `objeto` no es un contexto de ejecución, sino precisamente un simple objeto (un dato).

Por lo tanto, si utilizamos las funciones flecha, es preciso prestar mucha atención al valor de `this` para los métodos de un objeto.

Para completar nuestra explicación sobre las funciones flecha, hay que destacar que las funciones `bind`, `apply` y `call` descritas anteriormente no se pueden aplicar a las funciones flecha para cambiar el valor de `this`. De hecho, este se define de manera fija y no modificable.

Funciones utilizadas como método

En el ejemplo propuesto arriba, los lectores más atentos habrán identificado un tercer método, `descripciónM`.

Entre las novedades de ES6, encontramos también una pequeña simplificación en la definición de una función como método; como se puede observar en el ejemplo, se pueden omitir los dos puntos (:) y la palabra clave `function`.

En otras palabras, en lugar de:

```
let objeto = {
    descripcion: function () {  .... }
}
```

podemos escribir:

```
let objeto = {
    descripcion() {  .... }
}
```

En realidad, ya habíamos utilizado esta sintaxis en el capítulo dedicado a los objetos, pero era justo retomar en este momento el tema, para aclarar y explicar por qué se utiliza.

¿Qué modo utilizar para las funciones?

Llegados a este punto, nos parece necesario realizar una reflexión.

Hemos visto que JavaScript dispone de varios modos para describir las funciones, pero ¿cuál de ellos es más conveniente utilizar? ¿Y cuándo?

Nosotros te aconsejamos seguir estas indicaciones:

- Utilizar las declaraciones de función para las funciones definidas fuera de un objeto.
- Utilizar las funciones flecha para las funciones pasadas como argumentos a otras funciones.
- Utilizar las funciones método para los métodos de un objeto.

Observaciones finales

Concluimos este capítulo proponiendo un par de reglas para tener presentes cuando se trabaja con funciones.

En la definición de una función, el tipo de argumentos no está definido ni controlado. Esto significa, por ejemplo, que si una función espera un número y nosotros le pasamos, por ejemplo, una cadena de texto, podrían surgir errores. El condicional es obligatorio, puesto que JavaScript ejecuta la conversión automática de los tipos y, según cómo se utiliza el argumento, el error podría darse o no. Como se ha indicado en el primer capítulo, existen variantes de JavaScript, como TypeScript, que permiten definir el tipo de los argumentos.

En la definición de una función, el número de argumentos no está controlado. De hecho, es posible definir una función con, por ejemplo, dos argumentos y llamarla con cero, uno, dos o incluso tres argumentos. Si falta un argumento, JavaScript lo añade con el valor undefined. Si hay demasiados argumentos, estos simplemente se ignoran.

Aquí tienes un ejemplo. Partimos de la función siguiente y tratamos de llamarla modificando el tipo y el número de argumentos:

```
let areaRectangulo = (base, altura) => {
  console.log(`base=${base} altura=${altura}`);
  return base * altura;
}
```

Puedes encontrar algunos ejemplos en el archivo funciones Avanzadas7.*html*

A continuación, llamamos a la función de diferentes maneras y veamos qué obtenemos:

```
console.log(`0 argumentos: ${areaRectangulo()}`);
```

resultado:
base=undefined altura=undefined
0 argumentos: NaN

```
console.log(`1 argumentos: ${areaRectangulo(5)}`);
```

resultado:
base=5 altura=undefined
1 argumento: NaN

```
console.log(`2 argumentos: ${areaRectangulo(5, 6)}`);
```

resultado:
base=5 altura=6
2 argumentos: 30

```
console.log(`3 argumentos: ${areaRectangulo(5, 6, 7)}`);
```

resultado:
base=5 altura=6
3 argumentos: 30

```
console.log(`2 argumentos: ${areaRectangulo('5', 6)}`);
```

resultado:
base=5 altura=6
2 argumentos: 30

15

JSON

En este capítulo, queremos centrarnos en el **intercambio de datos** y, en concreto, en el formato **JSON**.

Temas tratados

- Formato de los datos en el estándar JSON
- Procesar datos JSON con JavaScript
- Utilizar el objeto `XMLHttpRequest`
- Utilizar el servicio JSON en Internet y efectuar pruebas
- Protección CORS

JSON (*JavaScript Object Notation*) es un estándar independiente para el intercambio de datos en formato texto, derivado de la sintaxis de objetos Javascript que, hoy en día, no están tan estrechamente vinculados a este lenguaje. Aunque se utiliza en muchos contextos, en JavaScript encuentra su mejor entorno.

De hecho, hoy en día muchos lenguajes (sobre todo aquellos derivados de las familias del C y Java) disponen de herramientas para generar y procesar datos con estructura JSON; esto hace que JSON sea muy utilizado para la transmisión de datos en aplicaciones web, por ejemplo, para el envío de datos que deben mostrarse en la página del servidor al cliente o viceversa.

Para completar la información, citamos también el XML, otro formato de intercambio de datos muy conocido pero que, en los últimos años, ha perdido popularidad a favor de JSON, de manera concreta precisamente en el intercambio de datos entre navegador (cliente) y servidor.

Los datos en formato JSON tienen un aspecto muy parecido al de un objeto JavaScript y consisten en pares de nombre/valor, como el siguiente ejemplo.

```
{
  "nombre": "Juan",
  "apellido": "Pérez",
  "sexo": "masculino",
  "vivo": true,
  "edad": 27
  }
```

La estructura es similar a la de un objeto de JavaScript, con un par de diferencias:

- No se pueden definir métodos, solo propiedades.
- Los nombres de las propiedades se escriben siempre entre comillas.

Observa que los valores pueden ser cadenas de texto, valores booleanos y números.

En el ejemplo anterior, hemos creado una estructura JSON simple, pero los valores también pueden ser objetos, a su vez pares no ordenados de nombre/valores encerrados entre llaves. También en este caso, los nombres de las propiedades deben ir entre comillas. Cada par se separa con comas de los otros y, entre el nombre y el valor, se colocan dos puntos.

```
{
  "nombre": "Juan",
  "apellido": "Pérez",
  "sexo": "masculino",
  "vivo": true,
  "edad": 27,
  "direccion": {
    "calle": "Pasarratos 18",
    "poblacion": "Barcelona",
    "provincia": "Barcelona",
    "CP": "08023"
    }
  }
```

En JSON también se pueden utilizar valores de tipo array, es decir, listas ordenadas de cero o más valores, cada uno de los cuales puede ser de cualquier tipo. Los arrays utilizan la notación de corchetes [] y los distintos valores se separan con comas.

```
{
  "nombre": "Juan",
  "apellido": "Pérez",
  "sexo": "masculino",
  "vivo": true,
  "edad": 27,
  "direccion": {
    "calle": "Pasarratos 18",
    "poblacion": "Barcelona",
    "provincia": "Barcelona",
    "CP": "08023"
```

```
    },
"numerosTelefono": [
    {
      "tipo": "casa",
      "numero": "0000000"
    },
    {
      " tipo": "móvil",
      "numero": "111111111"
    }
  ],
"titulos": ["sr.", "Dr."]
  }
```

Puedes encontrar este ejemplo en el archivo persona.*json*

Observa que en el ejemplo tenemos un array de valores (`titulos`) y un array de objetos (`numerosTelefono`). En los ejemplos anteriores, tenemos objetos **individuales** JSON, pero un **servicio** (fuente que proporciona datos) JSON puede devolver también más de un objeto. Sin embargo, puesto que, en el archivo JSON, puede existir un único elemento padre, la única manera de que se devuelvan varios objetos consiste en definirlos como miembros de un array que, a su vez, será el nodo padre del archivo. Este es otro ejemplo:

```
[{
  "nombre": "Juan",
  "apellido": "Pérez",
  "sexo": "masculino",
  "vivo": true,
  "edad": 27,
  "direccion": {
    "calle": "Pasarratos 18",
    "poblacion": "Barcelona",
    "provincia": "Barcelona",
    "CP": "08023"
    },
"numerosTelefono": [
    {
      "tipo": "casa",
      "numero": "0000000"
    },
    {
      " tipo": "móvil",
      "numero": "111111111"
    }
  ],
"titulos": ["sr.", "Dr."]
  },
    {
          "nombre": "Anna",
          "apellido": "Verdi",
          "sexo": "femenino",
          "vivo": true,
          "edad": 44,
```

```
        "direccion": {
            "calle": "Luna 18",
            "poblacion": "Castelldefels",
            "provincia": "Barcelona",
            "CP": "08860"
        },
        "numerosTelefono": [{
                "tipo": "trabajo",
                "numero": "2222222"
            },
            {
                "tipo": "móvil",
                "numero": "3333333"
            }
        ],
        "titulos": []
    }
]
```

Puedes encontrar este ejemplo en el archivo personas.*json*

Procesar JSON con JavaScript

Tras haber visto cómo se estructuran los datos según el estándar JSON, vamos a leer y procesar los datos con JavaScript.

Empezaremos trabajando con un archivo local de texto que deberá tener la extensión `.json`. Los ejemplos presuponen que el archivo está almacenado en la misma carpeta que el archivo con el código JavaScript. Más adelante mostraremos un ejemplo con una búsqueda en Internet.

```
<p id="output" />
    <script type="text/Javascript">
    'use strict'
    const file = 'persona.json';
    const request = new XMLHttpRequest();
    request.overrideMimeType("application/json");
    request.open("GET", file, true);
    request.onload = function () {
        const dato = JSON.parse(this.responseText);
        let HTML = `<div><h1>${dato.nombre} ${dato.apellido}</h1></div>`;
        muestraResultado(HTML);
    }
    request.onerror = (error) => muestraResultado(`<pre>ERROR: ${error}</pre>`);

    request.send();
    const muestraResultado = (texto) => document.getElementById('output').innerHTML
= texto;
  </script>
```

Puedes encontrar este ejemplo en el archivo Json.*html*

Este ejemplo contiene muchas novedades; analicémoslas una a una.

Para empezar, almacenamos en una constante el nombre (y, si fuera necesario, la ruta) del archivo JSON que queremos cargar y procesar.

```
const file = 'persona.json';
```

A continuación, debemos crear un objeto `XMLHttpRequest` mediante el cual realizaremos la llamada al archivo JSON.

`XMLHttpRequest` es una API (es decir, una interfaz a la programación) a través de la cual el cliente puede transferir datos desde o hacia el servidor en modo síncrono o asíncrono, sin tener que actualizar la página.

Esto nos permite actualizar la página sin volver a cargarla, solicitar y recibir datos de un servidor, después de que la página HTML se haya cargado, y enviar datos a un servidor en segundo plano.

A pesar de su nombre, `XMLHttpRequest` no soporta solo el intercambio de datos XML, sino también de otros formatos entre los cuales, nuestro JSON.

Al trabajar con un archivo local, es preciso especificar qué tipo de archivos de datos estamos transfiriendo, mediante el método `overrideMimeType`.

```
const request = new XMLHttpRequest();
request.overrideMimeType('application/json');
```

Ahora, utilizando el objeto `XMLHttpRequest`, usamos el método `open` para definir la fuente de datos que deseamos abrir y cómo.

```
request.open('GET', file, true);
```

El primer argumento de `open` especifica el método de transferencia de datos (`GET` o `POST`), el nombre del archivo que se abrirá (o el URL, si el recurso se encuentra en la web) y si la solicitud debe ser o no asíncrona. Nosotros hemos especificado expresamente (`true`) que la solicitud debe ser asíncrona, aunque esta sea la opción predefinida. El hecho de que la solicitud de datos sea asíncrona permite, en caso de retraso en la recepción de los mismos, no bloquear la ejecución del código del resto de la página.

NOTA

Hemos elegido realizar la solicitud con GET porque es un sistema mucho más rápido y sencillo que POST y es adecuado para la mayoría de las situaciones en que se toma (GET) un dato. La alternativa a GET es, por lo general, POST, que permite transferir datos del cliente (navegador) al servidor. En realidad, con GET también se pueden transferir datos hacia un servidor, pero POST es necesario cuando se deben transferir grandes cantidades de datos (POST no tiene límites de dimensión, GET sí), cuando no se desea o no es posible realizar el caché o cuando se transfieren entradas de usuarios para los cuales no se conoce el tipo de dato a transferir. Además de GET y POST, que son las opciones más comunes, también puedes contar con las opciones DELETE, HEAD, OPTIONS y PUT. En el próximo capítulo hablaremos de ellas con más detalle.

La solicitud se enviará efectivamente al servidor solo en el momento en que se utilice (cosa que hemos hecho más abajo) el método `send()`. En otras palabras, el método `open` define solo cómo se abrirá la conexión.

Inmediatamente después de haber configurado `open`, definimos qué hacer cuando el servicio que proporciona los datos JSON (archivo o URL) responde.

La función `onload` es una función *callback* (de retrollamada) y será llamada solo cuando haya llegado la respuesta.

> **NOTA**
> Definimos **callback** como una función que se pasa como argumento a otra función y se llama cuando se verifica cualquier evento.

```
request.onload = function () {
        const dato = JSON.parse(this.responseText);
        let HTML = `<div><h1>${dato.nombre} ${dato.apellido}</h1></div>`;
        muestraResultado(HTML);
    }
```

En este caso en concreto, ¿qué ocurrirá cuando se verifica el evento `onload`? Utilizamos la función `parse()` para transformar el texto en la respuesta del servidor (`responseText`) a partir de JSON en un objeto JavaScript que podremos procesar.

En el caso de nuestro archivo persona*.json*, se devuelve un único objeto del cual leemos las propiedades (`dato.nombre`, `dato.apellido`).

Con los datos procedentes del archivo JSON y de las instrucciones HTML, construimos una cadena de texto que almacenamos en la variable `HTML` y que pasamos como argumento a la función `muestraResultado` que, a su vez, mostrará en el `<div id="output">` el código HTML almacenado en la variable `HTML`.

Per terminar, hemos definido también una función callback para el evento `onerror`, es decir, una función que se ejecutará en el caso en que se verifique un error.

En esta ocasión, hemos optado por utilizar una función flecha. Error es un parámetro pasado desde `onerror` y contiene una descripción del evento que se ha verificado.

```
request.onerror = errore => muestraResultado(`<pre>ERROR: ${error}</pre>`);
```

En nuestro ejemplo, solo hemos mostrado un par de valores del archivo JSON. En realidad, como hemos visto anteriormente, los valores de los pares nombre/valor pueden ser de tipo distinto. En el ejemplo anterior hemos gestionado valores simples como cadenas de texto, pero nuestro archivo contiene también valores de tipo objeto (`direccion`), arrays de valores (`titulos`) y arrays de objetos (`numerosTelefono`).

Modificamos la función `onload` para gestionar también estos elementos.

```
request.onload = function () {
        const dato = JSON.parse(this.responseText);
        let telefonos = '';
        function procesaTelefonos(elemento) {
            for (let clave en elemento) {
                telefonos += (`${clave}: ${elemento[clave]}<br/>`);
            }
        }
        dato.numerosTelefono.forEach(procesaTelefonos);
        let HTML = `<div><h1>${dato.nombre} ${dato.apellidc}</h1>
            <p>titulos: ${dato.titulos.toString()}</br>
            sexo: ${dato.sexo}<br/> edad:${dato.edad} </p>
            <h2>Dirección</h2>
            <p>${dato.direccion.calle}<br/> ${dato.direccion.CP}
            ${dato.direccion.poblacion} (${dato.direccion.provincia}) </p>
            <h2>Numeros de telefono</h2>
            ${telefonos} </div>`;
        muestraResultado(HTML);
    }
```

Puedes encontrar este ejemplo en el archivo Json1.*html*

En primer lugar hemos gestionado el array de objetos `numerosTelefono`:

```
let telefonos = '';
        function procesaTelefonos(elemento) {
            for (let clave en elemento) {
                telefonos += (`${clave}: ${elemento[clave]}<br/>`);
            }
        }
        dato.numerosTelefono.forEach(procesaTelefonos);
```

Con un bucle `for` igual que uno que ya explicamos en el capítulo dedicado a los arrays asociativos, creamos una cadena de texto con todos los pares nombre (`clave`)/valor presentes en el objeto (`elemento`) pasado como argumento a la función. Ejecutando la función `forEach` sobre el array de objetos `dato.numerosTelefono` ejecutamos la función `procesaTelefonos` para todos los objetos del array, por lo que, al final de los dos bucles, la variable `telefonos` contendrá todos los datos relativos a los distintos números de teléfono que aparecen en el archivo JSON.

Esto en cuanto a un array de objetos. Leer un valor de tipo objeto es más sencillo: basta con indicar el nombre del objeto seguido del nombre del elemento que queremos leer.

```
<p>${dato.direccion.calle}<br/> ${dato.direccion.CP} ${dato.direccion.poblacion}
(${dato.direccion.provincia}) </p>
```

Para el array de valores `titulos` hemos utilizado el método `toString()`, que transforma el array en una cadena de texto que contiene los elementos del mismo array, separados por comas.

En el archivo persona.*json* que hemos utilizado anteriormente para realizar pruebas hay un único objeto JSON.

Ahora procesaremos el archivo personas.*json* (que hemos utilizado anteriormente), el cual tiene una estructura idéntica a la de persona.*json*, pero con más objetos en un array.

Veamos cómo modificar la función `onload` para gestionar este archivo:

```
request.onload = function () {
        let HTML = '';
        const datos = JSON.parse(this.responseText);
        datos.forEach(element => {
            generaHTML(element);
        });
        function generaHTML(dato){
        let telefonos = '';
        dato.numerosTelefono.forEach(procesaTelefonos);
        function procesaTelefonos(elemento) {
            for (let clave en elemento) {
                telefonos += (`${clave}: ${elemento[clave]}<br/>`);
            }
        }
         HTML += `<div class="persona"><h1>${dato.nombre} ${dato.apellido}</h1>
            <p>titulos: ${dato.titulos.toString()}</br>
            sexo: ${dato.sexo}<br/> edad:${dato.edad} </p>
            <h2>Direccion</h2>
            <p>${dato.direccion.calle}<br/> ${dato.direccion.CP}
            ${dato.direccion.poblacion} (${dato.direccion.provincia}) </p>
            <h2>Numeros de telefono</h2>
            ${telefonos} </div>`;
        muestraResultado(HTML);

    }
```

Puedes encontrar este ejemplo en el archivo Json2.*html*

Todo el código de procesamiento de los datos recibidos por el archivo JSON está dentro de la función `generaHTML`, que espera un argumento denominado `dato`.

En la constante `datos`, insertamos el resultado del procesamiento con `parse` (`parsing`) de la respuesta a la solicitud sobre el archivo JSON: esta vez, el resultado no es un objeto, sino un array de objetos.

Podemos ejecutar un bucle `forEach` sobre cada uno de los miembros del array para ejecutar para cada uno de ellos la función `generaHTML`, que sabemos que procesa un único objeto. Se pasa como argumento a la función el objeto del array sobre el cual se está ejecutando el bucle.

```
const datos = JSON.parse(this.responseText);
        datos.forEach(element => {
            generaHTML(element);
        });
```

La declaración de la variable HTML ha sido extraída fuera de la función generaHTML para que conserve su valor a través de todos los bucles y, al final, contenga todo el código HTML necesario para mostrar en distintos <div> los valores relativos a todos.

Un sitio para realizar pruebas

Para terminar nuestro ejemplo, queremos mostrarte un procesamiento de datos JSON extraídos de un URL.

Para realizar las pruebas, hemos utilizado los datos que la Reg ón Toscana ha puesto a disposición con el proyecto Open Data (http://dati.toscana.it/) en el que se recopilan varias fuentes de datos y se ponen a disposición de los ciudadanos. Nosotros utilizaremos los datos referentes a las estructuras de hospedaje, que se pueden encontrar en la dirección https://www.visittuscany.com/api/strutture/. Estos datos JSON contienen un array de objetos.

Este es el código que lee estos datos y los muestra en pantalla:

```
<script type="text/Javascript">
  const urlServicio = 'https://crossorigin.me/https://www.visittuscany.com/api/
strutture';
  console.log('dataURL:' + urlServicio);
  const estructuras = [];
  const request = new XMLHttpRequest();
  request.open("GET", urlServicio);
  request.onload = function () {
    const dato = JSON.parse(this.responseText);
    dato.forEach(s => {
      estructuras.push(`${s.nombre} (${s.poblacion})`);
    });
    muestraResultado(estructuras.join(' <br> '));
  }
  request.onerror = (error) => muestraResultado(`<pre>ERROR: ${error}</pre>`);
  request.send();
  const muestraResultado = (texto) => document.getElementById('output').innerHTML
=
  texto;
</script>
```

Puedes encontrar este ejemplo en el archivo Json3.*html*

El principio de funcionamiento de este archivo es idéntico al de los ejemplos precedentes. Nos limitaremos a indicar las diferencias.

Ante todo, en lugar de almacenar en una constante el nombre de un archivo que se desea procesar, almacenamos un URL.

```
const urlServicio= 'https://crossorigin.me/https://www.visittuscany.com/api/strutture';
console.log('dataURL:' + urlServicio);
```

Como puedes ver, se trata de un URL muy particular compuesto, en realidad, por dos direcciones, el de los datos precedido por la dirección del sitio crossorigin.me.

El sitio crossorigin.me permite superar la protección **CORS** (***Cross Origin Resource Share***), es decir, el impedimento, por razones de seguridad, para un sitio de acceder a recursos de otros sitios.

Normalmente, el problema no se plantea, porque una página accede a los datos que se encuentran en su mismo dominio (el servidor en el cual está almacenada la página). En nuestro caso, no podemos hacerlo (la página está en nuestro ordenador) y, por tanto, nos apoyamos en este servicio (para más información, consulta la página https://developer.mozilla.org/en-US/docs/Web/HTTP/CORS).

Una vez hecho esto, la gestión de la solicitud es idéntica a la que se lleva a cabo con archivos locales.

El procesamiento del resultado es sencillo: se ejecuta un bucle sobre el array resultante y se insertan en el array `strutture`, mediante el método `push()`, los valores leídos en el array extraído de JSON.

Para terminar, utilizamos el método `join()` sobre el array `strutture`. Este método crea una cadena de texto con todos los elementos del array, separándolos con el separador pasado al método. En este caso, los separamos con la etiqueta HTML `<br>`:

```
muestraResultado(estructuras.join(' <br> '));
```

16

AJAX y REST

En este capítulo, queremos retomar el tema empezado al final del capítulo anterior relativo al intercambio de datos entre el navegador, nuestro cliente y el servidor, puesto que es un argumento fundamental que requiere un estudio adecuado.

Temas tratados

- Ejecución secuencial y en paralelo
- Ejecución síncrona y asíncrona
- Análisis de la llamada a un servidor
- Servicios REST

Como hemos visto, la comunicación entre la página y el servidor se lleva a cabo a través del objeto `XMLHttpRequest`.

Este objeto tiene una historia curiosa: nació a finales de los 90 para permitir el funcionamiento de la interfaz web de Microsoft Outlook (OWA), es decir, para permitir la gestión de los correos electrónicos desde el navegador; a continuación, se llevó al entorno JavaScript como iniciativa de cada navegador (recuerda que, referente a la historia de JavaScript, comentamos su evolución un poco "salvaje" por los distintos navegadores, que estaban "en guerra" entre ellos); para terminar, a partir de 2006, fue estandarizado por el W3C (World Wide Web Consortium).

`XMLHttpRequest` es la base de AJAX (*Asynchronous JavaScript And XML*), un conjunto de tecnologías web que, a mediados de la década 2000, revolucionaron la navegación y la interacción con los sitios. El elemento nuevo de AJAX es el hecho de que la ejecución de los procesos se produce **en paralelo** y de forma **asíncrona**: es decir, que el intercambio de datos con el servidor se produce entre bambalinas y el usuario continúa pudiendo interactuar con su página, la cual no debe ser cargada de nuevo por el servidor en cada intercambio de datos.

Hoy en día, a nosotros nos parece absolutamente normal escribir una entrada en Facebook e, inmediatamente después, desplazar la pantalla para ver nuevas entradas y recibir notificaciones de mensajes o nuevas entradas por parte de otros usuarios. Esta interactividad con un sitio web no era posible antes de AJAX.

Pero ¿qué significa "en paralelo" y "de manera asíncrona"? ¿Qué consecuencias tiene esta modalidad en nuestra manera de escribir el código?

Para nosotros, es natural, por ejemplo, conducir mientras hablamos con la persona que está a nuestro lado; somos capaces de realizar estas acciones a la vez sin un esfuerzo especial por parte de nuestro cerebro que, además, coordina otras acciones como la respiración, el latido cardíaco...

Para los ordenadores, en cambio, es más sencillo y "natural" ejecutar una operación a la vez (para ser precisos, una instrucción por cada *core* o núcleo de nuestro procesador).

Y en cambio tenemos la impresión de que los ordenadores hacen varias cosas a la vez... Esto ocurre porque, aprovechando la velocidad del procesador y el sistema operativo (Windows, Linux...), los ordenadores **simulan** la ejecución de varias acciones de manera que al usuario le parezca que se desarrollan a la vez (hablamos de multitarea, *multithreading* y términos similares).

Simplificando mucho, podríamos decir que el microprocesador divide su tiempo en unidades temporales muy pequeñas. En cada unidad temporal, el procesador ejecuta un único proceso (un programa puede estar constituido por un único proceso o por varios procesos), pero a continuación puede pasar a otro proceso. Las unidades temporales son tan breves que nos parecerá que las dos (o más) acciones se llevan a cabo a la vez.

Sin embargo, cuando se necesita decirle al ordenador qué debe hacer, es decir, cuando estamos programando, debemos necesariamente dar una instrucción a la vez (cada proceso está formado por varias instrucciones secuenciales).

Vamos a analizar una porción de código cualquiera (nos basaremos en un ejemplo del capítulo dedicado a las funciones):

```
function esFinDeSemana() { .... }
const valorSrc = esFinDeSemana()  ? 'CaritaFeliz.png' : 'CaritaTriste.png';
const mensaje = esFinDeSemana() ? 'Diviértete' : 'Venga, que ya falta poco';
```

Esperamos, exactamente, que el valor de `valorSrc` se defina **antes** del valor de `mensaje` y que las dos llamadas a la función `esFinDeSemana` no se produzcan a la vez (en paralelo), sino en **secuencia**.

Así, pues, hablamos de **programación secuencial**, que es el modo más clásico y conocido de programar. Si hacemos un símil con la cocina, una receta está compuesta de instrucciones que se ejecutan una tras otra; un buen cocinero podría ejecutar algunas en paralelo, pero esta posibilidad no está escrita en la receta.

Para nosotros es más sencillo describir las instrucciones que se deben llevar a cabo en una secuencia temporalmente ordenada.

NOTA

Para completar esta información, debemos recordar que existen lenguajes de programación y librerías de funciones que permiten escribir instrucciones para que sean ejecutadas en paralelo y no en secuencia, pero, como hemos dicho anteriormente, son difíciles de utilizar y poco conocidas.

El foco del problema es que nuestros programas, como ya hemos visto, están formados por procesos (de nuevo, simplificamos mucho) compuestos a su vez por secuencias de instrucciones que deben llevarse a cabo una tras otra, pero se ejecutan en ordenadores que actualmente tienen procesadores dotados de una notable velocidad de procesamiento y, con el mecanismo descrito anteriormente, pueden pasar de un proceso a otro de forma tan rápida que nos parece que están ejecutando distintos procesos a la vez.

Sin embargo, algunas operaciones, sobre todo las de recepción y transferencia de datos, dependen no tanto de la capacidad del procesador, sino de factores externos, como la velocidad y la disponibilidad de la conexión de red.

En un proceso que está formado por instrucciones secuenciales, si un factor externo, como la red, ralentiza la ejecución de una instrucción, todas las siguientes resultan en consecuencia ralentizadas (si la instrucción 1 se retrasa, el procesador no puede pasar a la siguiente, aunque, mientras tanto, puede ocuparse de otros procesos, pero el proceso con la instrucción "lenta" lo ralentiza todo).

En el capítulo anterior, hemos preguntado a un sitio (www.visittuscany.com) para obtener la lista de las estructuras de hospedaje. Si el sitio es utilizado por muchos usuarios, necesitará más tiempo para responder; si nuestra conexión es lenta, la solicitud al sitio y la respuesta llegarán más tarde; si existen muchos programas abiertos en nuestro ordenador, nuestro navegador se ralentizará, etc.

Como puedes ver, existen muchos factores por los cuales, en las aplicaciones JavaScript, el intercambio de datos con un servidor es una operación potencialmente "lenta". Así como también son lentas, por ejemplo, las operaciones de carga de imágenes (otros datos que se ubican en el servidor). Es fácil pensar que se podría separar un programa en distintos procesos de modo que las instrucciones lentas estuvieran en un proceso independiente y no bloquearan las otras, que colocaríamos en otros procesos.

Parecería una solución óptima, pero ¿qué ocurre si para una operación necesitamos el resultado de la instrucción lenta? ¿Nos sirve la lista de las estructuras de hospedaje de www.visittuscany.com?

Aquí entra en juego el segundo elemento: la asincronización.

Es lo mismo que ocurre cuando hacemos una pregunta a otra persona, esperamos una respuesta por su parte, pero esta espera no nos bloquea. Podemos continuar llevando a cabo otras acciones. Cuando la respuesta llega, nuestros oídos avisarán al cerebro de que ha llegado el momento de procesar la respuesta recibida. Esta es una comunicación donde las dos personas no hablan de manera sincronizada entre ellas; es una **comunicación asíncrona**. Solo en casos extremos, de peligro, por ejemplo, nuestra concentración se dirige por completo a esperar la respuesta y, por tanto, podríamos hablar de comunicación síncrona.

La comunicación asíncrona no "bloquea": quien ha formulado la pregunta no se queda quieto esperando la respuesta.

Con el objeto `XMLHttpRequest`, tenemos un mecanismo para ejecutar solicitudes a un servidor en paralelo (varios procesos) de manera asíncrona.

La solicitud se ejecuta **en paralelo** a los otros procesos del programa que, mientras tanto, continúan su ejecución y no permanecen bloqueados esperando la respuesta (la interfaz permanece activa, el navegador responde y no permanece "quieto" en absoluto).

Cuando llegue la respuesta, `XMLHttpRequest` se ocupará de avisar al programa, el cual, solo en ese momento, se dedicará a gestionar la salida de la solicitud.

¿Y todo esto, cómo ocurre? `XMLHttpRequest` avisa al programa de que los datos se han cargado o que se ha verificado un error, el programa gestiona esta información ejecutando las funciones callback indicadas a través de sus propiedades `onload` y `onerror`.

Desde el punto de vista de la programación en JavaScript, el programa sigue siendo una secuencia de instrucciones ordenadas temporalmente excepto las dos funciones `onload` y `onerror`, que, como ya sabemos, serán llamadas antes o después por `XMLHttpRequest`. Obviamente, las instrucciones dentro de las funciones `onload` y `onerror` se ejecutan en secuencia. El paralelismo se produce solo en la llamada a las funciones de manera muy parecida a cuanto ya hemos visto para los listeners de eventos como `onclick`, para los cuales la llamada a la función está relacionada con el comportamiento del usuario y no con la respuesta de un servidor.

Esta introducción teórica, aunque un poco complicada, era necesaria para realizar una explicación sobre los mecanismos de funcionamiento de AJAX.

La llamada POST

Ahora volvemos a la práctica, veamos otra típica llamada a los **servicios** de un servidor: la llamada POST.

Denominamos **servicio** a las funciones ofrecidas por algunos sitios y que permiten obtener y/o proporcionar datos.

Para que un sitio permita el intercambio de datos, no es suficiente con que contenga dichos datos, sino que se necesitan mecanismos para el acceso a ellos.

La comunicación entre nuestra página y los servicios del sitio (que, en un contexto real, podría ser el sitio al cual también pertenece nuestra página) se lleva a cabo mediante el protocolo HTTP. Precisamente por el hecho de que se utiliza este protocolo, este tipo de servicios (también existen otros tipos) de denominan habitualmente **servicios web**.

En el capítulo anterior, aunque no lo hemos explicado de manera explícita, hemos utilizado los servicios web ofrecidos (**expuestos**, hablando técnicamente) por el sitio www.visittuscany.com.

A continuación, queremos proponer otro ejemplo de uso de servicios web a través de otro ditio, jsonplaceholder.typicode.com , que nos permite realizar pruebas de almacenamiento/recuperación de datos enviados mediante JSON.

Visit Tuscany solo permite leer los datos. Ahora queremos intentar cargarlos.

jsonplaceholder.typicode.com nos permite realizar estas pruebas sin necesidad de configurar los servicios web para el intercambio de datos en nuestro servidor web.

Supongamos que queremos almacenar en una base de datos del servidor los datos de un usuario, como si el usuario se registrara en nuestro sitio a través de un formulario configurado para la ocasión.

Para simplificar el ejemplo, no hemos creado el formulario (ya sabes cómo se leen los datos de un formulario y cómo se utilizan en el código), sino que hemos escrito los datos directamente en el código. De hecho, a nosotros solo nos interesa cómo se envían al servicio web.

```
const urlServicio = 'https://jsonplaceholder.typicode.com/users';
const request = new XMLHttpRequest();
request.open('POST', urlServicio);
request.setRequestHeader('Content-type', 'application/json; charset=UTF-8');
request.onload = function () {
    console.log(`Respuesta: estado=${this.status} descripcion estado=${this.
statusText} contenido=${this.responseText}`);
};
request.onerror = function (error) {
    console.err(`ERROR: ${error}`);
};
console.log('Solicitud completada');
const nuevoUsuario = {
    'name': 'Mario Gómez',
    'username': 'm.gomez',
    'email': 'm.gomez@example.org'
};
request.send(JSON.stringify(nuevoUsuario));
console.log('Enviar solicitud');
```

Puedes encontrar este ejemplo en el archivo ajax1.*html*

Antes de pasar al análisis del código, queremos precisar que los recursos disponibles en jsonplaceholder.typicode.com, por decisión de los autores del sitio, también son accesibles desde otros sitios que también disponen del sistema de seguridad **CORS** (del cual hemos hablado en el capítulo anterior). Por lo tanto, también podemos contactar con él directamente, sin utilizar sitios intermediarios como crossorigin.me.

Una vez realizada esta puntualización, pasamos al auténtico código. En particular, hay un par de puntos sobre los cuales merece la pena detenernos. El primero es:

```
request.open('POST', urlServicio);
```

donde indicamos que realizaremos una llamada de tipo POST y no de tipo GET.

Más adelante, tenemos:

```
const nuevoUsuario = {
    'name': 'Mario Gómez',
    'username': 'm.gomez',
    'email': 'm.gomez@example.org'
};
request.send(JSON.stringify(nuevoUsuario));
```

donde llamamos al método `send` de `XMLHttpRequest` pasándole como argumento los datos que queremos enviar al servidor; de hecho, normalmente, las llamadas `XMLHttpRequest` de tipo POST se utilizan para enviar datos al servidor, mientras que las GET, habitualmente, se utilizan para solicitarlos.

En realidad, esta diferencia de uso entre GET y POST no la impone el estándar HTTP, sino que se trata de una práctica consolidada entre los desarrolladores.

¿Pero qué estamos enviando al servidor? La versión JSON del objeto `nuevoUsuario` que contiene algunos datos de nuestro nuevo usuario. Para crear la versión JSON de estos datos, los procesamos con el método `stringify()` del objeto `JSON`.

El sitio jsonplaceholder.typicode.com simula la creación de un nuevo usuario (los datos se almacenan realmente en su servidor) y devuelve los datos recibidos más la clave unívoca asociada al nuevo usuario (en el campo id).

> **NOTA**
> Cuando almacenamos los datos de un usuario en una base de datos, debemos añadir a la información proporcionada por el mismo usuario una clave que lo identifica de manera unívoca en la base de datos. El valor de la clave lo proporciona la misma base de datos y es este el valor devuelto en nuestra llamada.

Una vez ya sabemos cómo enviar los datos a un servidor, vamos a analizar en detalle qué ocurre durante la comunicación entre el navegador y el servidor.

Para estas operaciones nos sirve de ayuda la consola del navegador.

Carga la página con el ejemplo en el navegador, abre la consola y accede a la sección **Network**. La Figura 16.1 está extraída de Chrome, pero con otros navegadores la imagen será muy parecida a esta.

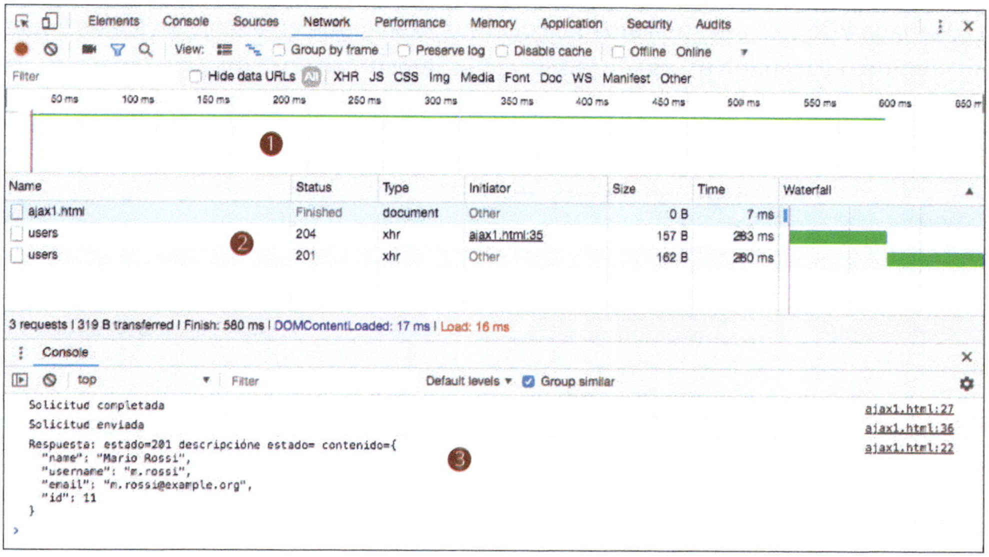

Figura 16.1 - La sección **Network** de la consola de Chrome.

Para una mejor comprensión, hemos numerado las distintas secciones que aparecen en la Figura 16.1. La sección 1 muestra un gráfico temporal de las acciones que se han llevado a cabo durante la carga de la página; la sección 2 muestra las llamadas realizadas por el navegador (a continuación, las examinaremos con más detalle), y la sección 3 es la consola donde se escriben las instrucciones de console.*log*.

Detengámonos un momento en la sección 2.

Vemos tres llamadas (aunque nosotros, en el código, solo hemos hecho una):

1. Una llamada GET, que se ejecuta automáticamente cuando se carga el archivo HTML.
2. Una llamada de tipo OPTIONS a https://jsonplaceholder.typicode.com/users (la primera columna muestra el último elemento del URL); la llamada con método OPTIONS la realiza automáticamente el navegador en el entorno del sistema de protección CORS. De hecho, el navegador está solicitando al sitio qué llamadas son las que están permitidas. En este caso, el sitio responde que todas las llamadas están permitidas. Este es el motivo por el cual no necesitamos, para este sitio, utilizar soluciones como crossorigin.me.
3. Una llamada de tipo POST a https://jsonplaceholder.typicode.com/users.

> **NOTA**
>
> La sigla `xhr` en la columna `type` significa `XMLHttpRequest`.

La llamada POST es nuestra llamada. Podemos examinarla en detalle pulsando sobre su nombre (el segundo **users**) en la sección 2. Tendremos una situación parecida a la de la Figura 16.2.

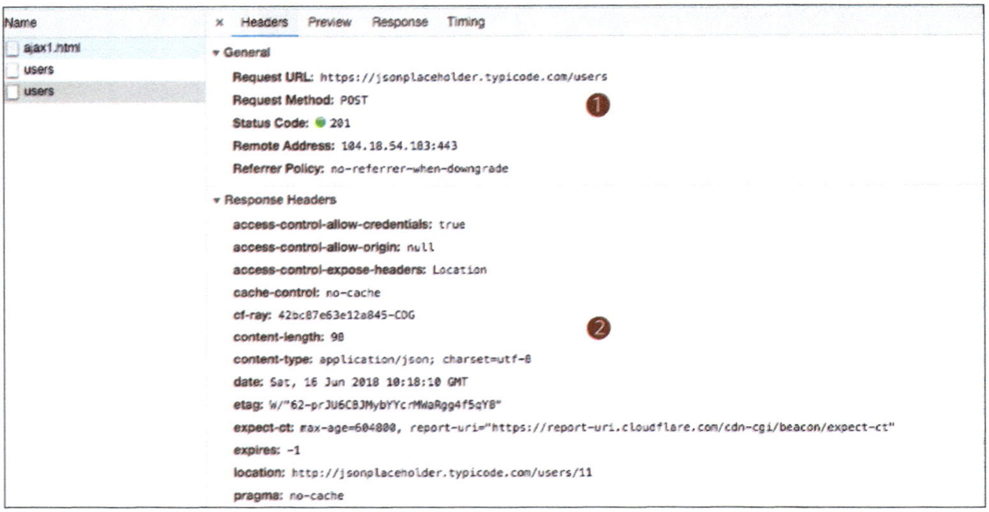

Figura 16.2 - El detalle de la llamada POST.

También en este caso, hemos indicado con números las distintas secciones de la ventana.

La sección 1 de esta imagen muestra los datos principales de la llamada, entre las cuales:

- A quién hemos llamado (Request URL).
- Con qué método (Request Method).
- El código devuelto por el sitio (Status Code, que es 201, es decir, Created (consulta https://es.wikipedia.org/wiki/Anexo:Códigos_de_estado_HTTP).

La sección 2 muestra el detalle de los encabezados (los metadatos de la llamada) que contiene la respuesta.

El contenido de la respuesta, en cambio, se obtiene leyendo la pestaña **Response** (Figura 16.3).

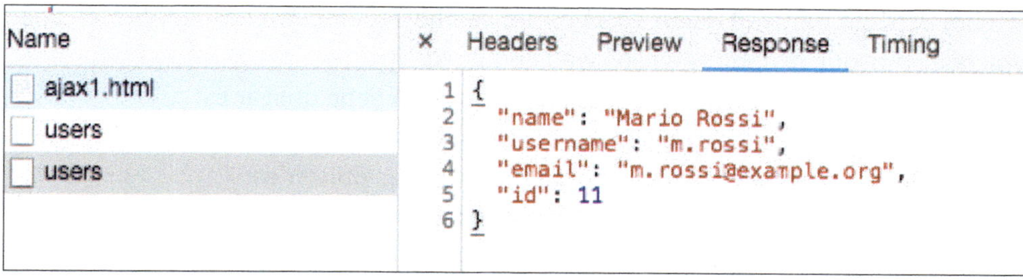

Figura 16.3 - El contenido de la respuesta.

Aquí podemos observar que la respuesta contiene una propiedad cuyo nombre es `id` y su valor `11`, que constituye la clave unívoca asociada por el servidor al nuevo usuario.

Por el análisis de lo que ocurre durante nuestra llamada, nos damos cuenta de que los servicios expuestos (ofrecidos) por los servidores se pueden utilizar indicando:

- El URL del servicio.
- El método HTTP que se debe usar (GET, POST...).
- Los parámetros solicitados que pueden ser de varios tipos, entre los cuales:
  - **path**: indicados como parte del URL y separados por / como `/users/1`.
  - **query**: indicados al final del URL como pares de valores, por ejemplo: `?nombre=mario&apellido=gómez`.
  - **body**: indicados en el cuerpo de la llamada (y no en el URL), como hemos hecho para nuestra llamada POST.
- El formato utilizado para el intercambio: JSON, XML, binario, etc.
- Otros datos de identificación/autorización solicitados.

Servicios REST

Todos los sitios que ofrecen servicios web como los que hemos utilizado en este capítulo y en el anterior tienen su modo específico de uso (su API), que debe ser estudiado con el fin de poder configurar, en nuestro código, la llamada al servicio con todos los parámetros correctos.

Para evitar que el uso de los servicios sea complicado y que cada vez deban inventarse nuevo mecanismos, existen paradigmas a los cuales se adecúan los creadores de los servicios. Uno de los más utilizados es el tipo **REST**, al cual también hace referencia jsonplaceholder.typicode.com.

El modelo **REST** fue inventado en el año 2000 por el estudiante de doctorado **Roy Fielding** con el objetivo preciso de uniformar las API de los servicios web.

REST es el acrónimo de ***REpresentational State Transfer*** (también conocido como RESTful) y se basa en el concepto de recursos y operaciones que trabajan sobre los recursos.

Para explicar mejor lo que esto significa, veamos qué ocurre con jsonplaceholder.typicode.com, que expone servicios web de tipo REST:

- Para obtener la lista de usuarios, el URL que se debe utilizar es: https://jsonplaceholder.typicode.com/**users** en modo GET.
- Para crear un nuevo usuario, el URL que se debe utilizar es: https://jsonplaceholder.typicode.com/**users** en modo POST.
- Para obtener el detalle del usuario con ID = 5, el URL que se debe utilizar es: https://jsonplaceholder.typicode.com/**users/5** en modo GET.
- Para eliminar al usuario con ID = 5, el URL que se debe utilizar es: https://jsonplaceholder.typicode.com/**users/5** en modo DELETE.

A partir de los ejemplos que hemos propuesto anteriormente, observa que:

- `/users` identifica el recurso (los usuarios) sobre el cual se desea operar.
- El tipo de llamada (GET, POST, DELETE) indica la acción a llevar a cabo.
- El resto de parámetros adicionales (como `/5`) indican sobre qué elemento del recurso se lleva a cabo la acción (no todos los usuarios, sino el que tiene el identificador 5).

Observa que los primeros dos ejemplos y los dos segundos se distinguen solo por la modalidad de llamada (GET o POST los dos primeros y GET y DELETE los dos segundos), mientras que el URL es el mismo y contiene siempre la indicación del **recurso** sobre el cual se debe trabajar; el tipo de operación a llevar a cabo lo indica el tipo de llamada.

En el centro de las operaciones siempre se encuentra el **recurso**.

Las API de todos los servicios web REST se comportarán según este principio.

También existen servicios web no REST, en los que el acento no se pone sobre el recurso, sino sobre la operación que se debe llevar a cabo.

En la óptica de una supuesta API no REST, los servicios mostrados anteriormente podrían ser llamados del modo siguiente:

- Para obtener la lista de usuarios, el URL podría ser: https://jsonplaceholder.typicode.com/getUsersList en modo GET
- Para crear un nuevo usuario, el URL podría ser: https://jsonplaceholder.typicode.com/createUser en modo POST
- Para obtener el detalle del usuario con ID = 5, el URL podría ser: https://jsonplaceholder.typicode.com/getUserDetails?id=5 en modo GET
- Para eliminar al usuario con ID = 5, el URL podría ser: https://jsonplaceholder.typicode.com/deleteUser?id=5 en modo POST o DELETE.

En estos ejemplos, las acciones (`getUserList`, `getUsersDetails`, `createUser`, `deleteUser`) y los métodos HTTP asociados son evidentemente selecciones específicas de esta API. Podría ser que otro sitio utilizara términos y métodos distintos para identificar las mismas operaciones, pero partiría siempre de la acción que debe llevarse a cabo, no del recurso sobre el cual se lleva a cabo la acción.

17

Objetos avanzados

En este capítulo trataremos sintaxis avanzadas relativas a los objetos: en particular, nos ocuparemos de desestructuración, parámetros rest y el operador spread.

Temas tratados

- Asignación de desestructuración
- Desestructuración para leer valores de objetos
- Desestructuración para pasar argumentos a una variable
- Object-pattern
- Array-pattern
- Parámetros rest
- Operador spread

Como hemos visto en capítulos anteriores, en JavaScript es muy sencillo crear objetos y arrays, especialmente cuando utilizamos la sintaxis `literal` (`object literal` y `array literal`):

```
const objeto = {
            color : 'rojo',
            altura : 123
};

const array = [
            'primero',
            'segundo',
            'tercero'
];
```

Puedes encontrar este ejemplo en el archivo objetos-avanzados1.*html*

También hemos visto que los objetos y los arrays pueden ser la respuesta de servicios web y que, en muchos casos, la respuesta puede tener un número notable de propiedades y de elementos, y que los objetos derivados de la solicitud al servicio pueden contener muchas propiedades, haciendo difícil la gestión del mismo objeto.

En algunos casos, sin embargo, del contenido de un objeto o de un array solo nos interesan ciertas informaciones. Esta situación es tan común que en ES6 se introdujo una sintaxis simplificada, precisamente para extraer informaciones parciales: hablamos de **asignación de desestructuración** (*destructuring assignment*).

Esta definición deriva del hecho que describe una operación que es prácticamente lo contrario de la **estructuración**, es decir, la creación de objetos y de arrays.

Para entender mejor su utilidad, retomamos el objeto `persona` utilizado en el capítulo sobre el JSON:

```
const persona = {
        nombre: 'Juan',
        apellido: 'Márquez',
        sexo: 'masculino',
        vivo: true,
        edad: 27,
        direccion: {
            calle: 'Buenos ratos 18',
            poblacion: 'Castelldefels',
            provincia: 'Barcelona',
            CP: '08860'
        },
        numerosTelefono: [
            {tipo: 'casa', numero: '0000000'},
            {tipo: 'móvil', numero: '111111111'}
        ],
        titulos: ['sr.', 'dr.']
};
```

Supongamos que queremos crear una función que, dado este objeto, devuelve una cadena del tipo 'dr. Márquez Juan', tomando el último de los títulos (asumimos en este caso que los títulos son como máximo dos y por orden de importancia) y, obviamente, el nombre y el apellido.

Una posible solución podría ser la siguiente:

```
const nominativo = p => {
        const nombre = p.nombre;
        const apellido = p.apellido;
        const primerTitulo = p.titulos[0];
        const segundoTitulo = p.titulos[1];
        return `${segundoTitulo || primerTitulo} ${apellido} ${nombre}`;
};
console.log(nominativo(persona));
```

Puedes encontrar este ejemplo en el archivo objetos-avanzados2.*html*

Observa que, en nuestra función flecha, hemos llamado al parámetro `p` (de persona) y en su cuerpo hemos extraído del objeto `persona` algunos datos los hemos asignado a variables que después hemos utilizado para construir la cadena de texto. También hemos utilizado el operador `or` (`||`) para gestionar la eventual ausencia del segundo título.

Obviamente, podríamos haber usado directamente las propiedades del objeto:

```
const nominativo = p => {
    return `${p.titulos[1] || p.titulos[0] } ${p.apellido} ${p.nombre}`;
};
```

aunque habríamos hecho el código un poco más difícil de leer, especialmente en la parte relativa a los títulos.

Podemos ayudarnos de la desestructuración, presentada, como ya hemos dicho, en ES6 para simplificar la sintaxis en casos similares a este:

```
const nominativo = p => {
        const {nombre, apellido} = p;
        const [primerTitulo, segundoTitulo] = p.titulos;
        return `${segundoTitulo || primerTitulo} ${apellido} ${nombre}`;
};
console.log(nominativo(persona));
```

Puedes encontrar este ejemplo en el archivo objetos-avanzados3.*html*

En primer lugar, observa las llaves y los corchetes a la **izquierda** del signo igual. Debemos recordar que, cuando definimos un objeto o un array, los paréntesis van a la **derecha** del signo igual.

La sintaxis de la asignación de desestructuración de un objeto es la siguiente:

```
const { object-pattern } = objeto;
```

mientras que para un array es:

```
const [ array-pattern ] = array;
```

donde, con `object-pattern` y `array-pattern`, nos referimos a la sintaxis necesaria para indicar qué datos deben ser extraídos del objeto y del array.

En nuestro ejemplo:

```
const {nombre, apellido} = p;
```

significa: extrae "las propiedades `nombre` y `apellido` del objeto `p` y asígnalas al resto de variables que tienen el nombre de la propiedad". Por lo tanto, esta instrucción equivale a.

```
const nombre = p.nombre, apellido = p.apellido;
```

o también:

```
const nombre = p.nombre;
const apellido = p.apellido;
```

Como ya hemos visto para otras simplificaciones presentadas en ES6 (como las funciones flecha), el significado (la semántica) es el mismo que en la versión "tradicional", pero la sintaxis está simplificada.

El mismo discurso vale para los arrays. La siguente instrucción:

```
const [primerTitulo, segundoTitulo] = p.titulos;
```

significa "toma los dos primeros elementos del array `p.titulos` y asígnalos a las variables `primerTitulo` y `segundoTitulo`". Observa que, a la derecha del signo igual, hemos indicado un array (`titulos`).

La equivalencia semántica es la que ya hemos visto:

```
const primerTitulo = p.titulos[0];
const segundoTitulo = p.titulos[1];
```

Incluso solo con lo que hemos visto hasta ahora, sin duda alguna te habrás dado cuenta de la velocidad y la simplificación de la sintaxis que utiliza la asignación de desestructuración.

Pero no se acaba aquí. La desestructuración permite realizar otras operaciones sobre objetos y arrays. Estos son algunos ejemplos:

```
const {nombre:n1, apellido:n2} = p;
```

que podemos traducir en:

```
const n1 = p.nombre;
const n2 = p.apellido;
```

es decir, hemos creado variables con un nombre distinto al de la propiedad, como hemos hecho en los ejemplos anteriores.

La diferencia se encuentra en la sintaxis del `object-pattern`.

En este caso, tenemos dos pares:

```
propiedad : nombreVariable.
```

Observa que, cuando creamos los objetos, creamos pares:

```
nombrePropiedad : valorPropiedad
```

mientras que, con los `object-pattern`, la sintaxis es justamente lo contrario.

```
valorVariable : nombreVariable
```

donde `valorVariable` es el valor de la propiedad que se debe extraer del objeto.

Con esta inversión en la sintaxis, ECMA quiso destacar que la desestructuración es lo contrario a la creación de objetos.

```
const {length: cuantosNumeros} = persona.numerosTelefono;
```

crea una variable que contiene el número total de números de teléfono de la persona.

Aquí, `length` es la propiedad `length` de array `persona.numerosTelefono`. Es decir, hemos leído una propiedad del array, no sus elementos, para lo cual hemos utilizado llaves y no corchetes, como hemos hecho hasta ahora.

Continuamos con nuestros ejemplos e intentamos extraer dos propiedades del objeto `direccion`, que, a su vez, se encuentra dentro del objeto `persona`:

```
const {direccion: {calle, ciudad}} = persona;
```

Extraemos las propiedades `calle` y `ciudad` del objeto `direccion` que se encuentra dentro de `persona`.

Para ello, debemos utilizar un doble par de llaves.

La desestructuración puede utilizarse no solo para la definición de variables, sino también cuando pasamos argumentos a una función. La siguiente función:

```
const nominativo = ({nombre, apellido}) => {
        return `${apellido} ${nombre}`;
};
```

acepta cualquier objeto (entre los cuales nuestro `persona`) que posee las propiedades `apellido` y `nombre`:

```
console.log(nominativo(persona));
console.log(nominativo( { nombre:'Jose', apellido:'Martínez'}));
```

El objeto se utiliza directamente como argumento de la función flecha `nominativo`. Para los arrays, la desestructuración (`array-pattern`) es secuencial:

```
const [primerTitulo, segundoTitulo] = p.titulos;
```

La variable `primerTitulo` es el elemento de `p.titulos` con índice 0, después viene `segundoTitulo` (índice 1), etc. Sin embargo, la sintaxis nos permite saltar algunos elementos, en el caso en que no nos interese leerlos todos:

```
const [,segundo, , cuarto] = [5,10,15,20,25];
```

Utilizando adecuadamente las comas, indicamos qué elementos nos interesan y cuáles queremos omitir; en el ejemplo, saltamos el primero y el tercero y tomamos el segundo elemento (variable `segundo`, que tendrá un valor igual a 10) y el cuarto elemento (variable `cuarto` con un valor igual a 20) del array.

Parámetros rest

Ocurre un mecanismo similar a la desestructuración de los arrays con los **parámetros rest**, cuyo nombre no tiene ninguna relación con los homónimos servicios web, sino que indica los parámetros *"resto"*, *"restantes"*.

Como ya sabemos, en JavaScript las funciones pueden tener un número variable de parámetros, número que puede ser superior a cuanto se indica en la declaración de la función. Veamos un ejemplo con una función que, en su declaración, acepta un único parámetro:

```
const func1Param = function (a) {
        return arguments.length;
}
console.log(func1Param()); // 0
console.log(func1Param(1));  // 1
console.log(func1Param(1, 2));  // 2
console.log(func1Param(1, 2, 3));  // 3
```

Puedes encontrar este ejemplo en el archivo rest1.*html*

La función `func1Param` espera un único parámetro (`a`), pero puede ser llamada, sin errores, con o sin parámetros. En el cuerpo de la función, utilizamos el objeto `arguments` (creado automáticamente por JavaScript) a través del cual es posible obtener informaciones sobre los argumentos pasados a la función al ser llamada; en nuestro caso, la función `func1Param` devuelve el número de argumentos con el cual ha sido llamada. El parámetro `a` tiene valor `undefined` cuando la función es llamada sin parámetros; tiene el valor 1 en los otros casos del ejemplo.

NOTA

El objeto `arguments` no está definido en las funciones flecha, por lo que no habríamos podido utilizar la sintaxis de flecha para la función de nuestro ejemplo.

¿Y si deseáramos acceder al resto de los argumentos con respecto a los que se indican en la declaración? Aquí es donde entran en juego los parámetros rest. Supongamos que queremos crear una función que recibe como entrada un conjunto de variables de números y que devuelve un array que contiene estos números escalados (multiplicados) por un factor, también pasado como argumento a la función. Una posible solución es la siguiente:

```
const escala = function (escala, ...numeros) {
        return numeros.map(n => escala * n);
}
console.log(escala()); // []
console.log(escala(1.10));  // []
console.log(escala(1.15, 2));  // [2.3]
console.log(escala(1.15, 2, 3));  // [2.3, 3.4499999999999997]
```

Puedes encontrar este ejemplo en el archivo rest2.*html*

La función `escala` espera dos argumentos: `escala` y `numeros`. El segundo argumento es un parámetro rest, identificado por los tres puntos (...), conocidos como **operador spread** (https://developer.mozilla.org/es/docs/Web/JavaScript/Referencia/Operadores/Sintaxis_Spread), delante de su nombre. Los tres puntos indican a la función que debe tomar todos los argumentos restantes e insertarlos en un array, cuyo nombre es el parámetro de detrás de los tres puntos.

En el cuerpo de la función, `numeros` es, por tanto, un array que contiene todos los argumentos pasados a la función, excepto el primero, que siempre se asigna al parámetro `escala`.

La función `map` trabaja sobre un array y devuelve otro que contiene los resultados del proceso llevado a cabo por la función sobre los elementos del primer array; en nuestro ejemplo, el nuevo array contiene los números multiplicados por el número `escala`. Observa que, como hemos utilizado `map` y una función flecha, podemos expresar la operación que se debe llevar a cabo sobre los números con una única línea de código: ¡un óptimo ejemplo de síntesis!

Los más atentos habrán observado que, en el cuarto caso, cuando pasamos tres argumentos, la respuesta no es 2.3 y 3.45 sino 2.3 y 3.4499999999999997.

La diferencia respecto al segundo número se debe al hecho de que los números, en JavaScript, son números con formato en coma flotante de doble precisión (estándar IEEE 754, https://es.wikipedia.org/wiki/Formato_en_coma_flotante_de_doble_precisión), que permite expresar un intervalo de números muy amplio (desde los más pequeños, 0.000000...00001 hasta los más grandes 9 999 999...999) aunque a expensas de la precisión.

Debido a esta "imprecisión", los números de JavaScript no son fiables en aquellos entornos en que la precisión es esencial, por ejemplo, en el ámbito contable y financiero.

NOTA

Si necesitas una gran precisión, existen librerías adicionales que proporcionan los objetos necesarios.
Entre estas, podemos citar: Finance.*js* (http://financejs.org/) y Accounting.*js* (https://github.com/openexchangerates/accounting.js).

Operador spread

El operador **spread** (...) también puede utilizarse para la operación contraria a la que hemos visto para los parámetros rest.

En los parámetros rest, como ya hemos visto, varios argumentos se combinan en un array. En cambio, si aplicamos el operador **spread** a un array, obtenemos que los elementos del array se separan (*spread*), se extraen. Veamos un ejemplo de ello:

```
const mesesInvernales = ['Dic', 'Ene', 'Feb'];
const mesesEstivales = ['Jun', 'Jul', 'Ago'];
const mesesEstivalesInvernales = [ ...mesesInvernales, ...mesesEstivales];
console.log(`Todos los meses: ${mesesEstivalesInvernales}`);
```

Puedes encontrar este ejemplo en el archivo spread.*html*

Tenemos dos arrays, `mesesInvernales` y `mesesEstivales`, cada uno de los cuales contiene cadenas de texto. Con el operador spread construimos un tercer array, `mesesEstivalesInvernales`, que muestra el contenido de los dos primeros.

18

DOM

En capítulos anteriores, más de una vez, hemos tenido que modificar un documento HTML, es decir, gestionar el DOM (*Document Object Model*), pero nunca lo hemos tratado de forma sistemática. Ahora es el momento de hacerlo.

Temas tratados

- Acceder a los objetos de la página HTML
- Gestionar las clases CSS de los objetos
- Seleccionar los nodos hijo, padre y hermano de un nodo
- Crear y eliminar nodos
- Añadir eventos a nodos hijo mediante event delegation

En este capítulo, pondremos un poco de orden a las nociones ya aprendidas acerca del DOM, explicaremos conceptos que ya se han mostrado y presentaremos otros nuevos.

El modelo

Cuando una página se carga, el navegador crea el DOM de la página. JavaScript puede acceder al DOM y, a través de él, puede modificar la página. De hecho, puede modificar todos los elementos de las páginas y sus atributos, puede modificar todos los estilos CSS, eliminar o añadir elementos y atributos relacionados con la página y puede reaccionar a todos los eventos de la página.

La Figura 18.1 muestra un esquema (muy simplificado y no completo) del DOM. Cada objeto que puedes ver en el esquema se denomina ***nodo***

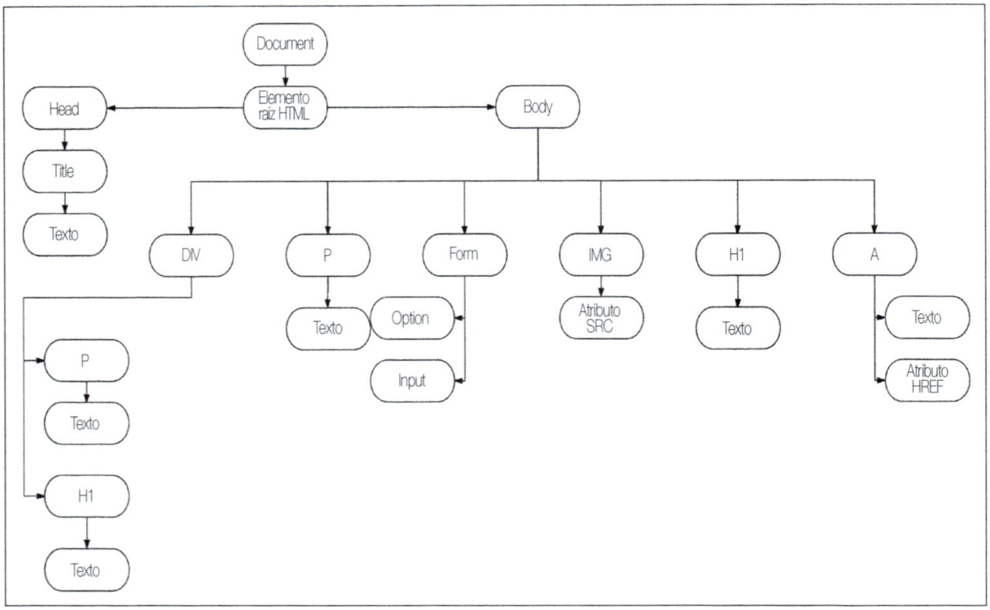

Figura 18.1 - El DOM.

Existen nodos de distintos tipos:

- Están los nodos de tipo **elemento** que identifican los elementos de la página y, en general, corresponden a una etiqueta HTML (`<body>`, `<div>`, `<p>`, `<a>`...).
- Están los nodos de tipo **atributo** que corresponden a un atributo de una etiqueta HTML, como `href` para las etiquetas `<a>` o `src` para las etiquetas `<img>`.
- Hay nodos de tipo **texto** que corresponden al contenido textual de un nodo.
- `Document`, que representa la página completa, es un nodo.
- Los comentarios en el código HTML también son nodos.

Cada nodo tiene una propiedad `nodeType` que devuelve un número que describe el tipo de nodo. La Tabla 18.1 resume los tipos de nodos.

Tabla 18.1 - Valores de la propiedad nodeType.

Tipo de nodo	Número del tipo
Elemento	1
Atributo	2
Texto	3
Comentario	8

Ya hemos visto que es posible acceder a los elementos del DOM leyendo su `id` o el atributo `class` mediante los métodos `getElementById` y `getElementByClassName`.

También hemos tenido la ocasión de decir que, debido a que en la página es posible tener un único elemento con un `id` determinado, `getElementById` devuelve un objeto en concreto, mientras que, como una clase puede ser aplicada a más de un elemento, `getElementByClassName` devuelve un objeto de tipo `HTMLCollection` que, a su vez, contiene todos los elementos de la clase. En ocasiones, es posible acceder a cada elemento por separado mediante un bucle `for` con índice (no es posible utilizar `forEach` sobre un objeto `HTMLCollection`).

El método `getElementByTabName` se comporta de forma idéntica a `getElementByClassName`, que crea una colección de objetos de una etiqueta específica.

Este es un ejemplo sencillo en el cual modificamos el contenido de todos los elementos `<LI>` de una página:

```
<ul>
        <li>Uno</li>
        <li>Dos</li>
        <li>Tres</li>
    </ul>
    <form id='miFormulario'>
        <button type="button" onclick='traduceNumeros(español)'>español</button>
        <button type="button" onclick='traduceNumeros(ingles)'>inglés</button>
        <button type="button" onclick='traduceNumeros(italiano)'>italiano</button>
    </form>
    <script type="text/Javascript">
        const español = ['uno', 'dos', 'tres'];
        const ingles = ['one', 'two', 'three'];
        const italiano = ['uno', 'due', 'tre'];
        function traduceNumeros(idioma) {
            let elementosLI = document.getElementsByTagName("LI");
            for (let i = 0; i < elementosLI.length; i++) {
                elementosLI[i].innerHTML = idioma[i];
            }
        }
  </script>
```

Puedes encontrar este ejemplo en el archivo dom.*html*

Este código debería ser bastante intuitivo de entender. Cuando llamamos a la función `traduceNumeros`, le pasamos el nombre del array que contiene los valores que se deben utilizar para los textos de los elementos `LI`.

En la función, almacenamos en la variable `elementosLI` todos los objetos `LI` de la página.

Con un bucle `for`, escaneamos todos los elementos. Utilizamos el valor de la variable índice `i` tanto para acceder al elemento `LI` determinado que hay que modificar como para tratarlo como índice del array que contiene los nombres de los números en el idioma seleccionado.

Además de los `HTMLCollection` devueltos por los métodos `getElementByClassName` y `getElementBy-TagName`, existen objetos `HTMLCollection` que contienen elementos específicos de la página:

- `document.anchors` contiene todos los elementos `<a>` del documento que tienen el atributo `name`.
- `document.applets` contiene todos los elementos `<applet>` de un documento.
- `document.forms` contiene todos los elementos `<form>` de un documento.
- `document.images` contiene todos los elementos `<img>` de un documento.
- `document.links` contiene todos los elementos `<a>` y `<area>` de un documento que disponen de un atributo `href`.
- `document.scripts` contiene todos los elementos `<script>` de un documento.

Vamos a utilizar `document.images` para aplicar o eliminar, si ya lo tiene, un borde a todas las imágenes de una página.

```
        <img src="Carita0.png" />
        <img src="Carita1.png" />
        <img src="Carita2.png" />
        <img src="Carita3.png" />
        <img src="Carita4.png" />
        <img src="Carita5.png" />
        <img src="Carita6.png" />
    <form id='miFormulario'>
        <button type="button" onclick='aplicaEliminaBorde()' id="borde">Aplica</
button>
    </form>
    <script type="text/Javascript">
       let hayBorde = false;
       function aplicaEliminaBorde() {
           let imagenes = document.images;
           if (!hayBorde) {
               document.getElementById('borde').innerHTML = 'Elimina';
               for (let i = 0; i < imagenes.length; i++) {
                   imagenes[i].style.border = 'solid';
               }
               hayBorde = true;
           }
           else {
               document.getElementById('borde').innerHTML = 'Metti';
               for (let i = 0; i < imagenes.length; i++) {
                   imagenes[i].style.border = 'none';
               }
               hayBorde = false;
           }
       }
  </script>
```

Puedes encontrar este ejemplo en el archivo dom1.*html*

La función `aplicaEliminaBorde` modifica la propiedad `border` del objeto `style` para todos los objetos imagen de la página almacenados en la variable `imagenes`.

Para "complicar" un poco las cosas, la propiedad `border` asume el valor `'solid'` si la imagen tiene borde y `'none'`, si no lo tiene.

Para saber si dicho borde existe o no, utilizamos la variable booleana `bordePresente` que, inicialmente, tiene `false` como valor y asume el valor `true` cuando se especifica para el borde el valor `'solid'` y devuelve `false` cuando el borde es `'none'`.

Una instrucción `if` verifica el valor de `bordePresente` y lo procesa en consecuencia.

NOTA

Recordemos que el operador ! niega lo que le digan, por tanto `!bordePresente` corresponde a `bordePresente == false`.

Hasta ahora hemos trabajado con los elementos de la página, pero no nos hemos ocupado de trabajar sobre el cuerpo de la página `<body>`.

A continuación, proponemos dos ejemplos en los cuales modificaremos las clases CSS asociadas a `<body>`. Esto nos permitirá modificar el aspecto de la página en su conjunto.

Empezamos con un ejemplo sencillo en el cual, mediante un botón, podremos cambiar de la configuración inicial con el fondo blanco y el texto negro a una con el fondo negro y el texto blanco, y vicerversa.

```
<style>
    .inverso {
        background-color: black;
        color: white;
    }
</style>
<p>… </p>
<p>… </p>
<p>… </p>
<p>… </p>
<form id='miFormulario'>
    <button type="button" onclick='invierte()' id="toggle">fondo oscuro</button>
</form>
<script type="text/Javascript">
    let fondoOscuro = false;
    function invierte() {
        let textoBoton = fondoOscuro ? 'fondo oscuro' : 'fondo claro';
        document.getElementById('toggle').innerHTML = textoBoton;
        document.body.classList.toggle('inverso');
        fondoOscuro = !fondoOscuro;
    }
</script>
```

Puedes encontrar este ejemplo en el archivo dom2.*html*

Observa que, para acceder a `<body>`, podemos utilizar el objeto JavaScript `body` que, a su vez, está dentro del objeto JavaScript `document`.

`body`, como los otros objetos HTML recuperados con las técnicas vistas anteriormente, contiene la propiedad `classList` que cuenta con todas las clases aplicadas al elemento.

`classList` es una propiedad de solo lectura, pero es posible modificar las clases aplicadas a un elemento mediante los métodos `add()`, `remove()` y `toggle()`.

En concreto, en nuestro ejemplo, hemos utilizado el método `toggle()` que aplica o elimina la clase que se le pasa como argumento: si la clase está aplicada, la elimina, y viceversa.

En nuestro caso, la clase a aplicar o eliminar es `inverso`, que prevé el fondo negro y el texto blanco (es decir, al contrario de las configuraciones predeterminadas).

Al pulsar sobre el botón, para "recordar" si la clase se aplica o no, utilizamos la variable `fondoOscuro`. En cada aplicación o eliminación de la clase, invertimos su valor:

```
fondoOscuro = !fondoOscuro
```

Según el valor de esta variable, decidimos el texto que se debe mostrar sobre el botón que gestiona el aspecto de la página.

Para ello, utilizando el operador ternario, configuramos el valor de la variable `textoBoton` que utilizamos después como valor para la propiedad `innerHTML` del botón.

```
let textoBoton = fondoOscuro ? 'fondo oscuro' : 'fondo claro';
document.getElementById('toggle').innerHTML = textoBoton;
```

Seguimos con un ejemplo un poco más complejo.

Esta vez no queremos aplicar o eliminar una única clase, sino que tendremos tres botones distintos que aplican diferentes clases y eliminan otras, para poder modificar el tamaño de fuente de la página.

Las tres clases en cuestión se denominan `pequeño`, `medio` y `grande`. En un momento dado, se puede aplicar una de las tres clases.

```
<body class='medio general'>
    <style>
        .general {
            font-family: "verdana";
        }
        .grande {
            font-size: 20pt;
        }
        .medio {
            font-size: 16pt;
        }
```

```
        .pequeño {
            font-size: 12pt;
        }
    </style>
    <p>… </p>
    <p>… </p>
    <p>… </p>
    <p>… </p>
<form id='miFormulario'>
        <button type="button" onclick="aplicaClase('pequeño')">Pequeño</button>
        <button type="button" onclick="aplicaClase('medio')">Medio</button>
        <button type="button" onclick="aplicaClase('grande')">Grande</button>

    </form>
    <script type="text/Javascript">
        function aplicaClase(clase) {
            document.body.classList.remove('pequeño', 'medio', 'grande');
            document.body.classList.add(clase);
        }
    </script>
</body>
```

Puedes encontrar este ejemplo en el archivo dom3.*html*

En la función `aplicaClase`, en primer lugar, eliminamos de `body` las tres clases, `pequeño`, `medio` y `grande` (pero no `general`, que permanecerá durante toda la ejecución del código) mediante el método `remove()`. Después, usando `add()`, aplicamos la clase pasada a la función cuando esta se llama.

Traversing

Con la expresión *traversing* entendemos la posibilidad de moverse (cruzar) por los distintos elementos del DOM para identificar nodos específicos.

La API del DOM dispone de distintas propiedades que nos permiten movernos hacia arriba, hacia abajo, lateralmente... entre los elementos de un documento.

Las propiedades en cuestión son:

- `nodo.childNodes`: con esta propiedad es posible acceder a los nodos hijo de un nodo. La propiedad devuelve un objeto `NodeList` donde se pueden ejecutar bucles. El objeto devuelto contiene nodos de todos los tipos (texto, atributo, otros elementos...).
- `nodo.firstChild`: devuelve el primer nodo subyacente a otro nodo. Puedes imaginar esta propiedad como una especie de "atajo" para el primer elemento del array devuelto por `childNodes`. Por tanto, `nodo.firstChild = nodo.childNodes[0]`.
- `nodo.lastChild`: devuelve el último nodo subyacente a otro nodo. Puedes imaginar esta propiedad como una especie de "atajo" para el último elemento devuelto

por `childNodes`. Por tanto, `nodo.lastChild = nodo.childNodes[nodo.childNodes.length-1]`.

- `nodo.parentNode`: esta propiedad devuelve el nodo padre de un nodo. Para subir hasta otros antepasados de un nodo, bastará con repetir varias veces esta propiedad. Por ejemplo, `nodo.parentNode.parentNode` devuelve el nodo "abuelo" de un nodo.
- `nodo.nextSibling`: esta propiedad devuelve el nodo "hermano" (es decir, del mismo nivel) siguiente al nodo del cual se parte.
- `nodo.previousSibling`: esta propiedad devuelve el nodo "hermano" (es decir, del mismo nivel) anterior al nodo del cual se parte.
- `nodo.children`: esta propiedad es propia de los nodos elementos y contiene todos los nodos elemento hijo de un nodo.
- `nodo.firstElementChild`: esta propiedad es propia de los nodos elemento y contiene el primer nodo elemento hijo de un nodo.
- `nodo.latElementChild`: esta propiedad es propia de los nodos elemento y contiene el último nodo elemento hijo de un nodo.

Veamos un ejemplo de ello. Empezamos con `childNodes`.

```
    <div id="miDiv">
    <p>uno</p>
    <p>dos</p>
</div>
    <form id='miFormulario'>
        <button type="button" onclick="analiza()">Analiza nodos</button>
</form>
    <script type="text/Javascript">
        function analiza() {
            let hijos = document.getElementById('miDiv').childNodes;
            console.log(`número hijos: ${hijos.length}`);
           for (let i = 0; i < hijos.length; i++){
            console.log(hijos[i]);
            }
        }
    </script>
```

Puedes encontrar este ejemplo en el archivo dom4.*html*

Si ejecutas este código, observarás que para la instrucción:

```
console.log(`número hijos: ${hijos.length}`);
```

en la consola se lee que los elementos hijos son cinco, aunque nuestro `<div>` contenga solo dos etiquetas `<p>`.

Pero recuerda que también el texto es un nodo y que, por tanto, se devuelven como nodos también los caracteres de retorno de carro y los espacios dentro de una etiqueta (Figura 18.2).

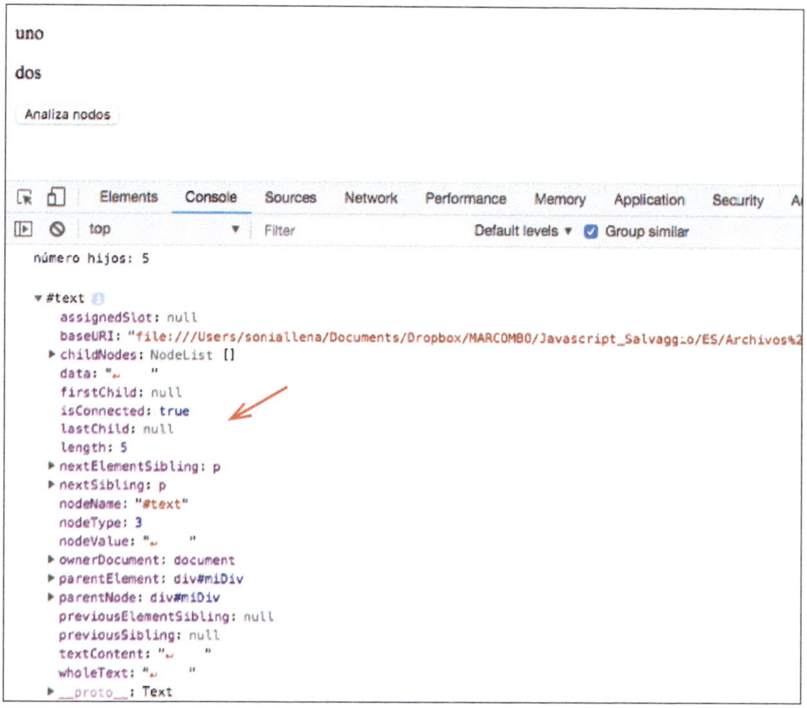

Figura 18.2 - Chrome muestra que el primer nodo contiene un carácter de retorno de carro y espacios.

> **NOTA**
>
> El texto dentro de las etiquetas `<p>` NO es hijo del `<div>`, sino de `<p>`.

Continuemos con el ejemplo anterior, supongamos que queremos aplicar un fondo amarillo a los nodos párrafo.

La función analizada se debe corregir del modo siguiente:

```
function analiza() {
            let hijos = document.getElementById('miDiv').childNodes;
            for (let i = 0; i < hijos.length; i++){
            if (hijos[i].nodeType == 1) {
              console.log(hijos[i].nodeType);
              hijos[i].style.backgroundColor = "yellow";
            }
```

```
            }
        }
```

Puedes encontrar este ejemplo en el archivo dom5.*html*

Como no es posible aplicar un fondo a los nodos de tipo texto, para evitar errores, antes de aplicar el fondo, debemos comprobar el tipo de nodo.

Esto no sería necesario si seleccionáramos solo los nodos de tipo elemento mediante la propiedad `children` que, como recordarás, contiene solo nodos de tipo elemento.

```
function analiza() {
           let hijos = document.getElementById('miDiv').children;
           for (let i = 0; i < hijos.length; i++){
              hijos[i].style.backgroundColor = "yellow";
            }
}
```

Puedes encontrar este ejemplo en el archivo dom6.*html*

Antes de pasar a la creación y eliminación de nodos, veamos otro ejemplo, en el cual trabajamos sobre el nodo padre:

```
<style>
        div {
          box-sizing: border-box;
          padding: 16px;
          width: 100%;
          border-style: solid;
        }
        #cerrar {
          float: right;
          font-size: 20px;
          font-weight: bold;
          border-style: solid;
          width: 25px;
          height: 25px;
          cursor: pointer;
          text-align: center;
        }
        </style>
       <div>
          <span  id="cerrar">&times;</span>
          <p>Lorem ipsum dolor sit amet, latine intellegat cu est, sed nisl
          qualisque at. Ut pro sale euismod delectus. Ea sit quaestio
                instructior, per te purto commodo. Est tale epicuri voluptaria an,
                sea et exerci legimus. Ne vel prima nonumes deterruisset.
                Errem dignissim no pro..</p>
        </div>
        <script>
            document.getElementById('cerrar').addEventListener('click', cerrar)
            function cerrar() {
                this.parentNode.style.display = 'none';
```

```
    }
</script>
</body>
```

Puedes encontrar este ejemplo en el archivo dom7.*html*

Si haces clic sobre el elemento `<span id="cerrar">` se llamará la función `cerrar`, que configura en `none` la propiedad `display` del objeto padre de aquel sobre el cual se ha pulsado (`this`).

> **NOTA** Observa que, para que `this` tuviera como valor el objeto `<span>`, deberíamos haber creado un gestor de eventos para el evento click. Como vimos en el capítulo sobre `this`, el evento gestionado en línea (`onClick`) no define `this` sobre el objeto que ha desencadenado el evento.

Crear nodos

Hasta ahora, nos hemos limitado a modificar elementos que ya existían en la página HTML pero, a través de la API DOM, también podemos crear o eliminar elementos y/o atributos.

Veamos cómo con un ejemplo:

```
<div id="miDiv">
    <p id="p1">Primer parrafo</p>
    <p id="p2">Segundo parrafo</p>

</div>
<form id='miFormulario'>
    <button type="button" onclick="crea()">Crea nuevo párrafo</button>
</form>
<script>
    function crea() {
        let parrafo = document.createElement("p");
        let nodoTexto = document.createTextNode("Nuevo párrafo");
        parrafo.appendChild(nodoTexto);
        document.getElementById("miDiv").appendChild(parrafo);
    }
</script>
```

Puedes encontrar este ejemplo en el archivo dom8.*html*

El documento contiene un `<div>` que, a su vez, contiene dos párrafos.

Al pulsar sobre el botón, queremos crear un tercero que contenga texto.

Como primer paso, creamos un elemento de tipo párrafo:

```
let parrafo = document.createElement("p");
```

y después creamos un nodo de texto:

```
let nodoTexto = document.createTextNode("Nuevo párrafo");
```

Observa que `createTextNode`, como `createElement`, es un método de `document`, no del elemento HTML al cual queremos añadir el nodo.

Una vez creados los nodos, ya podemos añadirlos a su elemento padre de la página:

```
parrafo.appendChild(nodoTexto);
document.getElementById("miDiv").appendChild(parrafo);
```

Para añadir un nodo a su nodo padre utilizamos `appendChild()`.

Si quisiéramos crear también un atributo `id` para el párrafo adicional, deberíamos corregir la función `crea` de este modo:

```
function crea() {
        let parrafo = document.createElement('p');
        let nodoTexto = document.createTextNode('Nuevo párrafo');
        parrafo.appendChild(nodoTexto);
        let atributo = document.createAttribute('id');
        let valAtributo = atributo.value = 'p3';
        parrafo.setAttributeNode(atributo);

        document.getElementById("miDiv").appendChild(parrafo);
    }
```

Puedes encontrar este ejemplo en el archivo dom9.*html*

Con el método `createAttribute` (también en este caso es un método de `document`) creamos el atributo `id`, al cual después asignaremos el valor `'p3'`.

Para terminar, con el método `setAttributeNode` añadimos el atributo al objeto `parrafo` (Figura 18.3).

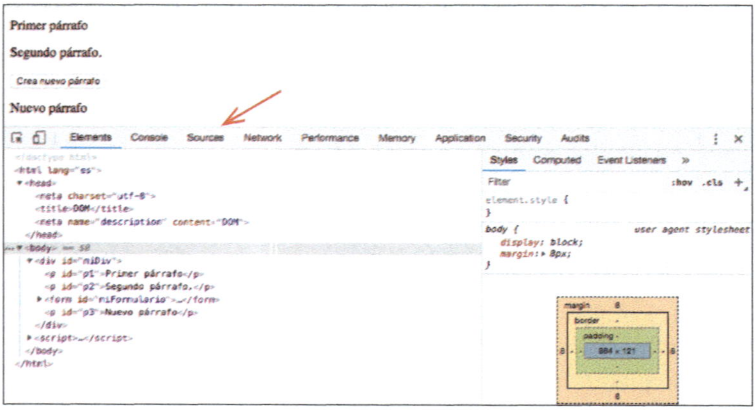

Figura 18.3 - El nuevo párrafo cuenta con un atributo id.

Habrás observado que el nuevo elemento se añade al final de los nodos del emento padre en el cual se ha insertado.

Si prefieres una ubicación distinta, puedes recurrir a los métodos `insertAfter()` e `insertBefore()`, que permiten establecer la posición de inserción.

En el ejemplo siguiente, el nuevo párrafo se añade antes de los que ya existen:

```
function crea() {
    let parrafo = document.createElement('p');
    let nodoTexto = document.createTextNode('Nuevo párrafo');
    parrafo.appendChild(nodoTexto);
    let atributo = document.createAttribute('id');
    let valAtributo = atributo.value = 'p3';
    parrafo.setAttributeNode(atributo);
    let divPadre = document.getElementById('miDiv')
    divPadre.insertBefore(parrafo, divPadre.firstChild)
}
```

Puedes encontrar este ejemplo en el archivo dom10.*html*

`insertAfter()` e `insertBefore()` requieren dos argumentos: el elemento que se debe añadir y el elemento después o antes del cual se debe realizar la inserción.

Además de crear elementos, JavaScript es capaz de eliminarlos. En el código siguiente mostraremos cómo eliminar el elemento sobre el cual se ha hecho clic:

```
<h1>haz clic sobre una imagen para eliminarla</H1>
    <p id='recuento'></p>
    <img src="Carita0.png" />
    <img src="Carita1.png" />
    <img src="Carita2.png" />
    <img src="Carita3.png" />
    <img src="Carita4.png" />
    <img src="Carita5.png" />
    <img src="Carita6.png" />
    <script type="text/Javascript">
        let pRecuento = document.getElementById('recuento');
        let imagenes = document.images;
        pRecuento.innerHTML = `En la página hay ${imagenes.length} imágenes`;
        for (let i = 0; i < imagenes.length; i++) {
            imagenes[i].addEventListener('click', function () {
                this.remove();
                pRecuento.innerHTML = `En la página hay ${imagenes.length}
                imágenes`;
            })
        }
    </script>
```

Puedes encontrar este ejemplo en el archivo dom11.*html*

Con el método `remove()` eliminamos realmente el elemento, no nos limitamos a esconderlo como hemos hecho en un ejemplo anterior.

El hecho de que el elemento sea eliminado del todo se hace evidente con el recuento de los elementos de `document.images` (almacenado en la variable `imagenes`) que aparece en el párrafo `recuento`.

Cada clic significa una imagen menos.

Además de eliminar un nodo determinado, es posible eliminar un nodo hijo.

En el ejemplo siguiente, eliminaremos el último nodo (elemento) de una lista:

```
<ul id='platos'>
        <li>Pizza</li>
        <li>Lasaña</li>
        <li>Arroz</li>
        <li>Pasta</li>
        <li>Sopa</li>
    </ul>
    <form id='miFormulario'>
        <button type="button" onclick="eliminaUltima()">Elimina la última opcion</
button>
    </form>
    <script type="text/Javascript">
    'use strict'
        function eliminaUltima(){
           let lista = document.getElementById('platos');
           lista.removeChild(lista.lastElementChild);
        }
    </script>
```

Puedes encontrar este ejemplo en el archivo dom12.*html*

`removeChild` requiere como parámetro el elemento que hay que eliminar.

`removeChild` también se puede utilizar para eliminar un nodo de texto, no solo un nodo elemento:

```
    <h1 id='título' style="background-color:yellow">texto</h1>
    <form id='miForm'>
        <button type="button" onclick="quitarTitulo()">Quitar título</button>
    </form>
    <script type="text/Javascript">
    'use strict'
        function quitarTitulo(){
            let titulo = document.getElementById('título');
            titulo.removeChild(titulo.lastChild);
        }
    </script>
```

Puedes encontrar este ejemplo en el archivo dom13.*html*

El elemento `<H1>` contiene solo un nodo hijo y es el nodo que contiene el texto.

Al eliminar el nodo texto, el título ya no se muestra en la página, pero permanece en el código (Figura 18.4).

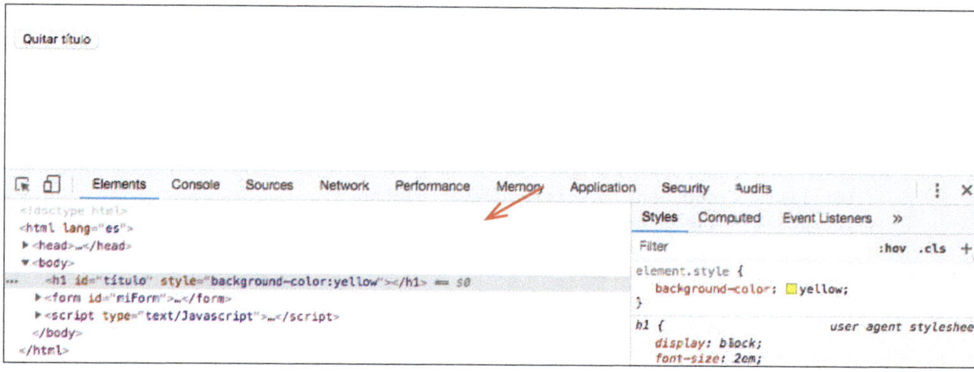

Figura 18.4 - El título sin texto.

Además de eliminar los nodos elemento y texto, también se pueden eliminar atributos con el método `removeAttributes()`.

En el ejemplo siguiente, eliminaremos de un vínculo el atributo target.

```
<a id="sos-office" href="http://www.sos-office.it/" target="_blank">SOS-Office</a>
<form id='miFormulario'>
    <button type="button" onclick="eliminaTarget()">Eliminar título</button>
</form>
<script type="text/Javascript">
'use strict'
    function eliminaTarget(){
       let link = document.getElementById('sos-office')
       link.removeAttribute('target');
    }
</script>
```

Puedes encontrar este ejemplo en el archivo dom14.*html*

Si pruebas el vínculo después de hacer clic sobre el botón, este se abrirá en la misma pestaña del navegador y no en una nueva, como ocurría antes.

Para terminar, recuerda que los nodos pueden ser clonados gracias al método `cloneNode()`.

`cloneNode()` requiere un parámetro booleano (`true` o `false`) que indica si el nodo clon debe contener también todos los atributos y los nodos hijos del nodo original. En el ejemplo siguiente, clonaremos la primera opción de una lista.

```
<ul id='platos'>
     <li>Pizza</li>
     <li>Lasaña</li>
     <li>Arroz</li>
```

```
        <li>Pasta</li>
        <li>Sopa</li>
    </ul>
    <form id='miFormulario'>
        <button type="button" onclick="duplicaPrimero()">CLona la primera opción</
button>
    </form>
    <script type="text/Javascript">
    'use strict'
        function duplicaPrimero(){
            let lista = document.getElementById('platos');
            let pizza = lista.firstElementChild;
            let pizza2 = pizza.cloneNode(true);
            lista.appendChild(pizza2);
        }
    </script>
```

Puedes encontrar este ejemplo en el archivo dom15.*html*

Observa que el nodo se ha clonado, pero no insertado automáticamente en el elemento padre del elemento original. Es preciso hacerlo de forma explícita con `appendChild()`.

Event delegation

En capítulos anteriores ya hemos hablado de la gestión de eventos tanto en línea como mediante un listener. Sin embargo, todavía no hemos hablado de **event delegation**.

Se trata de un sistema mediante el cual en lugar de añadir los gestores de eventos a un conjunto de nodos hijo, se añade a un único nodo padre. Esto hace que la escritura del código sea más rápida y que, sobre todo, si se añaden y eliminan nodos hijo durante la ejecución del código, no sea necesario preocuparse también por la definición de los gestores de eventos.

Cuando el evento va (*bubbles*) de los nodos hijo al nodo padre, basta con controlar el nombre del elemento sobre el cual se ha verificado el evento y, si se da el caso, actuar en consecuencia.

Para explicarlo mejor, mostramos un ejemplo: al pulsar sobre cualquiera de los elementos `<LI>` hijos de un elemento `<UL>`, se cargará una imagen cuyo nombre es el valor del mismo elemento `<LI>`.

```
<style>
        li {
            cursor: pointer;
        }
    </style>
    <ul id='platos'>
        <li value="pizza.png">Pizza</li>
        <li value="hamburguesa.png">Hamburguesa</li>
        <li value="pasta.png">Pasta</li>
```

```
        <li value="sopa.png">Sopa</li>
    </ul>
    <img src="" id="imagen" />
    <script type="text/Javascript">
    'use strict'
        document.getElementById("platos").addEventListener("click", function(e) {
        if(e.target && e.target.nodeName == "LI") {
          document.getElementById('imagen').setAttribute('src',
          e.target.getAttribute('value'));
            }
    });
    </script>
```

Puedes encontrar este ejemplo en el archivo dom16.*html*

Observa que el evento se ha añadido al elemento padre `<UL>`. En la función que se ejecuta cuando el evento se verifica, se controla si existe un target de dicho evento (`e.target`) y si el nombre del nodo del target es `LI`.

```
if(e.target && e.target.nodeName == "LI")
```

Esto significa que el evento se ha verificado y lo ha hecho sobre un nodo cuyo nombre es `LI`, por lo que se puede proceder a ejecutar el código incluido en la instrucción `if`.

```
document.getElementById('imagen').setAttribute('src',
e.target.getAttribute('value'));
```

Utilizamos el método `setAttribute()` del objeto con `id='imagen'` (es una etiqueta de tipo `<IMG>`) para configurar el valor de su atributo `src`.

Extraemos el valor que hay que asignar a este atributo leyendo con `getAttribute()` el valor del atributo `value` del evento sobre el cual se ha generado el evento (`e.target`).

NOTA

Los iconos utilizados en este ejercicio han sido diseñados por Freepik y descargados desde el sitio www.flaticon.com.

19

BOM

Aunque no existe un estándar oficial para el modelo a objetos del navegador, los navegadores más utilizados se comportan de manera muy parecida. Veamos las principales posibilidades.

Temas tratados

- Leer las dimensiones del visor del navegador
- Abrir y cerrar ventanas del navegador
- Leer las dimensiones de la pantalla
- Utilizar las ventanas `prompt` y `confirm`
- Temporizar la ejecución del código
- Utilizar cookies

Por analogía con el acrónimo DOM (*Document Object Model*), ha sido acuñado el acrónimo BOM (*Browser Object Model*) para hacer referencia a los objetos y las funcionalidades que permiten manipular los elementos de la ventana y sus funcionalidades.

Aunque no lo hemos explicado de forma explícita, hemos utilizado muchísimas veces el objeto principal del BOM, es decir, el elemento `window`, que representa la ventana del navegador y del cual `document`, miembro del DOM, es una propiedad.

El objeto `window` dispone de propiedades que nos permiten conocer las dimensiones en píxeles de la ventana del navegador. Las dimensiones devueltas no incluyen las barras de herramientas ni las de desplazamiento, sino solo el área disponible para la visualización de la página (`viewport`).

Se trata de `window.innerHeight` y `window.innerWidth`.

Este sería un ejemplo de ello:

```
alert(`Tu navegador tiene una altura de ${window.innerHeight} píxeles y una anchura
de ${window.innerWidth} píxeles`);
```

Puedes encontrar este ejemplo en el archivo ventana.*html*

> **NOTA**
>
> Las versiones de Internet Explorer, hasta la version 8 (incluida), no soportan estas dos propiedades, pero se pueden leer estos valores del modo siguiente:
>
> ```
> document.documentElement.clientHeight
> document.documentElement.clientWidth
> ```
>
> o bien:
>
> ```
> document.body.clientHeight
> document.body.clientWidth
> ```

El objeto `window` dispone también de métodos que permiten abrir, cerrar, mover y redimensionar la ventana del navegador.

Por ejemplo, el método `open()` permite abrir una nueva ventana de la cual se puede especificar el URL, un nombre, el tamaño y la posición:

```
<p>Para mas informacion, haz clic
    <a onclick="abre()" href="">aqui</a>
</p>
<script>

    function abre() {
        let ventanaPopup = open('info.html', 'info', 'width=300,height=300,
        left=100,top=100');
    };
</script>
```

Puedes encontrar este ejemplo en el archivo ventana2.*html*

Hemos almacenado la ventana abierta en una variable para poderla referenciar en el caso en que después queramos cerrarla mediante el código.

En el ejemplo siguiente, además del cierre de la ventana, hemos añadido también la gestión de la visibilidad o no del botón que cierra la ventana, según si esta está abierta o no.

```
<style>
    #CerrarVentana {
```

```
            visibility: hidden;
        }
    </style>
    <p>Para mas información, haz clic
        <span onclick="abre()" style="cursor:pointer">aqui</span></p>
    <button type="button" onClick="cerrar()" id="cerrarVentana">cerrar info
    </button>
    <script>

        function abre() {
            document.getElementById('cerrarVentana').style visibility = 'visible';
            let ventanaPopup = open('info.html', 'info', 'width=300,height=300,
            left=100,top=100');
        };
        function ocultaBoton() {
            document.getElementById('cerrarVentana').style.visibility = 'hidden';
        }
        function cerrar() {
            document.getElementById('cerrarVentana').style.visibility = 'hidden';
window.close(ventanaPopup);
        }
    </script>
```

Puedes encontrar este ejemplo en el archivo ventana3.*html*

En realidad, también habríamos podido cerrar la ventana pasando al método `close()` el nombre (`info`) asignado a la ventana en fase de apertura.

Pantalla

Al inicio de este capítulo, hemos visto que con la propiedad `window.innerHeight` e `window.innerWidth` podemos leer las propiedades del visor del navegador.

Mediante el objeto `window.screen`, también podemos conocer las dimensiones reales de la pantalla del dispositivo del usuario (Figura 19.1).

- `screen.height`: devuelve la altura en píxeles de la pantalla del dispositivo.
- `screen.width`: devuelve la anchura en píxeles de la pantalla del dispositivo.
- `screen.availHeight`: devuelve la altura utilizable en píxeles de la pantalla del dispositivo (sin elementos de interfaz, como la barra de ap icaciones).
- `screen.availWidth`: devuelve la anchura utilizable en píxeles de la pantalla del dispositivo (sin elementos de interfaz, como la barra de aplicaciones).
- `screen.colorDepth`: devuelve en bits la profundidad de color de la pantalla. Actualmente, las posibilidades son:
  - 24 bit = 16.777.216 colores "True Colors"
  - 32 bit = 4.294.967.296 colores "Deep Colors".

Este sería un ejemplo de ello:

```
<div id='info'></div>
<script>
    let info = `<strong>anchura pantalla:</strong> ${screen.width} </br>
    <strong>altura pantalla:</strong> ${screen.height} </br>
    <strong>anchura útil pantalla:</strong> ${screen.availWidth} </br>
    <strong>altura útil pantalla:</strong> ${screen.availHeight} </br>
    <strong>profundidad de color:</strong> ${screen.colorDepth} </br>`;

    document.getElementById('info').innerHTML = info;
</script>
```

Puedes encontrar este ejemplo en el archivo pantalla.*html*

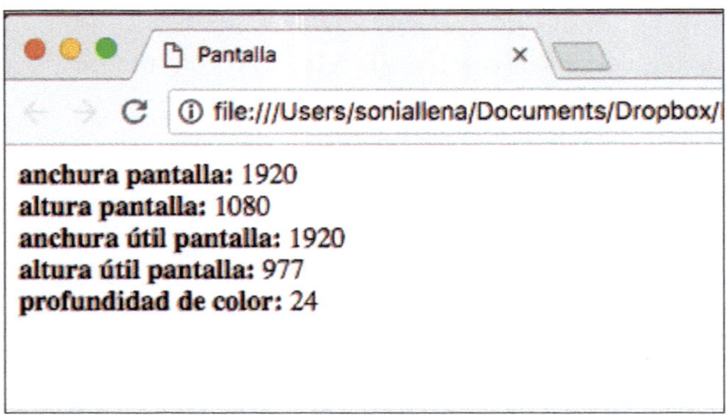

Figura 19.1 - Dimensiones de la pantalla.

Location

Este objeto proporciona información sobre la dirección de la página mostrada, como:

- `window.location.href`: devuelve el URL de la página actual.
- `window.location.hostname`: devuelve el nombre del dominio del host.
- `window.location.pathname`: devuelve el nombre y la ruta de la página actual.
- `window.location.protocol`: devuelve el protocolo web en uso, http: o https:.

Historial de navegación

El objeto `window.history` dispone de los métodos `back()` y `forward()` que permiten ir respectivamente adelante y atrás por las páginas que se acaban de visitar con el navegador.

```
<button onclick="history.back()">atrás</button>
<button onclick="history.forward()">adelante</button>
```

Puedes encontrar este ejemplo en el archivo historial.*html*

Navigator

El objeto `navigator`, que ya hemos tenido la ocasión de utilizar en el capítulo sobre los arrays asociativos, contiene información acerca del navegador. Sin embargo, lamentablemente la información que se obtiene no siempre es fiable. Veamos por qué:

- `navigator.appName`: debería sustituir el nombre del navegador, pero curiosamente en Edge, IE11, Chrome, Firefox y Safari el nombre devuelto es "Netscape".
- `navigator.appCodeName`: debería sustituir el nombre codificado del navegador, pero, en cambio, curiosamente, en Chrome, Firefox, IE, Edge, Safari y Opera el nombre devuelto es "Mozilla".
- `navigator.platform`: devuelve información sobre el sistema operativo sobre el cual trabaja el navegador.
- `navigator.product`: debería devolver el buscador del navegador, pero casi todos los navegadores devuelven Gecko.
- `navigator.appVersion`: devuelve la versión del navegador.
- `navigator.language`: devuelve el idioma del navegador.
- `navigator.userAgent`: devuelve la sección user-Agent enviada por el navegador al servidor.

La Figura 19.2 devuelve los resultados de estas propiedades en Chrome. Como puedes ver, las "rarezas" no son pocas (ten en cuenta que esta imagen ha sido creada sobre un sistema operativo OS X...).

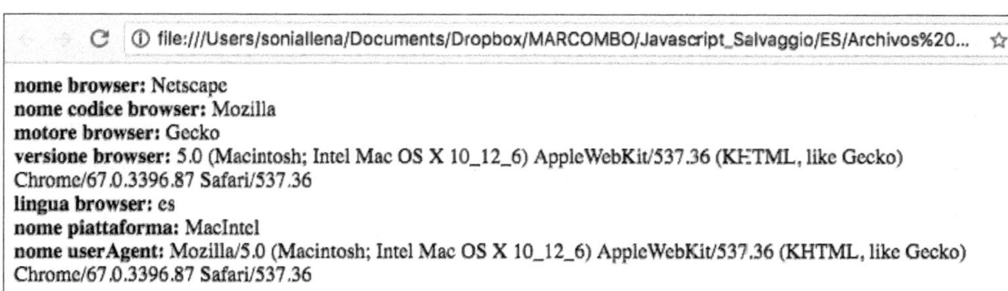

Figura 19.2 - La información obtenida mediante el objeto navigator.

Para crear la página que ves en la Figura 19.2 hemos utilizado el código siguiente:

```
<div id='info'></div>
<script>
    let info = `<strong>nombre browser:</strong> ${navigator.appName} </br>
    <strong>nombre codigo browser:</strong> ${navigator.appCodeName} </br>
```

```
    <strong>motor browser:</strong> ${navigator.product} </br>
    <strong>version browser:</strong> ${navigator.appVersion} </br>
    <strong> idioma browser: </strong>${navigator.language} </br>
    <strong> nombre plataforma:</strong> ${navigator.platform} </br>
    <strong> nombre userAgent:</strong> ${navigator.userAgent}`;

    document.getElementById('info').innerHTML = info;
</script>
```

Puedes encontrar este ejemplo en el archivo navigator.*html*

Resultan más útiles y comprensibles las informaciones acerca del estado del navegador. Las propiedades y los métodos siguientes devuelven valores booleanos:

- `navigator.onLine`: la propiedad es verdadera/`true` si el navegador está online.
- `navigator.javaEnabled()`: el método devuelve verdadero/`true` si en el navegador se encuentra habilitado Java.
- `navigator.cookieEnabled`: la propiedad es verdadera/`true` si en el navegador se encuentran las cookies habilitadas.

Regresaremos sobre el objeto navigator en el capítulo dedicado a la geolocalización, puesto que los métodos de geolocalización son métodos del objeto `navigator`.

En este capítulo no hablamos de la geolocalización porque le dedicamos un capítulo entero y porque se puede utilizar solo en contextos HTML5, a diferencia de todos los otros métodos y propiedades tratados en este capítulo.

Ventanas

Ya hemos tenido la ocasión de encontrarnos con la ventana `alert`, que muestra un pop up al usuario.

Además de este tipo de ventana, el objeto `window` dispone de otras dos ventanas, `prompt` y `confirm`: la primera solicita al usuario una entrada y la segunda muestra dos botones (Aceptar/Cancelar) a través de los cuales el usuario puede realizar una selección y nosotros, después, podemos actuar en consecuencia en el código.

Como ya te habrás dado cuenta, al utilizar `alert`, las funciones que presentaremos pueden también ser escritas sin llamar al objeto `window`.

Empecemos por `prompt`:

```
<p id='saludo'></p>
<script>
    let nombre = prompt('¿Cómo te llamas?');
```

```
        if (nombre != '' && nombre != null){
        document.getElementById('saludo').innerHTML = `Hola ${nombre}`;
        }
    </script>
```

Puedes encontrar este ejemplo en el archivo ventanas.*html*

La ventana `prompt` pregunta al usuario su nombre y lo almacena en la variable `nombre`.

Puesto que no podemos saber si el usuario, efectivamente, escribe algo y no se limita a cerrar la ventana, antes de utilizar `nombre`, comprobamos su valor.

Si no hay una cadena de texto vacía (`nombre != ''`) ni es un valor nulo (`nombre != null`), escribimos `nombre` en el párrafo con `id=saludo`.

Para probar la ventana `confirmar`, modificaremos un ejemplo realizado en el capítulo anterior (archivo dom2.*html*), en el cual a través de un botón podíamos cambiar el color de fondo y del texto de la ventana (de texto negro sobre fondo blanco a texto blanco sobre fondo negro y viceversa).

Al pulsar sobre el botón, en lugar de realizar de inmediato la inversión, solicitamos confirmación al usuario y procedemos con la inversión solo si el usuario pulsa sobre el botón OK (Figura 19.3).

```
    <form id='miFormulario'>
        <button type="button" onclick='preguntaSiInvertir()' id="toggle">fondo
oscuro</button>
    </form>
    <script type="text/Javascript">
        let fondoOscuro = false;
        function preguntaSiInvertir(){
            let aceptaInversion = confirm(`¿quieres invertir los colores de la
ventana?`);
            if (aceptaInversion == true){
                invertir();
            }
        }
        function invertir() {
            let textoBoton = fondoOscuro ? 'fondo oscuro' : 'fondo claro';
            document.getElementById('toggle').innerHTML = textoBoton;
            document.body.classList.toggle('inverso');
            fondoOscuro = !fondoOscuro;
        }
    </script>
```

Puedes encontrar este ejemplo en el archivo Ventanas2.*html*

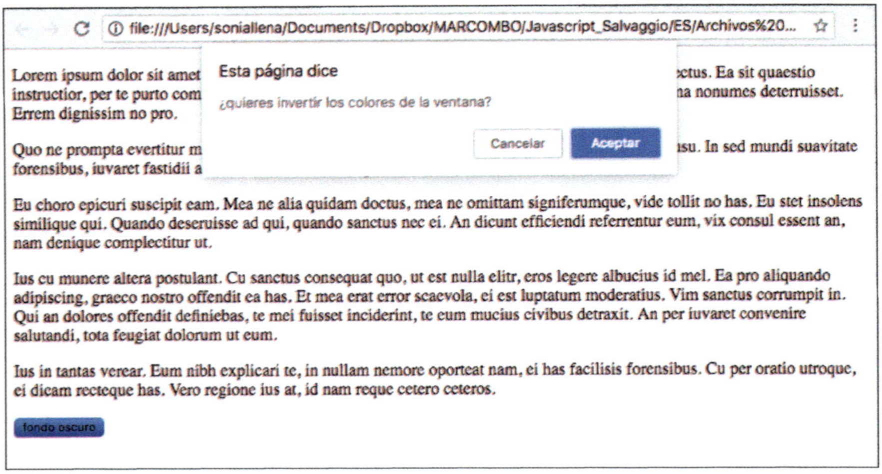

Figura 19.3 - La ventana confirm.

Observa que almacenamos el resultado de la ventana `confirm` en una variable que asume el valor `true` si el usuario pulsa sobre el botón `Aceptar` y asume el valor `false` si pulsa en `Cancelar`.

Temporización

El objeto `window` dispone de funciones que pueden temporizar. Las funciones que presentaremos también pueden ser escritas sin llamar al objeto `window`.

```
<button onclick="setTimeout(saluda, 3000)">Prueba</button>
<script>
    function saluda() {
        alert('Hola');
    }
</script>
```

Puedes encontrar este ejemplo en el archivo Temporizacion.*html*

En este ejemplo, hemos utilizado el método `setTimeout()`, que permite retardar la ejecución de la función que se le pasa como primer argumento durante el tiempo que le es pasado, expresado en milisegundos, como segundo argumento.

En el caso del ejemplo, la función `saluda` se ejecuta 3 segundos (3000 milisegundos) después de haber pulsado el botón.

En el periodo de retraso, es posible bloquear la ejecución de la función, aunque es preciso corregir el código que configura la temporización y asignarlo a una variable, de manera que se pueda utilizar esta variable para interrumpir la temporización.

```
<button onclick="retraso=setTimeout(saluda, 3000)">Prueba</button>
<button onclick="interrumpe()">Interrumpe</button>
<script>
    function saluda() {
        alert('Hola');
    }
    function interrumpe() {
        clearTimeout(retraso);
    }
</script>
```

Puedes encontrar este ejemplo en el archivo temporizacion2.*html*

El timeout se asigna a la variable `retraso` que después se pasa como argumento al método `clearTimeout()`, el cual interrumpe la temporización.

También existe el método `setInterval()`, que permite ejecutar una función a intervalos regulares. La ejecución en bucle puede ser interrumpida mediante el método `clearInterval()`.

En el ejemplo siguiente, cada segundo mostramos en pantalla la hora actualizada (una especie de reloj digital). También hay dos botones: uno para detener el reloj y el otro para reiniciarlo.

```
<button onclick="interrumpir()">Interrumpe</button>
<button onclick="reiniciar()">Reinicia</button>
<p id="reloj"></p>
<script>
    let intervalo = setInterval(reloj, 1000);

    function reloj() {
        let fecha= new Date();
        let hora = data.getHours();
        let minutos = data.getMinutes();
        let segundos = data.getSeconds();
        document.getElementById('reloj').innerHTML =
        `${hora}:${minutos}:${segundos}`;
    }
    function interrumpir(){
        clearInterval(intervalo);
    }
    function reiniciar(){
        intervalo = setInterval(reloj, 1000);
    }
</script>
```

Puedes encontrar este ejemplo en el archivo temporizacion3.*html*

Cookies

> NOTA
>
> Recuerda que puedes verificar en el navegador en uso si las cookies están habilitadas leyendo la propiedad `navigator.cookieEnabled`.

Uno de los objetos vinculados con el BOM que más se utiliza son las **cookies**, es decir, pequeños archivos de texto que permiten almacenar información recogida por la página en el ordenador del usuario.

> NOTA
>
> Para trabajar con cookies, en algunos navegadores como Chrome es preciso cargar la página desde un servidor web; de no ser así, las cookies se ignoran. Si no quieres recurrir a un servidor web, sino que quieres trabajar desde el sistema de archivos, te aconsejamos ejecutar las pruebas en Firefox.

Las cookies son cadenas de texto con una estructura fija formada por cinco partes como máximo:

- par nombre/valor
- fecha de caducidad (**expires date**)
- ruta (**path**)
- dominio (**domain**);
- seguridad (**security**)

Solo es obligatorio el par nombre/valor, el resto es opcional. Si no se configura una fecha de caducidad, las cookies se eliminan cuando se cierra la ventana del navegador.

La forma de la cadena cookie debe seguir esta estructura:

```
document.cookie="nombre=valor; expires=data; path=ruta; domain=dominio; secure";
```

El par nombre/valor no debe contener comas, puntos y coma o espacios vacíos.
La instrucción:

```
document.cookie = 'username=Alessandra';
```

configura una cookie cuyo nombre es `username` y cuyo valor es `Alessandra`.

Si quisiéramos memorizar como valor "Alessandra Salvaggio", que contiene un espacio, antes deberíamos "codificar" el valor de la cookie con la función `encodeURIComponent()`, que justamente codifica los espacios y caracteres especiales.

```
document.cookie= 'username=' + encodeURIComponent('Alessandra Salvaggio');
```

Los valores de cookies que se codifican de este modo se descodifican posteriormente, cuando son recuperados con el método `decodeURIComponent()`.

La cookie que hemos creado con los ejemplos anteriores, como no tiene fecha de caducidad, se cancela en el momento en que se cierra la ventana del navegador.

Si queremos conservarla durante más tiempo, para las sucesivas visitas del usuario, es preciso definir una **fecha de caducidad** que puede ser fija o bien una fecha extraída a partir de la fecha actual en el momento de la visita del usuario.

La fecha de caducidad debe tener el siguiente formato:

```
DD-Mon-YY HH:MM:SS GMT
```

Por ejemplo, la cookie:

```
document.cookie = 'username=Alessandra; expires=Sun, 31 Dec 2018:00:00:00 GMT';
```

caduca a media noche del domingo 31 de diciembre de 2018.

Esta es una fecha de caducidad, de algún modo, fija. Para que fuera más útil, quizás se podría extraer de la fecha de la última visita del usuario:

```
let ultimaVisita = new Date();
ultimaVisita.setMonth(ultimaVisita.getMonth() + 3);
let caducidad = ultimaVisita.toUTCString();
document.cookie = 'username=AlessandraS; expires=' + caducidad.
```

En este ejemplo, almacenamos en la variable `ultimaVisita` la fecha del momento de la última visita del usuario.

Después, con `setMonth()` configuramos el mes de esta fecha, añadiendo tres meses al mes original extraído con `getMonth()`.

Por último, con `toUTCString()`, convertimos la fecha en una cadena (la almacenamos en la variable `caducidad`) que después utilizaremos para construir la fecha de caducidad.

NOTA

Si se desea eliminar una cookie, basta con crear una con el nombre de la que se desea eliminar y con caducidad en el pasado, por ejemplo:

```
let ultimaVisita = new Date();
ultimaVisita.setMonth(ultimaVisita.getMonth() - 1);
document.cookie = 'username=; expires=' + caducidad;
```

Para sitios de gran tamaño o con archivos almacenados en distintas carpetas, es aconsejable especificar también la parte **path** de la cadena de la cookie; si no, la cookie configurada por el archivo en una carpeta será visible para los archivos de esa carpeta y de sus posibles subcarpetas, pero no por todo el sitio.

Para evitar este obstáculo, se podría configurar la ruta en la carpeta raíz ('/'), de manera que la cookie esté disponible para todos los archivos de un sitio. Del mismo modo, y al contrario, se podría limitar la validez de las cookies para una carpeta determinada.

El primero de los ejemplos siguientes hace que la cookie esté disponible para todo el sitio y el segundo, para la carpeta `carpeta`, que se encuentra en la raíz del sitio:

```
document.cookie = 'username=Alessandra; expires=' + caducidad + 'path=/';
document.cookie = 'username=Alessandra; expires=' + caducidad + 'path=/carpeta';
```

Para sitios todavía más articulados, compuestos por varios subdominios, también es posible especificar en las cookies el dominio para el cual la cookie es válida. Si no se especifica, por ejemplo, la cookie configurada en la página de un subdominio no se podrá leer en la de otro subdominio.

El ejemplo siguiente crea una cookie visible en todos los subdominios del hipotético dominio sitio-escuela.es:

```
document.cookie = 'username=Alessandra; expires=' + caducidad + 'path=/; domain=
sitio-escuela.es;
```

Para terminar, la parte `secure` de la cookie es un valor booleano (`secure` ausente = `false`, `secure` presente = `true`) y especifica si la cookie debe ser enviada y leída mediante un canal de comunicación seguro. El valor solo tiene sentido para aquellos servidores dotados de **SSL** (*Secure Sockets Layer*).

```
document.cookie = 'username=Alessandra; expires=' + caducidad + 'path=/;
domain=sitio-escuela.es; secure';
```

Leer, escribir y eliminar cookies

Puesto que un sitio permite almacenar distintas cadenas de cookies (hasta 20 por ruta y dominio), normalmente se utiliza una función que configura la cookie pasándole nombre, valor y, a veces, la fecha de caducidad (a menos que no la deseemos fija para todas las cookies del sitio).

Se hace lo mismo para leer y eliminar las cookies. Si se escriben estas funciones en un archivo *.js* distinto, estas podrán ser después utilizadas en cualquier sitio, donde se necesiten.

Puedes encontrar las funciones siguientes en el archivo funcCookie.*js*

Escribir una cookie

```
function configuraCookie(nombre, valor, duracionMeses) {
    let ultimaVisita = new Date(); //recupero la fecha de la última visita
    ultimaVisita.setMonth(ultimaVisita.getMonth() + duracionMeses); //añado 3 meses
a la fecha de la última visita
    let caducidad = ultimaVisita.toUTCString();
    document.cookie = nombre + '=' + valor + ';expires =' + caducidad + ';path=/';
}
```

Leer una cookie

```
function leerCookie(nombre) {
    let nombreCookie = nombre + '=';
    let cookieDescodificada= decodeURIComponent(document.cookie);
    let ca = cookieDescodificada.split(';');
    for(let i = 0; i <ca.length; i++) {
        let c = ca[i];
        c=c.trim();
        if (c.indexOf(nomeCookie) == 0) {
            return c.substring(nomeCookie.length, c.length);
        }
    }
    return '';
}
```

Mientras que la función que escribe la cookie es muy sencilla y no requiere ninguna explicación, la que la lee es un poco más compleja. Vamos a explicarla.

En primer lugar, almacenamos en la variable `nombreCookie` el nombre de la cookie que hay que buscar pasada a la función y al carácter "=".

```
let nombreCookie = nombre + '=';
```

Después, en la variable `cookieDescodificada` almacenamos todas las cadenas de cookie que contiene la página, tras haberlas descodificado adecuadamente con `decodeURIComponent()`.

Ten en cuenta que, con una cookie `username` y una cookie `residencia`, `document.cookie` devuelve una cadena similar a la siguiente:

```
username=Ale; residencia=Milán
```

Precisamente por este motivo dividimos la cadena en sus partes mediante el método `split()` y el punto y coma como separador.

```
let ca = cookieDescodificada.split(';');
```

En este momento, encontramos un array que contiene las partes de la cadena de la cookie. Si seguimos con el ejemplo `username` y `residencia`, obtendremos un array como el siguiente:

```
[object Array]: ["username=Ale", " residencia=Milán"]
```

Sobre este array, ejecutamos un bucle `for` para analizar cada elemento del array. Antes de trabajar sobre cada porción de cadena, eliminamos con la función `trim()` los eventuales espacios vacíos a la izquierda y a la derecha de la cadena, que quedan debido a la división de la cadena original (por ejemplo, en `"residencia=Milán"`).

```
c=c.trim();
```

NOTA

Internet Explorer 8 no reconoce la función `trim()`, por lo que, si necesitas compatibilidad con ese viejo navegador, puedes sustituir la línea

```
c=c.trim();
```

con la instrucción:

```
while (c.charAt(0) == ' ') {
     c = c.substring(1);
}
```

`While` ejecuta un bucle hasta que (mientras que) la condición expresada entre paréntesis es verdadera. En este caso, hasta que, en posición 0 (las posiciones de los caracteres en las cadenas se numeran a partir del 0), en nuestra cadena, haya un carácter de espacio. Leemos este carácter con la función `charAt()`.
Si al inicio de la cadena hay un espacio, con `substr()` se crea una subcadena a partir de la posición 1 indicada como argumento. En resumen, se crea una subcadena sin carácter inicial. Se procede de este modo hasta que se eliminan todos los espacios.

Para terminar, leemos con `indexOf()` la posición del valor de la variable `nombreCookie` en la cadena que estamos trabajando.

Si la encuentra (su índice ocupa la posición 0), extrae con `substring()` la parte de cadena que empieza desde la posición que corresponde a la longitud del valor de `nombreCookie`, hasta la posición que corresponde a la longitud total de la cadena (se toma la parte después del igual (`=`)). Este valor es devuelto.

```
if (c.indexOf(nombreCookie) == 0) {
            return c.substring(nombreCookie.length, c.length);
}
```

Vista así es un poco compleja, pero, en realidad, es bastante más sencilla. Veamos cómo.

Supongamos que estamos buscando una cookie llamada `residencia` y que hemos llegado a analizar la parte de cadena de cookie `" residencia=Milán"` sin espacio inicial.

Si estamos buscando la cookie residencia, `nombreCookie = 'residencia='` y `nombreCookie.length = 10`. Para crear la subcadena, empezamos por el carácter en la posición 10, que es el que aparece inmediatamente después del carácter `=`, puesto que el índice de las posiciones en una cadena empieza por 0.

El último carácter que estraemos es el último de la cadena que estamos procesando, es decir, el que corresponde a su longitud (`c.length`).)

Si durante la ejecución del bucle no se verifica en ningún momento la condición `c.indexOf(nombreCookie) == 0`, significa que no existe una cookie con el nombre pasado a la función y la función devuelve una cadena vacía.

A continuación, lo juntaremos todo en un mismo ejemplo: buscamos la cookie `username`. Si existe, saludamos al usuario por su nombre, si no, con una ventana `prompt` pedimos al usuario que proporcione su nombre que, después, almacenaremos en las cookies.

```
<body>
    <p id="saludo"></p>

<script type="text/Javascript" src="funcCookie.js"></script>
<script>
    let nombreUsuario = leeCookie('username');
    if (nombreUsuario != '') {
        document.getElementById('saludo').innerHTML = `Hola ${nombreUsuario}`;
    } else {
        nombreUsuario = prompt('No te conozco. Escribe tu nombre:', '');
        if (nombreUsuario != '' && nombreUsuario != null) {
            configuraCookie('username', nombreUsuario, 3);
        }
    }
</script>

</body>
```

Puedes encontrar este ejemplo en el archivo cookie3.*html*

20

Canvas

De este capítulo en adelante, completamos el tema sobre JavaScript introduciendo algunos elementos que están relacionados con las novedades de HTML5. Empezaremos viendo cómo dibujar y escribir texto con JavaScript dentro del elemento canvas.

Temas tratados

- Dibujar con JavaScript
- Crear líneas y formas
- Dibujar con curvas de Bézier
- Crear degradados
- Crear animaciones

Una de las novedades avanzadas de HTML 5 está formada por el **canvas** o lienzo, es decir, una área de la página HTML donde se puede dibujar con JavaScript.
Lo primero que hay que hacer es crear el lienzo a través de la etiqueta HTML `<canvas>`, especificando su tamaño y un id, así:

```
<canvas width="500" height="500" id="miCanvas"></canvas>
```

El lienzo definido de esta forma se añade a la página, pero no se ve.
Para que sea visible, hay que especificar un borde y/o un fondo. Esta operación solo es posible utilizando hojas de estilo, dado que la etiqueta `<canvas>` no dispone de atributos de formato, por lo que añado a continuación una regla de estilo.

La regla de estilo que hemos escrito añade un borde continuo al lienzo.

```
<canvas width="500" height="500"  id="miCanvas" style="border: solid"></canvas>
```

El lienzo que acabamos de crear se muestra en la Figura 20.1.

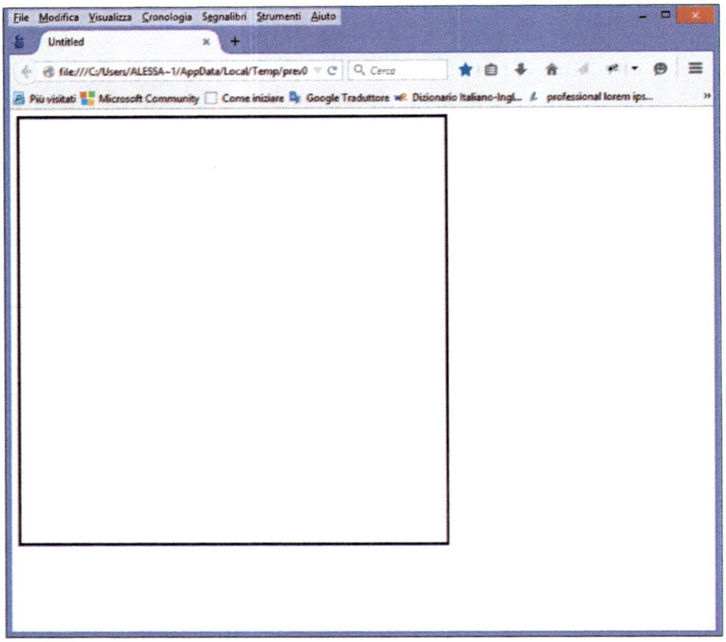

Figura 20.1 - El nuevo lienzo.

El lienzo es básicamente solo la "tela" para dibujar, por sí solo no es más que un recuadro (bastante inútil).

Es preciso utilizar JavaScript para dibujar o escribir en esta área que hemos creado en HTML como en el siguiente ejemplo:

```
<body>
<canvas width="500" height="500" style="border:dotted" id="miCanvas"></canvas>
<script>
    const miCanvas = document.getElementById("miCanvas");
    const context = miCanvas.getContext("2d");
</script>
</body>
```

La primera línea de este código (`const miCanvas = document.getElementById("miCanvas");`) no hace nada más que recuperar en el DOM el lienzo con el id `miCanvas`.

La segunda línea (`const context = miCanvas.getContext("2d");`) recupera el área de dibujo (`context`). Es preciso pasar a `getContext` la cadena `"2d"`, en la cual por 2d se entiende dibujo en dos dimensiones.

Actualmente, no existen lienzos con área de trabajo 3D, pero quizás se añade en un futuro.

> **NOTA**
> Algunos fabricantes han creado API que permiten trabajar con un lienzo con área de trabajo en 3D, pero ninguna de ellas ha sido estandarizada por el W3C.

Ahora que disponemos del lienzo y su área de dibujo, podemos empezar a crear nuestra primera forma. Empezaremos con un simple rectángulo con relleno.

```
<script>
const miCanvas = document.getElementById("miCanvas");
const context = miCanvas.getContext("2d");
context.fillRect(50, 25, 150, 100);
</script>
```

Puedes encontrar este ejemplo en el archivo rectangulo.*html*

El método `fillRect` dibuja el relleno (contenido) de un rectángulo Requiere como argumentos las coordenadas x e y del punto inicial del dibujo y la anchura y la altura del rectángulo.
Su sintaxis es:

```
context.fillRect( x, y, anchura, altura)
```

Tal y como lo hemos escrito, el código genera un rectángulo relleno de color negro, que es el color predeterminado (Figura 20.2).
Naturalmente, antes de dibujar el rectángulo, es posible especificar el color que se desea utilizar para el relleno, con el método `fillStyle`.

```
const miCanvas = document.getElementById("miCanvas");
const context = miCanvas.getContext("2d");
context.fillStyle="#ff0000";
context.fillRect(50, 25, 150, 100);
```

En este caso, hemos asignado a `fillStyle` un valor de color expresado con un código hexadecimal (un tono rojo).
En realidad, es posible expresar el color de diferentes maneras, según las especificaciones para la descripción de colores de CSS3 (http://www.w3.org/TR/2003/CR-css3-color-20030514/#numerical). En cualquier caso, el valor de color siempre es una **cadena** y va entre **comillas**.

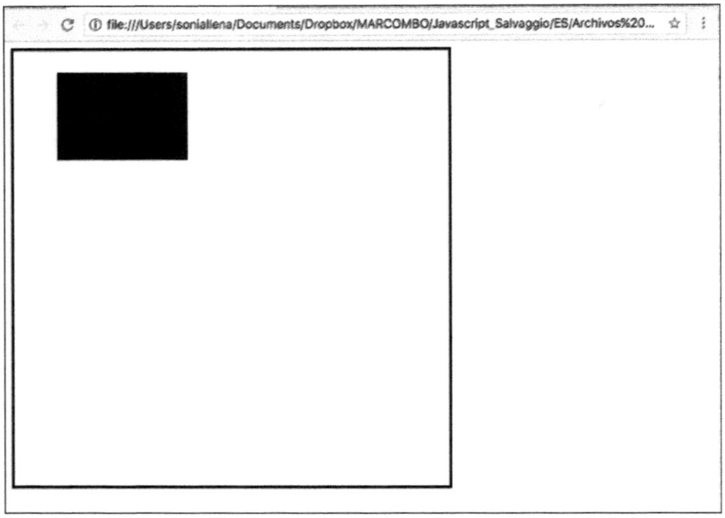

Figura 20.2 - El rectángulo en el lienzo.

Si, además de indicar el relleno de un rectángulo, también se desea indicar su contorno, se puede utilizar el método `strokeRect`.

El código siguiente dibuja el relleno de un rectángulo (Figura 20.3) con las mismas dimensiones y coordenadas del que hemos dibujado en los ejemplos anteriores.

```
<script>
const miCanvas = document.getElementById("miCanvas");
const context = miCanvas.getContext("2d");
context.fillStyle="#ff0000";
context.fillRect(50, 25, 150, 100);
context.strokeRect (50, 25, 150, 100);
</script>
```

El método `strokeRect` utiliza los mismos parámetros que `fillRect`.

Naturalmente, el contorno se traza en negro, que es el color predeterminado. Sin embargo, antes de dibujar el contorno, se puede cambiar el color con el método `strokeStyle`, que requiere un valor de color, expresado como hemos explicado anteriormente. El código:

```
<script>
const miCanvas = document.getElementById("miCanvas");
const context = miCanvas.getContext("2d");
context.strokeStyle="#00ff00";
context.strokeRect (50, 25, 150, 100);
</script>
```

genera un contorno de color verde.

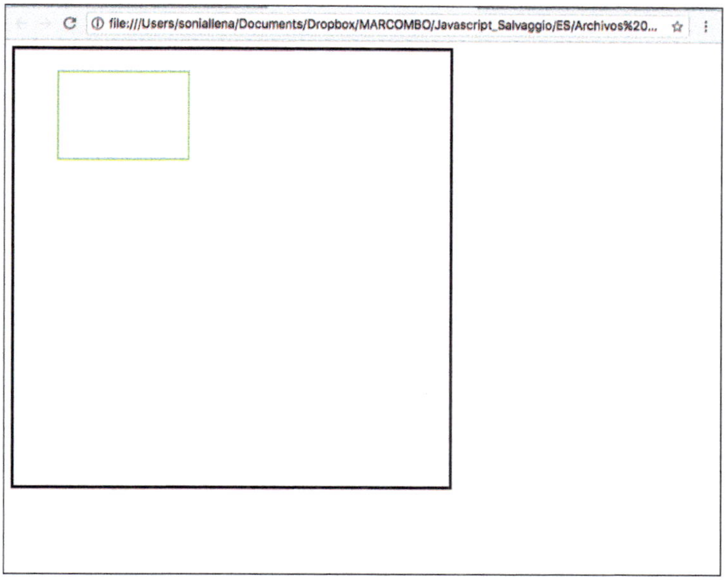

Figura 20.3 - El contorno del rectángulo.

Evidentemente, también es posible dibujar tanto el relleno como el contorno, pasando los mismos parámetros a los métodos `fillRect` y `strokeRect`.

Por ejemplo, el código siguiente genera un rectángulo rojo con un contorno verde:

```
<script>
const miCanvas = document.getElementById("miCanvas");
const context = miCanvas.getContext("2d");
context.strokeStyle="#00ff00";
context.fillStyle= "#ff0000";
context.fillRect(50, 25, 150, 100);
context.strokeRect(50, 25, 150, 100);
</script>
```

Las coordenadas de los lienzos

Antes de seguir adelante, realizaremos una rápida aclaración acerca del sistema de coordenadas utilizadas por los lienzos.

El punto de origen de las coordenadas (0,0) es el ángulo superior izquierdo.

Sobre el eje x, las coordenadas aumentan hacia la derecha, mientras que sobre el eje y aumentan hacia abajo. Puedes utilizar la Figura 20.4 como referencia.

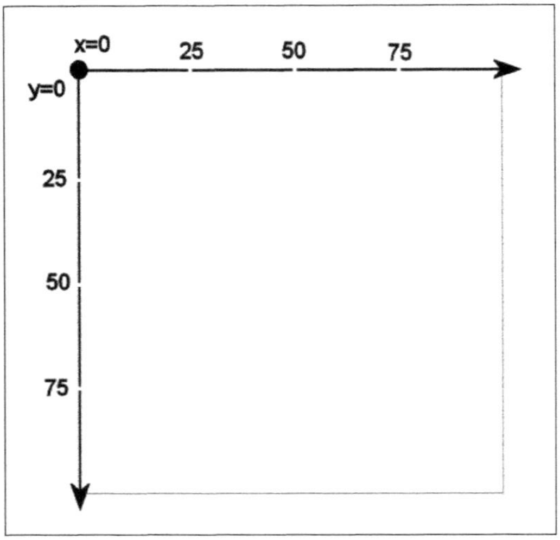

Figura 20.4 - Las coordenadas de los lienzos.

Dibujar trazos

Hasta ahora hemos dibujado rectángulos, pero en los lienzos tambien se pueden dibujar trazos.

Empezamos dibujando un segmento. Para los ejemplos, continuamos modificando la parte `<script>` de la página propuesta al inicio de este capítulo.

```
<script>
const miCanvas = document.getElementById("miCanvas");
const context = miCanvas.getContext("2d");
context.beginPath();
context.moveTo(150,200);
context.lineTo(100,75);
context.lineTo(60,25);
context.stroke();
</script>
```

Puedes encontrar este ejemplo en el archivo segmento.*html*

En primer lugar, observa que, para empezar a dibujar un trazo, hay que llamar al método `beginPath` del objeto `context`.

Con el método `moveTo` nos movemos hasta el punto desde el cual debe empezar el trazo; a continuación, con el primer método `lineTo`, definimos un segmento desde el punto de partida definido con `moveTo` hasta el punto de coordenadas 100,75. Después, con el segundo método `lineTo` definimos un segmento desde este punto (100,75) hasta el punto de coordenadas 60,25.

Tras haber definido el trazo, utilizamos el método `stroke` para dibujarlo definitivamente en el lienzo.

Con el código que acabamos de escribir, obtenemos el segmento de la Figura 20.5.

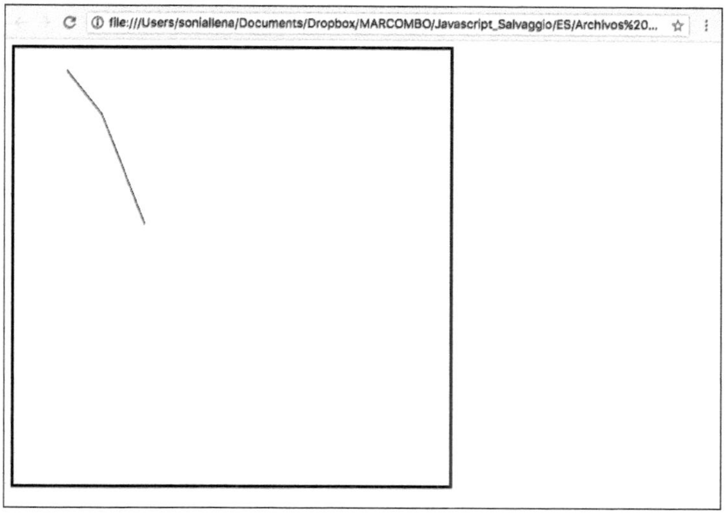

Figura 20.5 - El segmento.

Evidentemente el segmento se dibuja de color negro, a menos que se llame al método `strokeStyle` para definir el color.

Si después, además del método `stroke`, llamas también al método `fill`, el segmento se cierra (con el trazado más breve posible entre el primer y el último punto) y se completa con un relleno para el cual se puede definir el color con el método `fillStyle`.

Con el código siguiente podemos dibujar un triángulo rojo con el borde verde (Figura 20.6):

```
<script>
const miCanvas = document.getElementById("miCanvas");
const context = miCanvas.getContext("2d");
context.strokeStyle="#00ff00";
context.fillStyle= "#ff0000";
context.beginPath();
context.moveTo(50,70);
context.lineTo(20,125);
context.lineTo(50,170);
context.stroke();
context.fill();
</script>
```

Puedes encontrar este ejemplo en el archivo triangulo.*html*

Figura 20.6 -El triángulo.

Este cierre automático solo se lleva a cabo si el trazo se rellena con el método `fill`; si se dibujan solo segmentos, estos no se cierran.

Para forzar, aun así, el cierre de los segmentos, se podría utilizar el método `closePath`, **antes** de dibujar el trazo con el método `stroke`.

```
<script>
const miCanvas = document.getElementById('miCanvas');
const context = miCanvas.getContext('2d');
context.strokeStyle='#00ff00';
context.beginPath();
context.moveTo(50,70);
context.lineTo(20,125);
context.lineTo(50,170);
context.closePath();
context.stroke();
</script>
```

Puedes encontrar este ejemplo en el archivo trazadoCerrado.*html*

El segmento que se dibuja no debe ser necesariamente un trazo cerrado, sino que, utilizando de nuevo el método `moveTo`, se puede mover hasta un punto con nuevas coordenadas, sin trazar el segmento y después retomar el segmento con el método `lineTo`. Con el código siguiente obtenemos dos "antenas" separadas por la base (Figura 20.7).

```
<script>
const miCanvas = document.getElementById('miCanvas');
const context = miCanvas.getContext('2d');
```

```
context.strokeStyle='#00ff00';
context.beginPath();
context.moveTo(20,20);
context.lineTo(120,260);
context.moveTo(180,260);
context.lineTo(280,20);
context.stroke();
</script>
```

Puedes encontrar este ejemplo en el archivo segmentosNoContiguos.*html*

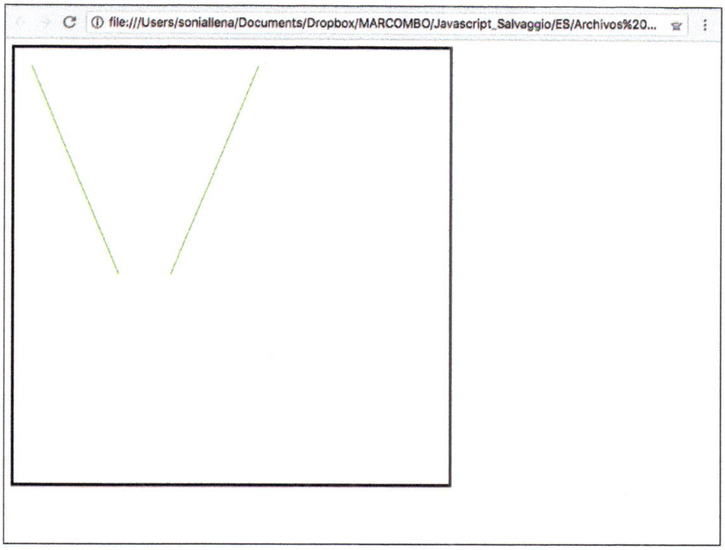

Figura 20.7 - Dos segmentos no contiguos.

Realizadas de este modo, las distintas partes del segmento tienen el mismo color. Para poder cambiar el color de cada una de las partes, hay que terminar la primera parte y dibujarla con el método `stroke` y, después, empezar una nueva parte de trazado con el método `beginPath` y configurar un nuevo color. Definir todos los segmentos de esta nueva parte, después dibujarlas con el método `stroke` y, eventualmente, empezar una nueva parte con un nuevo método `beginPath`.

El código siguiente vuelve a proponer las dos "antenas" del ejemplo anterior: sin embargo, esta vez, la primera "antena" es azul y la segunda, roja.

```
<script>
const miCanvas = document.getElementById("miCanvas");
const context = miCanvas.getContext("2d");
context.beginPath();
context.strokeStyle="#0000ff";
context.moveTo(20,20);
```

```
context.lineTo(120,260);
context.stroke();
context.beginPath();
context.strokeStyle="#ff0000";
context.moveTo(180,260);
context.lineTo(280,20);
context.stroke();
</script>
```

Dibujar con curvas de Bézier

Además de los segmentos rectos, en el lienzo también se pueden dibujar curvas.

Los lienzos admiten dos tipos de curvas de Bézier: las cuadráticas y las cúbicas. Empezaremos por las primeras.

Curvas cuadráticas de Bézier

Una **curva cuadrática de Bézier** (Figura 20.8) está definida, además de por los puntos iniciales y finales de la misma curva, por las coordenadas de un punto de control que determina la tendencia de dicha curva.

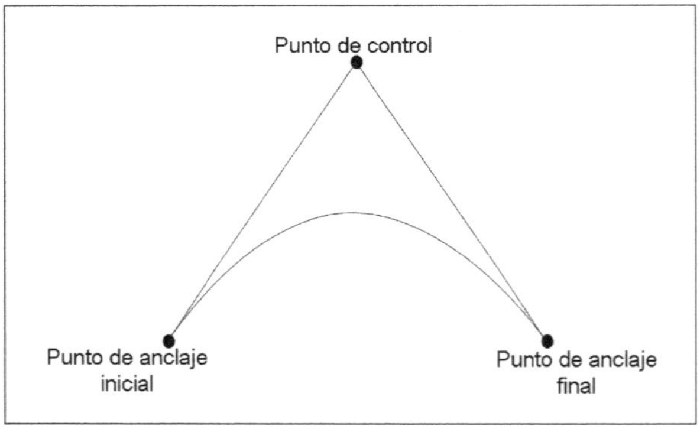

Figura 20.8 - La estructura de una curva cuadrática de Bézier.

Volviendo al código, una curva cuadrática de Bézier se dibuja con el método `quadraticCurveTo`, con esta sintaxis:

```
quadraticCurveTo(cp1x, cp1y, x, y)
```

donde los argumentos tienen los siguientes valores:

- **cp1x**: coordenada X del punto de control
- **cp1y**: coordenada Y del punto de control
- **x**: coordenada X del punto final de la curva
- **y**: coordenada Y del punto final de la curva

El punto inicial de la curva es el que hemos configurado con la última llamada del método moveTo o del método lineTo.

Para el aspecto de la línea y del eventual relleno y/o cierre del trazado, sirve cuanto hemos dicho para los segmentos, por lo que no lo repetiremos.

```
<script>
const miCanvas = document.getElementById('miCanvas');
const context = miCanvas.getContext('2d');
context.strokeStyle='#0000ff';
context.beginPath();
context.moveTo(150,150);
context.quadraticCurveTo(290,170,250,300);
context.stroke();
</script>
```

Puedes encontrar este ejemplo en el archivo bezierCuadratica.*html*

La curva que obtenemos (Figura 20.9) empieza en el punto de coordenadas 150,150 en el cual nos hemos situado con el método moveTo, su punto final tiene como coordenadas 250,300, mientras que las coordenadas del punto de control son 290,170.

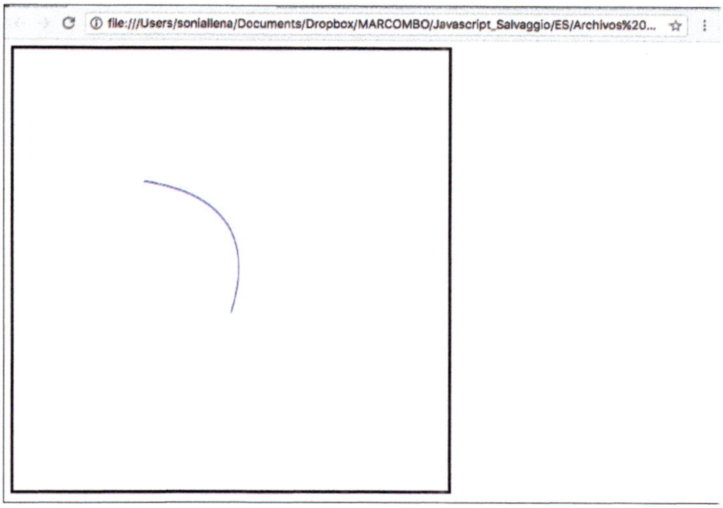

Figura 20.9 - Una curva cuadrática de Bézier.

Evidentemente, es posible combinar segmentos y curvas a nuestro gusto para obtener figuras más complejas.

Este es un ejemplo de combinaciones de segmentos y curvas cuadráticas de Bézier (Figura 20.10).

```
<script>
const miCanvas = document.getElementById('miCanvas');
const context = miCanvas.getContext('2d');
```

```
context.strokeStyle='#0000ff';
context.beginPath();
context.moveTo(20,50);
context.lineTo(150,150);
context.quadraticCurveTo(290,170,250,300);
context.lineTo(450,150);
context.stroke();
<script>
```

Puedes encontrar este ejemplo en el archivo bezierCuadraticaSegmentos.*html*

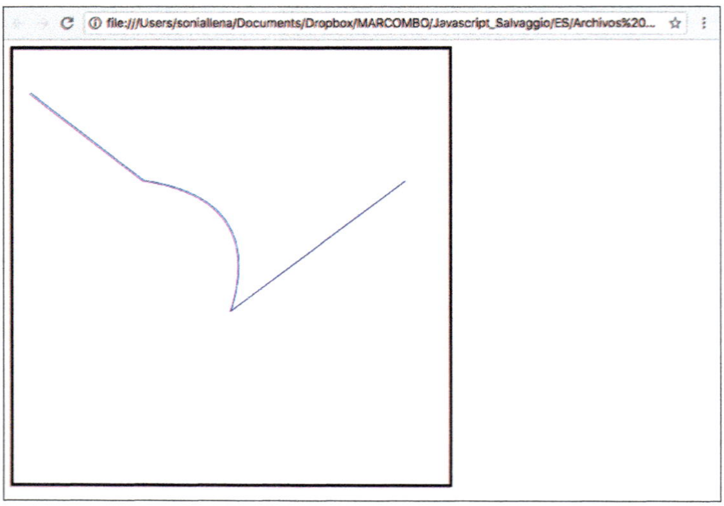

Figura 20.10 - Una combinación de segmentos y una curva cuadrática de Bézier.

Curvas cúbicas de Bézier

Las curvas cúbicas de Bézier permiten un mayor control sobre la forma de la curva porque utilizan dos puntos de control en lugar de uno (Figura 20.11).

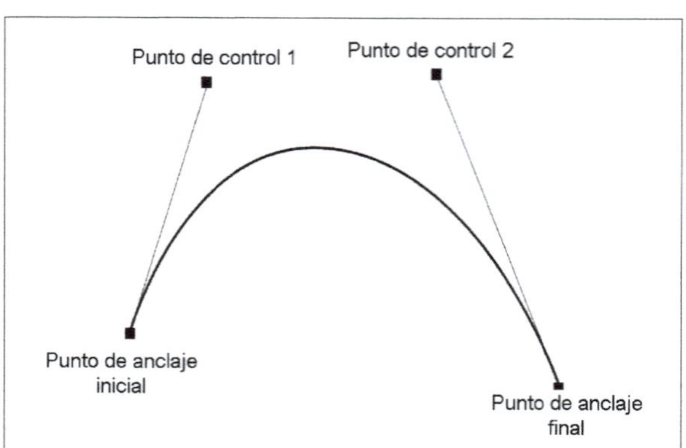

Figura 20.11 - La estructura de una curva cúbica de Bézier.

Así, pues, la curva puede mostrar un trazado complejo. Aquí tienes un ejemplo (Figura 20.12).

```
<script>
const miCanvas = document.getElementById('miCanvas');
const context = miCanvas.getContext('2d');
context.beginPath();
context.moveTo(200,300);
context.bezierCurveTo(240,180,185,85,400,300);
context.stroke();
</script>
```

Puedes encontrar este ejemplo en el archivo bezierCubica.*html*

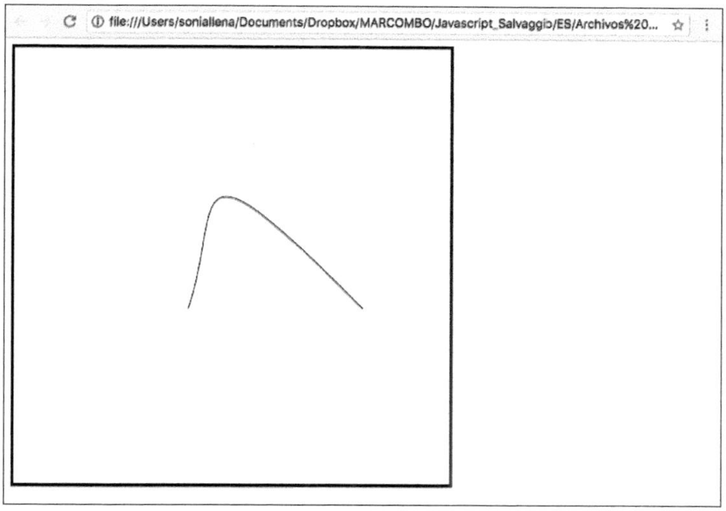

Figura 20.12 - Una curva cúbica de Bézier.

Si combinamos de forma adecuada las curvas cúbicas (o cuadráticas) de Bézier y las líneas, se pueden obtener gráficos más evolucionados.

Proponemos aquí un ejemplo sencillo. El código siguiente crea un corazón rojo atravesado por una flecha negra (Figura 20.13).

```
<script>
const miCanvas = document.getElementById('miCanvas');
const context = miCanvas.getContext('2d');
context.strokeStyle="#000000";
context.fillStyle="#ff0000";
context.beginPath();
context.moveTo(250,100);
context.bezierCurveTo(250,97,245,85,225,85);
context.bezierCurveTo(195,85,195,122.5,195,122.5);
context.bezierCurveTo(195,140,215,162,250,190);
```

```
context.bezierCurveTo(285,162,305,140,305,122.5);
context.bezierCurveTo(305,122.5,305,85,275,85);
context.bezierCurveTo(260,85,250,97,250,100);
context.stroke();
context.fill();
//cola flecha
context.beginPath();
context.fillStyle="#000000";
context.moveTo(178,210);
context.lineTo(180,200);
context.lineTo(170,202);
//asta flecha
context.moveTo(180,200);
context.lineTo(220,165);
context.moveTo(260,125);
context.lineTo(305,80);
context.stroke();
//punta flecha
context.beginPath();
context.moveTo(305,80);
context.lineTo(305,90);
context.lineTo(315,70);
context.lineTo(295,80);
context.lineTo(305,80);
context.stroke();
context.fill();
</script>
```

Puedes encontrar este ejemplo, en el archivo corazon.*html*

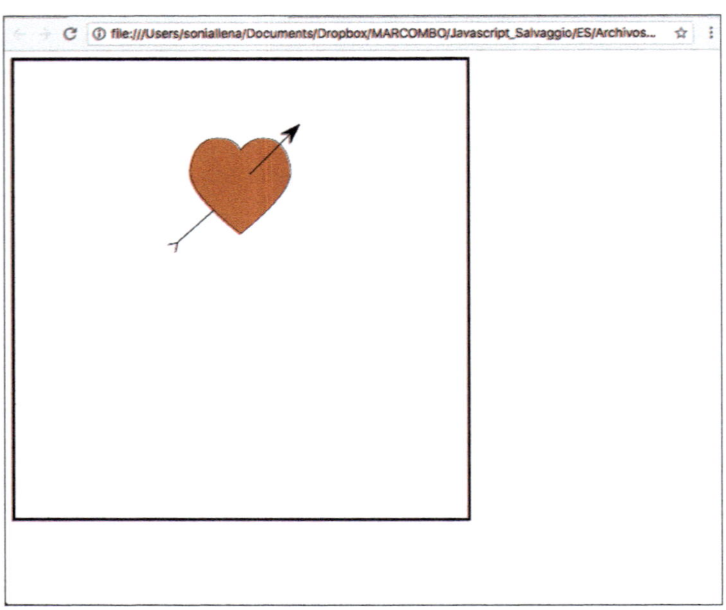

Figura 20.13 - Un gráfico más complejo.

Dibujar arcos y circunferencias

Hasta ahora hemos dibujado segmentos y curvas. Ha llegado el momento de intentar dibujar circunferencias y arcos.

El método que se debe utilizar, en ambos casos, es el mismo y se trata de `arc`.

El método `arc` requiere cinco argumentos:

```
arc(x, y, Radius, startAngle, endAngle, anticlockwise)
```

Los primeros tres parámetros, de hecho, definen la circunferencia: los dos primeros representan las coordenadas x e y del centro de la circunferencia y el tercero, representa el radio de la circunferencia.

El cuarto y el quinto parámetro indican el punto desde el cual se desea comenzar a diseñar el arco sobre la circunferencia y el punto en el cual se desea que termine.

Estos dos valores se deben expresar en **radianes**. Si el último parámetro es `true`, el trazado desde el punto final se realiza en sentido **antihorario** (*anticlockwise*, en inglés) y, si es `false`, en sentido horario.

Si te parece complicado, no te preocupes, porque, con unos ejemplos, inmediatamente todo quedará claro.

Antes de proponer un ejemplo, hay que explicar cómo expresar los argumentos `startAngle` y `endAngle`.

Hemos dicho que estos parámetros se expresan en radianes según el esquema propuesto en la Figura 20.14.

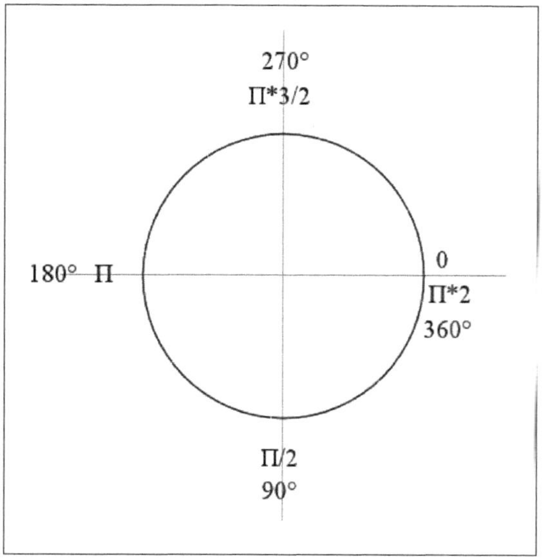

Figura 20.14 - Los radianes.

> **NOTA**
>
> En la Figura 20.14 se muestran los valores en radianes solo de los ángulos principales. Para convertir en radianes los ángulos expresados en grados se utiliza esta fórmula:
>
> *ÁnguloEnRadianes = ÁnguloEnGrados · 2Π/360*

Después de esta premisa, vamos a intentar dibujar una circunferencia (Figura 20.15). Para ello, es preciso dibujar sobre la circunferencia predeterminada un arco que va desde el punto que tiene un ángulo de 0 radianes al que tiene un ángulo de 2*Π radianes (en JavaScript, Π, la letra pi griega, se expresa con `Math.PI`), haciendo, prácticamente, el giro completo sobre la circunferencia.

El código que debemos utilizar es el siguiente:

```
<script>
const miCanvas = document.getElementById('miCanvas');
const context = miCanvas.getContext('2d');
context.strokeStyle='#0000ff';
context.beginPath();
context.arc(250, 250, 100, 0, Math.PI*2, true);
context.stroke();
</script>
```

Puedes encontrar este ejemplo en el archivo circunferencia.*html*

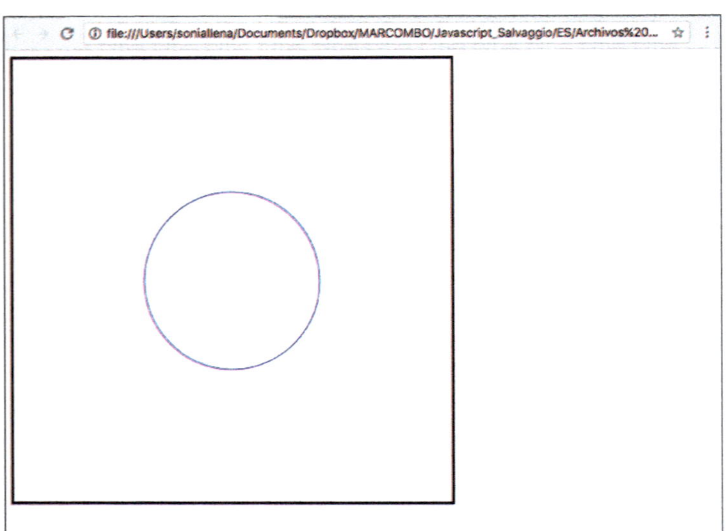

Figura 20.15 - La circunferencia.

La circunferencia que hemos diseñado tiene su centro en el punto del lienzo con las coordenadas 250,250 y tiene un radio de 100 píxeles.

A continuación, vamos a intentar dibujar un arco, es decir, crear un contorno solo sobre parte de la circunferencia definida.

Supongamos que queremos dibujar nuestro primer arco desde el ángulo de 0 radianes hasta el de Π/2 radianes. Los parámetros del método `arc` se configuran de la siguiente forma (el resto del código es idéntico al del ejemplo anterior, por lo que no es necesario mostrarlo todo):

```
context.arc(250, 250, 100, 0, Math.PI/2, true);
```

Puedes encontrar este ejemplo en el archivo arco.*html*

Teniendo en cuenta que el parámetro `anticlockwise` tiene `true` como valor, el dibujo se realiza en sentido antihorario y, por tanto, se obtiene el resultado de la Figura 20.16.

Si quisiéramos dibujar el arco en sentido horario (`anticlockwise=false`), con el código siguiente, obtendríamos el resultado de la Figura 20.17.

```
context.arc(250, 250, 100, 0, Math.PI/2, false);
```

Puedes encontrar este ejemplo en el archivo arco2.*html*

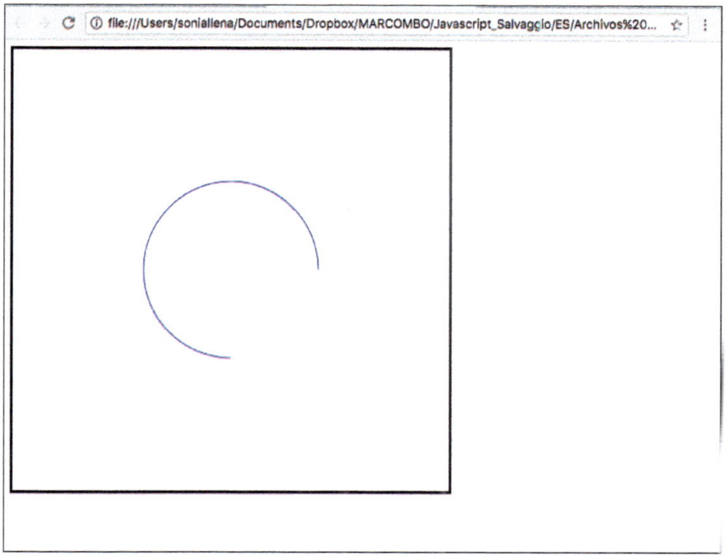

Figura 20.16 - Un arco de circunferencia.

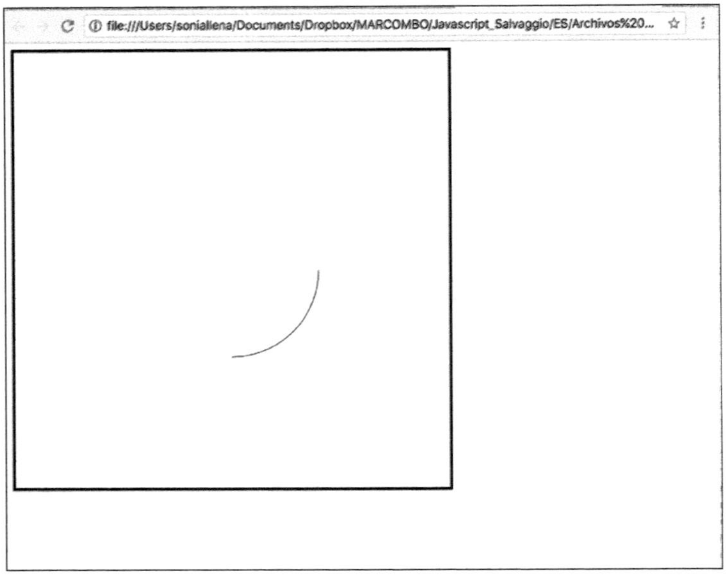

Figura 20.17 - Un arco de circunferencia dibujado en sentido horario.

Evidentemente, no es necesario dibujar arcos que utilizan ángulos como Π*2 o Π/2, sino que se puede utilizar cualquier ángulo.

Además, los arcos y las circunferencias pueden ser rellenos y/o cerrados como los otros trazados. El código siguiente propone un ejemplo:

```
<script>
const miCanvas = document.getElementById('miCanvas');
const context = miCanvas.getContext('2d');
context.strokeStyle='#0000ff';
context.fillStyle='#0000ff';
context.beginPath();
context.arc(250,250,100, 4/9*2*Math.PI, 1/9*Math.PI,true);
context.closePath();
context.stroke();
context.beginPath();
context.arc(250,250,100,17/9*Math.PI, 5/9*2*Math.PI,true);
context.fill();
context.stroke();
</script>
```

Puedes encontrar este ejemplo en el archivo arcosCerrados.*html*

La Figura 20.18 muestra el resultado de este código.

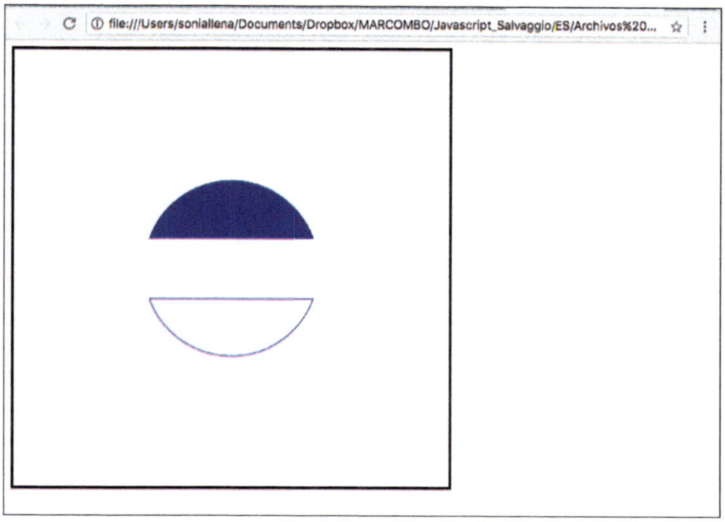

Figura 20.18 - Arcos cerrados, con y sin relleno.

Estilos de línea

Hasta ahora nos hemos limitado a definir el color de las líneas, pero también es posible definir otros aspectos, como su grosor y el aspecto de los extremos.

Las propiedades disponibles son:

- `lineWidth`: requiere un valor numérico y configura el grosor en píxeles de la línea.
- `lineCap`: define el modo en que finaliza la línea. Hay cuatro valores posibles:
  - `butt`: es el valor predeterminado y hace que la línea finalice de forma limpia.
  - `round`: los márgenes de la línea se redondean. Para crear el redondeamiento, se añade a la línea una parte del radio correspondiente a la mitad de la anchura de la línea (`lineWidth`).
  - `square`: los márgenes de la línea son cuadrados. Para crear la parte cuadrada, se añade a la línea una parte del radio correspondiente a la mitad de la anchura de la línea (`lineWidth`).
- `lineJoin`: define el modo en que se conectan las líneas que se cruzan. Hay tres valores posibles:
  - `miter`: es el valor predeterminado y configura un único punto de encuentro para las dos líneas que, si es preciso, se extienden hasta encontrarse. El límite de este alargamiento se fija en la propiedad `miterLimit`, si se configura.
  - `round`: el fragmento que une las dos líneas es un círculo cuyo radio corresponde a la mitad de la anchura de la línea (`lineWidth`).
  - `bevel`: las dos líneas se encuentran formando un ángulo biselado.

- `miterLimit`: requiere un valor numérico y configura la medida máxima del alargamiento de las líneas para la conexión.

Este es un sencillo ejemplo práctico de uso de estas propiedades (Figura 20.19). Para facilitar la visualización de los extremos de las líneas, hemos ampliado bastante su grosor.

```
<script>
const miCanvas = document.getElementById('miCanvas');
const context = miCanvas.getContext('2d');
context.lineWidth='12';
context.lineCap='round';
context.beginPath();
context.moveTo(200,300);
context.bezierCurveTo(240,180,185,85,400,300);
context.stroke();
context.beginPath();
context.lineCap="square";
context.moveTo(200,60);
context.lineTo(300,60);
context.stroke();
</script>
```

Puedes encontrar este ejemplo en el archivo estilosLinea.*html*

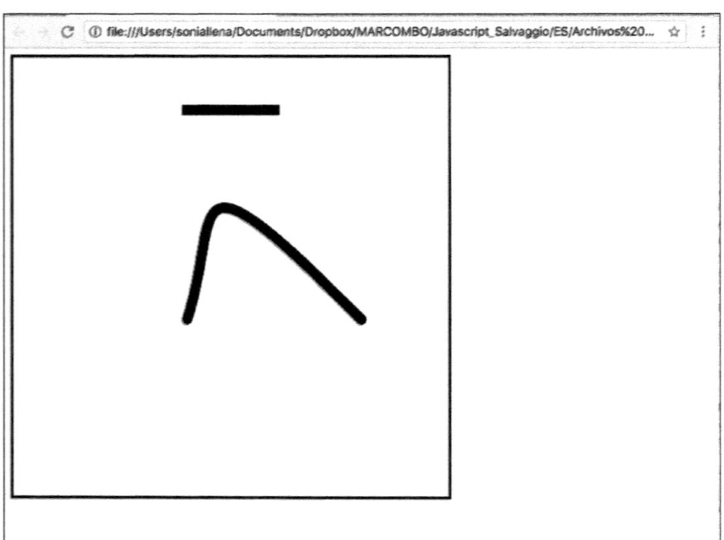

Figura 20.19 - Las propiedades que configuran el estilo de la línea.

Degradados

En cuanto a los rellenos, los lienzos no obligan a utilizar colores sólidos, como hemos hecho hasta ahora, sino que permiten definir degradados.

Los degradados pueden ser de dos tipos: lineales y radiales.

Empecemos por el primer tipo.

Degradados lineales

Para crear un degradado lineal, se utiliza el método `createLinearGradient`, que utiliza la siguiente sintaxis:

```
createLinearGradient(x1, y1, x2, y2)
```

donde:

- `x1, y1` son las coordenadas del punto en el cual empieza el degradado.
- `x2, y2` son las coordenadas del punto en el cual acaba el degradado.

Estas coordenadas hacen referencia **al área** del lienzo y no a la forma de relleno.

Si se unen estos dos puntos con una línea obtenemos una indicación de la orientación del degradado.

Una vez definidos los puntos iniciales y finales del degradado, se le añaden los colores con el método `addColorStop`; este método tiene la siguiente sintaxis:

```
addColorStop(offset, color)
```

donde:

- `offset` indica el punto desde el cual empieza el color. El punto se indica con un valor del 0 al 1, donde 0 es el inicio del objeto degradado y 1, su final. Por ejemplo, un color añadido en posición 0.5 empieza en la parte central del degradado.
- `color` es el color que se desea añadir, especificado con uno de los métodos que hemos descrito referente al relleno sólido.

Aquí tienes un sencillo ejemplo de degradado que se extiende sobre todo el lienzo y utiliza tres colores (rojo, azul y verde).

El degradado tiene un trazado paralelo a los ejes y al lienzo.

```
<script>
const miCanvas = document.getElementById('miCanvas');
const context = miCanvas.getContext('2d');
//creo el degradado
const degradadoLineal = context.createLinearGradient(250,0,250,500);
//defino los colores del degradado
degradadoLineal.addColorStop(0, 'red');
```

```
degradadoLineal.addColorStop(0.5, 'blue');
degradadoLineal.addColorStop(0.8, 'green');
// defino el degradado como relleno
context.fillStyle = degradadoLineal;
context.strokeStyle="#0000ff";
context.beginPath();
context.arc(250,250,200,0,Math.PI*2,true);
context.stroke();
context.fill();
</script>
```

Puedes encontrar este ejemplo en el archivo degradadoLineal.*html*

La Figura 20.20 muestra el resultado de este código.

Sin hacer ningún cambio, solo modificando el punto inicial y final del degradado:

```
const degradadoLineal = context.createLinearGradient(0,0,500,500);
```

obtenemos un resultado muy distinto: la orientación del degradado ha cambiado y el efecto final es distinto (Figura 20.21).

Puedes encontrar este ejemplo en el archivo degradadoLineal1.*html*

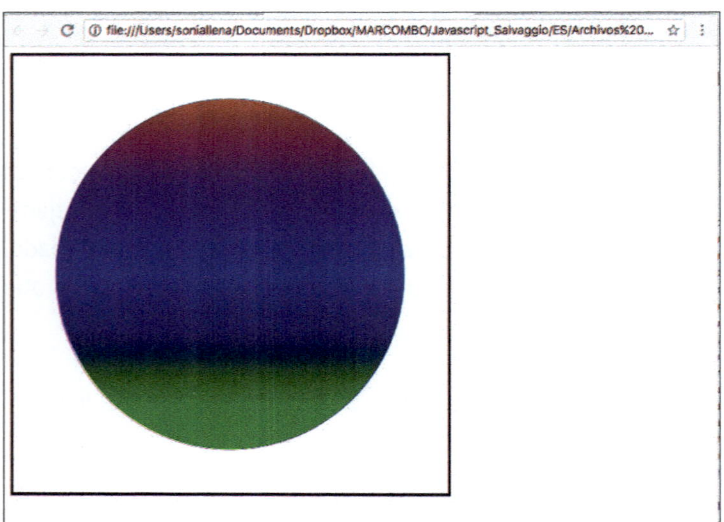

Figura 20.20 - Un degradado lineal paralelo a los ejes y al lienzo.

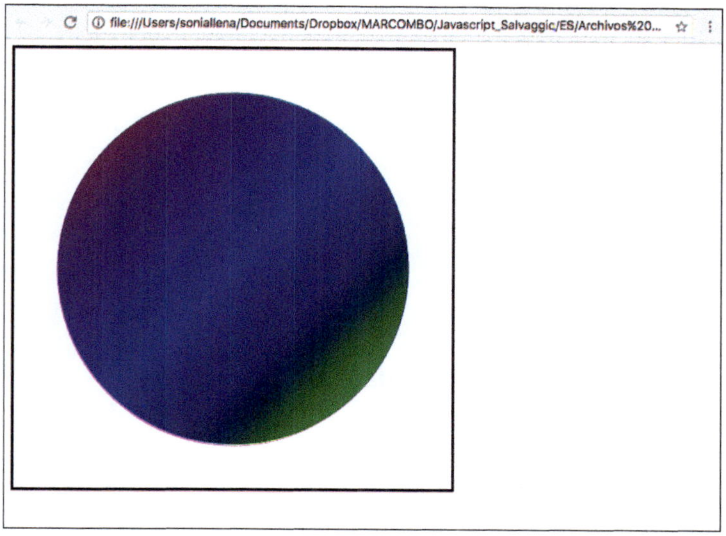

Figura 20.21 - Un degradado lineal paralelo a la diagonal del lienzo.

Degradados radiales

Para crear un degradado radial, se utiliza el método `createRadialGradient`, con esta sintaxis:

```
createRadialGradient(x1, y1, r1, x2, y2, r2)
```

donde:

- `x1, y1` son las coordenadas del centro del círculo inicial.
- `r1` es el radio del círculo inicial.
- `x2, y2` son las coordenadas del centro del círculo final.
- `r2` es el radio del círculo final.

Si el círculo inicial y el final tienen el mismo centro, el degradado estará formado por círculos concéntricos.

Los colores de degradado se definirán después con el método `addColorStop`, igual que para los degradados lineales.

Vamos a probarlo para que se entienda rápidamente. Este sería un relleno degradado con círculos concéntricos de tres colores:

```
<script>
const miCanvas = document.getElementById("miCanvas");
const context = miCanvas.getContext("2d");
//creo el degradado
const degradadoRadial = context.createRadialGradient(250,250, 90, 250,250, 190);
```

```
//defino los colores del degradado
degradadoRadial.addColorStop(0, 'red');
degradadoRadial.addColorStop(0.5, 'blue');
degradadoRadial.addColorStop(0.8, 'green');
// defino el degradado como relleno
context.fillStyle = degradadoRadial;
//dibujo una forma y la relleno
context.strokeStyle="#0000ff";
context.beginPath();
context.arc(250,250,200,0,Math.PI*2,true);
context.stroke();
context.fill();
</script>
```

Puedes encontrar este ejemplo en el archivo degradadoRadial.*html*

El resultado del código es la Figura 20.22.

A continuación, veamos qué ocurre si cambiamos el radio del círculo interior (Figura 20.23).

```
const degradadoRadial = context.createRadialGradient(250,250, 50, 250,250, 190);
```

Puedes encontrar este ejemplo en el archivo degradadoRadial1.*html*

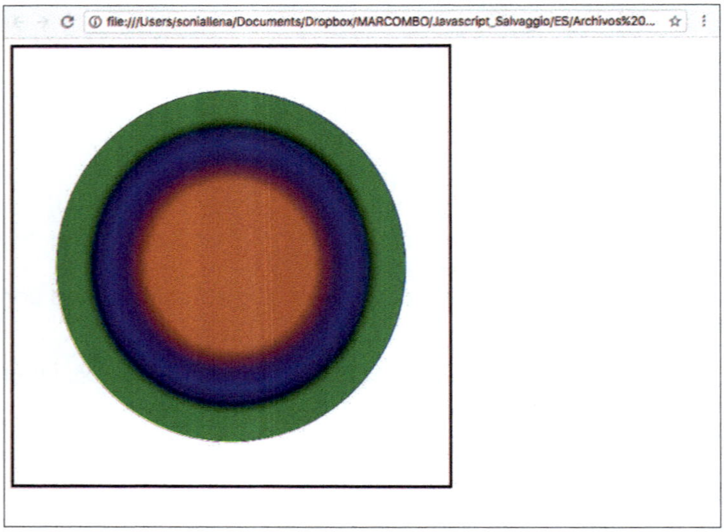

Figura 20.22 - Un degradado radial con círculos concéntricos.

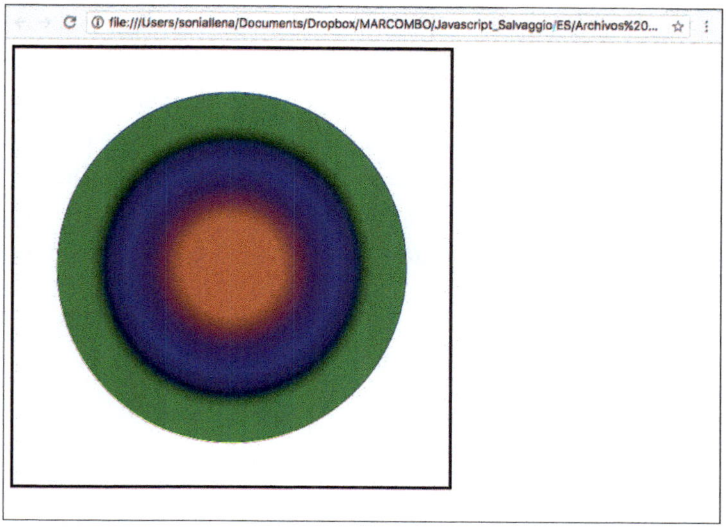

Figura 20.23 - Un degradado radial de círculos concéntricos con un nuevo radio para el círculo interior.

Evidentemente, el área central cambia, en este caso, se hace más pequeña puesto que hemos llevado el radio del círculo interior hasta 50, mientras que en el primer ejemplo era 90.

Ahora vamos a desplazar el radio del círculo interior: verás que los círculos que generan el degradadado dejan de ser concéntricos (Figura 20.24).

```
const degradadoRadial = context.createRadialGradient(200,200, 50, 250,250, 190);
```

Puedes encontrar este ejemplo en el archivo degradadadoRadial2.*html*

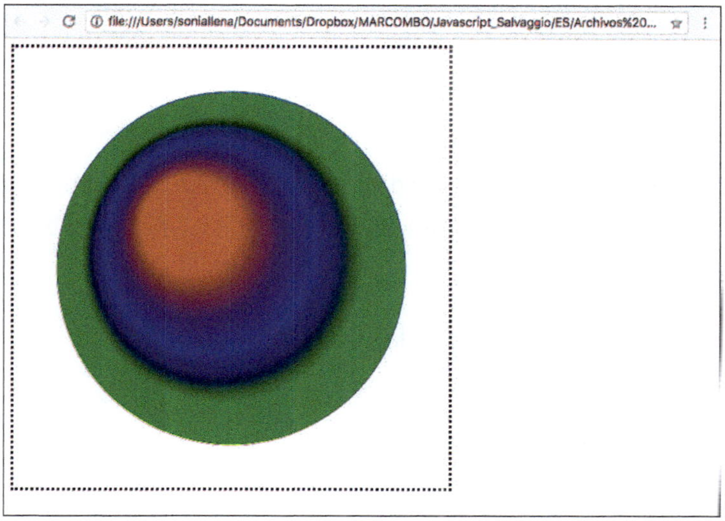

Figura 20.24 - Un degradado radial con círculos no concéntricos.

Imágenes

Dentro de un lienzo también es posible cargar imágenes en todos los formatos soportados (*.gif*, *.jpeg*, *.png*). Las imágenes cargadas dentro de un lienzo pueden completar gráficos complejos, añadiendo logos, símbolos, iconos, etc. Por lo tanto, no se trata de cargar imágenes por sí solas, sino de utilizarlas para enriquecer los propios gráficos.

Nosotros trabajaremos con ejemplos sencillos; será tarea del lector integrar sus imágenes en gráficos. Veamos en primer lugar cómo cargar un objeto de imagen en un lienzo:

```
<script>
const miCanvas = document.getElementById('miCanvas');
const context = miCanvas.getContext('2d');
const imagen = new Image();
imagen.src = "imagen.png";
imagen.onload = function() {
    context.drawImage(imagen,50,50);
}
</script>
```

Puedes encontrar este ejemplo en el archivo imagen.*html*

En primer lugar, creamos un objeto `Image` (`const imagen = new Image()`) y, después, especificamos el origen de este objeto imagen (`imagen.src = "imagen.png";`).

El navegador carga de inmediato la imagen fuente. Cuando esta ya ha sido cargada, se verifica el evento `onLoad` del objeto `Image`, es decir, el objeto `Image` se ha cargado.

En el preciso momento en que se verifica este evento (`imagen.onload`), dibujamos (`context.drawImage(imagen,0,0);`) la imagen en el área de dibujo del lienzo.

En este caso específico, utilizamos la sintaxis más sencilla del método `drawImage`:

```
drawImage(image, dx, dy)
```

donde:

- `image` es el objeto imagen que se debe dibujar.
- `dx` y `dy` son las coordenadas del lienzo desde el cual se empieza a dibujar la imagen (si las coordenadas fueran 0,0, la imagen se dibujaría a partir del ángulo superior izquierdo del lienzo).

Con el código anterior, obtenemos el resultado de la Figura 20.25.

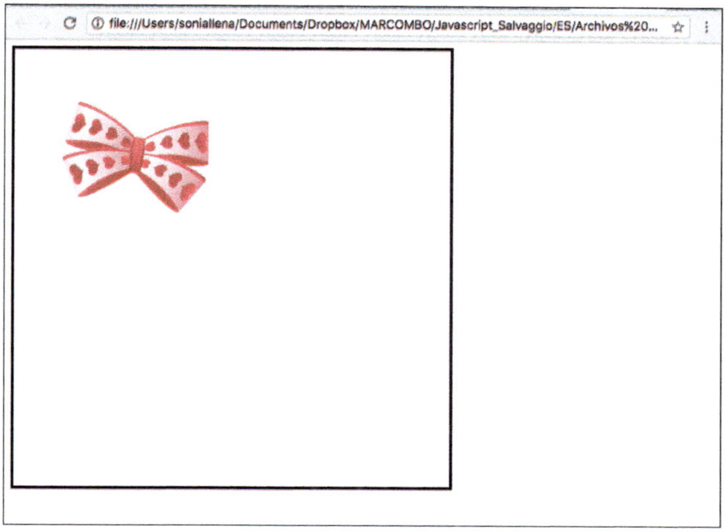

Figura 20.25 - Una imagen en un lienzo.

Sin embargo, el método `drawImage` puede tener otras dos sintaxis que permiten obtener resultados distintos.

La sintaxis que proponemos a continuación permite redimensionar la imagen. Las nuevas dimensiones se expresan en píxeles:

```
drawImage(image, dx, dy, dw, dh)
```

donde:

- `image` es el objeto imagen que se va a dibujar.
- `dx` y `dy` son las coordenadas del lienzo desde el cual se empieza a dibujar la imagen (si las coordenadas fueran 0,0, la imagen se dibujaría a partir del ángulo superior izquierdo del lienzo).
- `dw` y `dh` son respectivamente la nueva anchura y la nueva altura de la imagen.

La tercera y última sintaxis posible para el método `drawImage` es la más compleja y permite recortar una parte de la imagen y dibujar solo dicha parte en el lienzo con un nuevo tamaño, si es preciso. En esta versión, el método `drawImage` prevé seis argumentos:

```
drawImage(image, sx, sy, sw, sh, dx, dy, dw, dh)
```

donde:

- `image` es el objeto imagen que hay que dibujar.
- `sx` y `sy` son las coordenadas del punto de la imagen desde el cual se desea empezar el recorte de la imagen.

- sw y sh son la anchura y la altura de la parte de imagen que se desea recortar a partir de las coordenadas especificadas.
- dx y dy son las coordenadas del lienzo desde el cual se debe empezar a dibujar la imagen.
- dw y dh son respectivamente la nueva anchura y la nueva altura de la imagen. En este caso, 100 corresponde a la anchura original. En la práctica, las dimensiones se expresan en porcentaje, aunque no es necesario escribir el correspondiente símbolo.

Este sería un ejemplo práctico del uso del método drawImage con esta sintaxis:

```
<script>
const miCanvas = document.getElementById('miCanvas');
const context = miCanvas.getContext('2d');
const imagen = new Image();
imagen.src = 'imagen.png';
imagen.onload = function(){
    //carga la imagen entera
    context.drawImage(imagen,50,50);
    //imagen recortada
    context.drawImage(imagen,100,40, 91,100,180,180,50,50);
}
</script>
```

Puedes encontrar este ejemplo en el archivo imagen1.*html*

La imagen se carga dos veces: una completa y con su tamaño original (context.drawImage(imagen,50,50);) y otra recortada y con la mitad de su tamaño original (context.drawImage(imagen,100,40, 91,100,180,180,50,50);). La imagen se recorta a partir de su punto de coordenadas 100,40 y se toman 91 píxeles de anchura y 100 de altura (la altura puede parecer menor, porque los primeros píxeles de la parte superior son blancos, pero el recuadro recortado es más alto que ancho).

La Figura 20.26 muestra el resultado de este código.

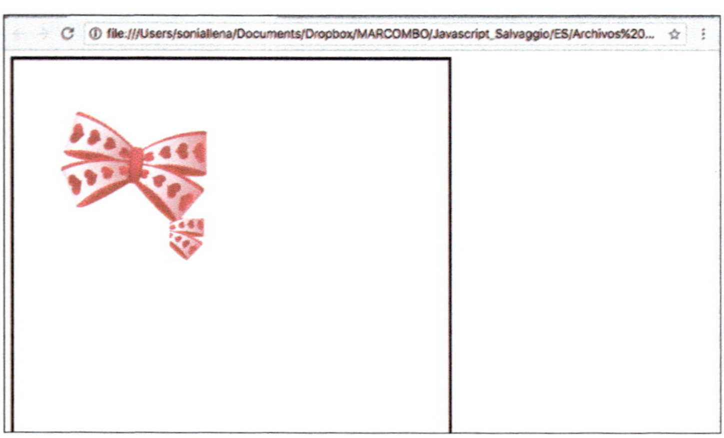

Figura 20.26 - Una imagen redimensionada y recortada.

Texto

Además de las imágenes, sobre un lienzo es posible añadir texto, siempre para enriquecer nuestros gráficos.

Antes de escribir el texto, es preciso definir su propiedad `font`, `textAlign` y, eventualmente, `textBaseline`.

Se trata de propiedades del objeto `context` del lienzo.

En cuanto a la propiedad `textAlign`, esta requiere una cadena que utiliza la misma sintaxis de la regla `font` en la hoja de estilos CSS.

Igual que ocurre en las hojas de estilo, cuando se utiliza solo `font` y no las reglas específicas como `font-family`, `font-style`... la cadena se compone colocando los elementos en un orden determinado, de manera que pueda ser interpretada correctamente.

Este orden es el siguiente:

- `style`
- `variant`
- `weight`
- `size`
- `height`
- `family`

Evidentemente, si no se desea especificar uno de estos valores, basta con omitirlo. Por ejemplo, la cadena:

```
"italic small-caps bold 20pt Arial";
```

produce un texto en cursivas (`font-style:italic`), minúsculas (`font-variant:small-caps`), negrita (`font-weight:bold`), de 20 puntos (`font-size:20pt`), Arial (`font-family:Arial`).

La propiedad `text-align` utiliza valores un poco distintos respecto a las hojas de estilo correspondientes.

Los valores posibles son:

- `left`: el texto está alineado a la izquierda.
- `right`: el texto está alineado a la derecha.
- `center`: el texto está alineado al centro.
- `start`: el texto está alineado al inicio de la línea que depende de la configuración general que indica si el texto va de izquierda a derecha o viceversa. Es el valor predefinido.
- `end`: el texto está alineado al final de la línea.

Para terminar, la propiedad `textBaseline` representa la línea de base sobre la cual se ha dibujado el texto y puede asumir los siguientes valores.

- `top`: la línea de base del texto es la parte alta del recuadro em.
- `hanging`: la línea de base del texto es la línea sobre la cual se apoyan eventuales signos diacríticos como acentos y diéresis sobre letras minúsculas (no soportado correctamente).
- `middle`: la línea de base del texto es el centro del recuadro em.
- `alphabetic`: la línea de base del texto es la línea de base normal de un texto alfabético.
- `ideographic`: la línea de base del texto es la parte inferior del cuerpo del carácter, si la parte inferior se extiende más allá de la línea de base alfabética (no soportado correctamente).
- `bottom`: la línea de base del texto es la parte inferior del recuadro que rodea el texto, cuando existen elementos muy ascendentes o descendentes.

En general, en cuanto a las lenguas occidentales, es suficiente con los valores `top`, `middle` o `bottom`. El esquema de la Figura 20.27 puede servirte de ayuda.

El recuadro em es el recuadro necesario para incluir completamente la letra más grande de un conjunto de caracteres. Se llama así porque, tradicionalmente, la letra que se consideraba más grande era la M mayúscula.

Para simplificar al máximo las cosas, puedes imaginarte el recuadro em como un recuadro un poco más amplio que una letra mayúscula del carácter en cuestión (debe ser un poco más grande para que incluya eventuales glifos y signos diacríticos).

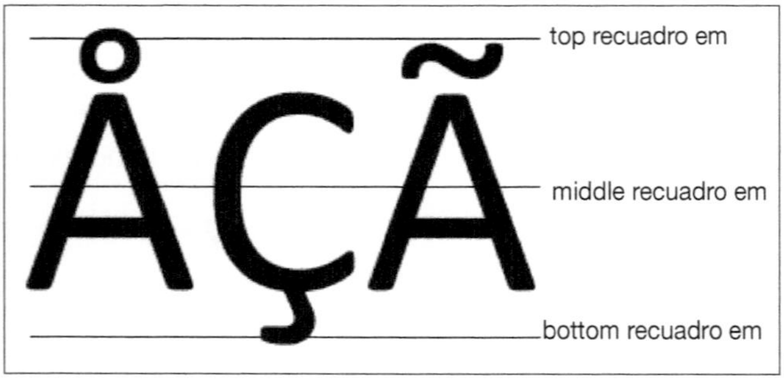

Figura 20.27 - El recuadro em.

Tras haber especificado todas las propiedades de un texto, debemos indicar cuál es el texto que deseamos escribir y las coordenadas desde las cuales se debe empezar a escribirlo.

Para ello, se utiliza el método `fillText`, con esta sintaxis:

```
fillText(text,x,y)
```

donde:

- `text` es el texto que se debe escribir.
- `x` e `y` son las coordenadas del lienzo desde las cuales se debe empezar a escribir.

Si se prefiere dibujar el contorno de un texto, es posible utilizar el método `strokeText` con la misma sintaxis de `fillTex`.

El color del texto se especifica con la propiedad `fillStyle` que ya hemos tenido la ocasión de utilizar varias veces.

Pongamos un ejemplo:

```
<script>
const miCanvas = document.getElementById('miCanvas');
const context = miCanvas.getContext('2d');
context.fillStyle='red';
context.font = 'italic  small-caps bold 20pt Arial';
context.textAlign='center';
context.fillText('Hola', 250,250);
context.strokeStyle='blue';
context.font = '40pt Times New Roman';
context.strokeText('Hola', 80,80);
</script>
```

Este código genera dos textos, uno relleno y otro solo con el contorno (Figura 20.28).

Puedes encontrar este ejemplo en el archivo texto.*html*

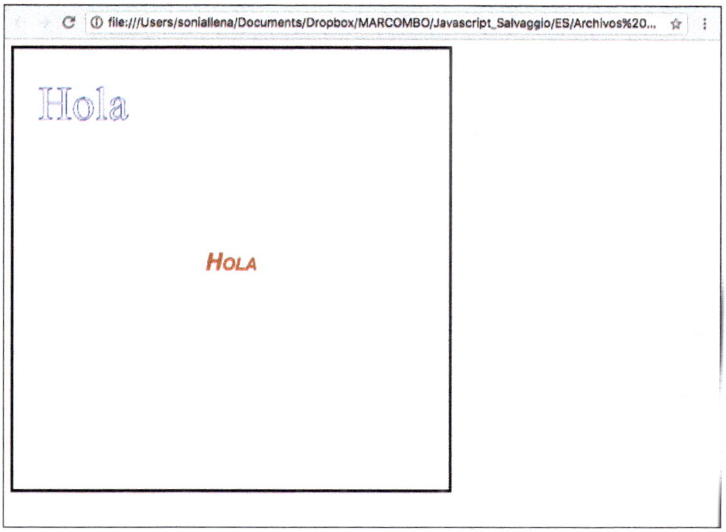

Figura 20.28 - Dos textos en un lienzo.

Sombras

Los objetos (formas, imágenes, texto) que se insertan en un lienzo pueden tener sombra.

Para definir la sombra, se deben configurar algunas propiedades del objeto `context`. En particular:

- `shadowOffsetX` = representa la ubicación de la sombra respecto al objeto sobre el eje x.
- `shadowOffsetY` = representa la ubicación de la sombra respecto al objeto sobre el eje y.
- `shadowBlur` = representa el desenfoque gaussiano de la sombra.
- `shadowColor` = representa el color de la sombra.

Este es un simple ejemplo de sombreado aplicado a una circunferencia (Figura 20.29).

```
<script>
const miCanvas = document.getElementById('miCanvas');
const context = miCanvas.getContext('2d');
context.fillStyle='#0000ff';
context.beginPath();
context.arc(250,250,100,0, Math.PI*2, true);
context.shadowOffsetX = 7;
context.shadowOffsetY = 7;
context.shadowBlur = 20;
context.shadowColor = 'rgba(125,125,125,0.5)';
context.fill();
</script>
```

Puedes encontrar este ejemplo en el archivo Sombra.*html*

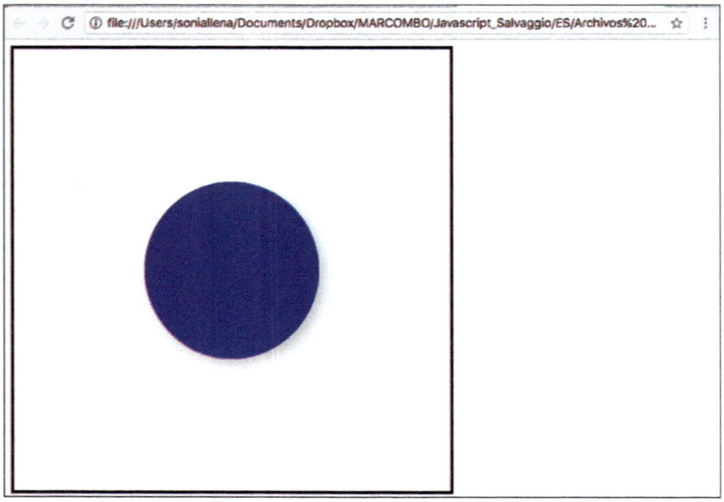

Figura 20.29 - Una sombra aplicada a una circunferencia.

Composiciones

Hasta ahora hemos dibujado una única figura en nuestro lienzo o, en algún caso, varias figuras pero sin solaparse.

Sin embargo, puede ocurrir que un gráfico, una imagen, un texto... se solape con lo que ya existe en el lienzo.

Por configuración predeterminada, el último gráfico añadido cubre y oculta los gráficos existentes, pero es posible trabajar con otros modos de solapado.

El modo de solapado se configura con la propiedad `globalCompositeOperation` del objeto `context`.

La configuración predeterminada utiliza el valor `source-over`. Si ves que la imagen que se solapa a lo que ya está dibujado en el lienzo está definida como **source** o **fuente**, el mismo nombre de este valor nos permite ver su significado: la imagen **source** está encima (*over*) del resto. El contenido que ya existe en el lienzo cuando se dibuja la imagen fuente se denomina ***destination*** o ***destino***.

Las otras opciones disponibles son:

- `source-in`: la imagen fuente se muestra solo cuando se sitúa sobre zonas opacas, es decir, zonas en las cuales ya existe contenido. La parte restante es transparente.
- `source-out`: la imagen fuente se muestra solo cuando se sitúa sobre zonas transparentes, es decir, zonas en las cuales no existe contenido. La parte que se solapa con las partes opacas es transparente.
- `source-atop`: la imagen fuente se muestra solo cuando se sitúa sobre zonas opacas. Las imágenes que ya existen en el lienzo (denominadas imágenes destino) se muestran en las partes donde la imagen fuente es transparente (es decir, no existe).
- `destination-over`: la imagen de destino cubre la imagen fuente. Es la opción contraria a `source-over`.
- `destination-in`: la imagen de destino se muestra solo cuando se solapan con ella zonas opacas de la imagen fuente. La parte restante es transparente. Es la opción contraria a `source-in`.
- `destination-out`: la imagen de destino se muestra solo cuando se solapan con ella zonas transparentes de la imagen fuente. La parte sobre la cual se solapan las partes opacas es transparente. Es la opción contraria a `source-out`.
- `destination-atop`: la imagen de destino se muestra solo cuando se solapan con ella zonas opacas de la imagen fuente. La imagen fuente se muestra donde la imagen de destino es opaca. Es la opción contraria a `source-atop`.
- `lighter`: en las zonas donde las áreas opacas de la imagen fuente y de la imagen destino se solapan, el color resultante se produce a partir de la suma de los colores de ambas imágenes.

- `darker`: (todavía no se soporta correctamente) en las zonas en las cuales las áreas opacas de la imagen fuente y de la imagen de destino se solapan, el color resultante se produce a partir de la resta de los colores de las dos imágenes. Es la opción opuesta a la anterior.
- `copy`: muestra la imagen fuente en lugar de la de destino.
- `xor`: los píxeles de la imagen fuente y de la de destino son transparentes en los puntos en que se solapan. En las otras partes se muestran normalmente.

Como referencia, puedes observar la imagen de la Figura 20.30, que ha sido generada con el código mostrado a continuación.

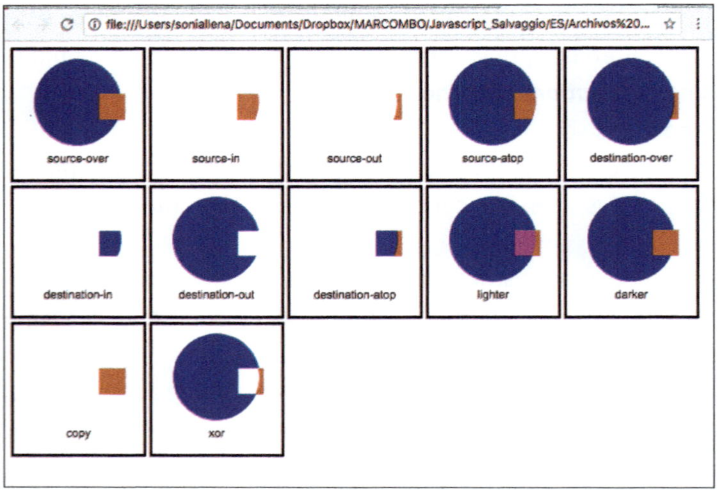

Figura 20.30 - Distintos valores para la propiedad globalCompositeOperation.

```
<!doctype html>
<html lang="es">
<head>
<meta charset="utf-8">
<title>Canvas compositing</title>
<style>
canvas {
    border:solid;
}
</style>
</head>

<body onLoad="rellenarLienzo()">
<canvas width="150" height="150" id="Lienzo0"></canvas>
<canvas width="150" height="150" id="Lienzo1"></canvas>
<canvas width="150" height="150" id="Lienzo2"></canvas>
<canvas width="150" height="150" id="Lienzo3"></canvas>
<canvas width="150" height="150" id="Lienzo4"></canvas>
```

```
<canvas width="150" height="150" id="Lienzo5"></canvas>
<canvas width="150" height="150" id="Lienzo6"></canvas>
<canvas width="150" height="150" id="Lienzo7"></canvas>
<canvas width="150" height="150" id="Lienzo8"></canvas>
<canvas width="150" height="150" id="Lienzo9"></canvas>
<canvas width="150" height="150" id="Lienzo10"></canvas>
<canvas width="150" height="150" id="Lienzo11"></canvas>

<script>
    function rellenarLienzo(){
        const compositeTypes = [
            'source-over','source-in','source-out','source-atop',
            'destination-over','destination-in','destination-out',
            'destination-atop',
            'lighter','darker','copy','xor'   ];

        for (let i=0; i<compositeTypes.length; i++){
            const context = document.getElementById('Lienzo'+i).getContext('2d');
            // dibuja circunferencia
            context.fillStyle='#0000ff';
            context.beginPath();
            context.arc(75,60,50,0,Math.PI*2,true);
            context.fill();
            // configura la superposición
            context.globalCompositeOperation = compositeTypes[i];
            // dibujar ángulo
            context.fillStyle='#ff0000';
            context.fillRect(100,  50, 30, 30);
            // configura la superposoción
            context.globalCompositeOperation = 'source-over';
            //escribo la etiqueta
            context.fillStyle='#000000';
            context.font = '10pt Arial';
            context.textAlign='center';
            context.fillText(compositeTypes[i],75,130)
        }
    }
</script>
</body>
</html>
```

Puedes encontrar este ejemplo en el archivo composicion*.html*

En el cuerpo de la página se han insertado doce elementos de lienzo a los cuales, con una regla de estilo, se ha asignado un borde punteado. Cada uno de estos lienzos tiene un id formado por la palabra *Lienzo* y un número progresivo (del 0 al 11).

En el encabezado de este documento, hemos insertado una función JavaScript, `rellenarLienzo()`, que más adelante se llama sobre el evento `onLoad` del elemento `<body>`.

A continuación, prestemos atención a esta función. En primer lugar, se crea un array, `compositeTypes`, que contiene cadenas que representan los posibles valores para la propiedad `globalCompositeOperation`.

Con un bucle `for`, ejecutado tantas veces como valores contiene el array `compositeTypes`, se recupera el objeto `context` de cualquier lienzo presente en la página escribiendo la palabra `Lienzo` al valor del índice `i`, después se dibuja una circunferencia, se configura el valor de la propiedad `globalCompositeOperation` asignándole el valor actual del array `compositeTypes`, a continuación se dibuja un rectángulo, se vuelve a configurar el valor estándar para la propiedad `globalCompositeOperation` y se escribe como texto el valor actual del array `compositeTypes`, que es también el valor de composición utilizado para la superposición de la circunferencia y el rectángulo.

Animaciones

Además de diseñar sobre lienzos, es posible crear animaciones.

Todo, o casi todo, se basa en la función JavaScript `setInterval`, que ya conoces y que permite llamar a una función a intervalos regulares.

Antes de mostrar el código, es preciso presentar el método `clearRect` del objeto `context`, que vacía una área rectangular dentro del lienzo. `clearRect` utiliza la siguiente sintaxis:

```
clearRect(x,y,width, height)
```

donde:

- `x` e `y` son las coordenadas del punto donde empieza el rectángulo que hay que eliminar.
- `width` y `height` son la altura y la anchura del rectángulo que hay que eliminar.

Para nuestro ejemplo, dibujaremos un *smile* que sonríe. Lo animaremos haciendo que se enfade a intervalos regulares.

El código que utilizaremos es el siguiente:

```
<script>
    let sonrie=true;
    let miCanvas;
    let context;
    function init(){
        miCanvas = document.getElementById('miCanvas');
        context = miCanvas.getContext('2d');
        setInterval(anima, 500);
    }
    function anima(){
        elimina();
        dibuja();
    }
    function dibuja(){
        //dibujo cara
        context.fillStyle ='#FF9';
        context.lineWidth=6;
        context.lineCap='round';
```

```
        context.beginPath();
        context.arc(250,250,50,0,Math.PI*2,true);
        context.stroke();
        context.fill()
        //dibujo ojos;
        context.beginPath();
        context.fillStyle ='#000';
        context.arc(230,240,5,0,Math.PI*2,true);
        context.stroke();
        context.fill();
        context.beginPath();
        context.arc(270,240,5,0,Math.PI*2,true);
        context.stroke();
        context.fill();
        if (sonrie){
            //dibujo enfado
            context.beginPath();
            context.arc(250,300,35,315*Math.PI*2/360,225*Math.PI*2/360,true);
            context.stroke();
            sonrie=false;
        } else {
            //dibujo sonrisa
            context.beginPath();
            context.arc(250,250,35,135*Math.PI*2/360,45*Math.PI*2/360,true);
            context.stroke();
            sonrie=true;
        }
    }
    function elimina(){
        context.clearRect(0,0,500,500);
    }
</script>
```

Puedes encontrar este ejemplo en el archivo animacion.*html*

Para empezar, creamos las variables `miCanvas`, `context` y `sonrie`. Las primeras ya las conocemos; `sonrie` es una variable booleana y servirá para almacenar el estado de la animación, es decir, si el *smile* sonríe (`true`) o está enfadado (`false`).

Después de crear estas variables, se define la función `init()`, que después será llamada sobre el evento `onLoad` de `<body>`.

La función `init()` recupera el lienzo y su área de trabajo de la página y, después, llama a la función `setInterval()`.

Esta llamada concreta de `setInterval()` (`setInterval(anima, 500);`) hace que el código llame a la función `anima()` (que definimos a continuación) cada 500 milisegundos (medio segundo). Este es el corazón de nuestra animación y define su "pulsación".

Vamos ahora a analizar la función `anima()`. Esta función se limita a llamar a la función `elimina()` y `dibuja()`. Veamos, con todo detalle, qué hacen estas dos funciones.

`elimina()` borra un rectángulo que empieza desde el punto 0,0 del lienzo y ocupa toda su anchura (500,500). Es decir, vacía todo el lienzo.

`dibuja()`, en cambio, debe trabajar un poco. En primer lugar, dibuja la cara y los ojos del *smile*; después, con la instrucción `if`, verifica el valor de la variable `sonrie`. Si su valor es `true`, dibuja una mueca de enfado y asigna a la variable el valor `false`; si no, dibuja una sonrisa y asigna a la variable `sonrie` el valor `true`.

Esta instrucción `if` unida a la variable `sonrie` es lo que permite la alternancia entre sonrisa y mueca de enfado.

Este código es un poco "radical", en el sentido que cada vez que se "pulsa" sobre la animación, se elimina todo el lienzo y se redibuja todo de nuevo. En realidad, podríamos eliminar solo la boca, es decir, solo el rectángulo que rodea la boca y redibujar solo dicha parte. También deberíamos redibujar un rectángulo amarillo en el área del rectángulo eliminado; si no, el *smile* amarillo tendría un "hueco" rectangular en torno a la boca.

De esta forma, podemos cambiar en la función `init()` el dibujo de la cara y de la boca. Esta parte del dibujo se haría solo una vez.

Este sería el código correcto (el resto de la página no cambia):

```
let sonrie=true;
    let miCanvas;
    let context;
    function init(){
        miCanvas = document.getElementById('miCanvas');
        context = miCanvas.getContext('2d');
    //dibujo cara
    context.fillStyle ="#FF9";
    context.lineWidth=6;
    context.lineCap='round';
    context.beginPath();
    context.arc(250,250,50,0,Math.PI*2,true);
    context.stroke();
    context.fill();
    //dibujo ojos
    context.beginPath();
    context.fillStyle ='#000';
    context.arc(230,240,5,0,Math.PI*2,true);
    context.stroke();
    context.fill();
    context.beginPath();
    context.arc(270,240,5,0,Math.PI*2,true);
    context.stroke();
    context.fill();
    setInterval(anima, 500);
  }

 function anima(){
    elimina();
    dibujaBoca();
 }
```

```
 function dibujaBoca(){
    //pinto de amarillo el rectángulo blanco que resulta de la eliminación de la
boca
    context.fillStyle ="#FF9";
    context.fillRect(220,260,60,30);
    if (sonrie) {
        //dibujo mueca enfado
        context.beginPath();
        context.arc(250,300,35,315*Math.PI*2/360,225*Math.PI*2/360,true);
        context.stroke();
        sonrie=false;
    } else {
        //dibujo sonrisa
        context.beginPath();
        context.arc(250,250,35,135*Math.PI*2/360,45*Math.PI*2/360,true);
        context.stroke();
        sonrie=true;
    }
}
function elimina(){
    context.clearRect(220,260,60,30);
}
```

Puedes encontrar este ejemplo en el archivo animacion2.*html*

Detener la animación

Las animaciones propuestas hasta ahora continúan hasta el infinito.

Para detener una animación, hay que utilizar el método `clearInterval()` y pasarle como argumento una variable que contiene el intervalo que la pone en marcha.

El uso de este método es sencillo.

En el código siguiente detendremos la animación una vez se hayan mostrado 10 veces la sonrisa. Para facilitar el recuento de las sonrisas cuando se visualiza la animación, se muestra (y elimina en cada nueva sonrisa de la animación) un número con dicho recuento en un texto en el ángulo superior izquierdo del lienzo. El recuento de sonrisas se lleva a cabo mediante la variable `nunSonrisas`.

```
let numSonrisas=0;
let sonrie=true;
let miCanvas
let context
let intervalo;
function init(){
    miCanvas = document.getElementById('miCanvas');
    context = miCanvas.getContext('2d');
    //dibujo cara
    context.fillStyle ='#FF9';
    context.lineWidth=6;
    context.lineCap='round';
    context.beginPath();
```

```
    context.arc(250,250,50,0,Math.PI*2,true);
    context.stroke();
    context.fill();
    //dibujo ojos
    context.beginPath();
    context.fillStyle ='#000';
    context.arc(230,240,5,0,Math.PI*2,true);
    context.stroke();
    context.fill();
    context.beginPath();
    context.arc(270,240,5,0,Math.PI*2,true);
    context.stroke();
    context.fill();
    intervalo=setInterval(anima, 500);
}
function anima(){
    elimina();
    dibujaBoca();
}
function dibujaBoca(){
    //pinto de amarillo el rectángulo blanco que resulta de la eliminación de la
boca
    context.fillStyle ='#FF9';
    context.fillRect(220,260,60,30);
    if (sonrie) {
        //dibujo mueca de enfado
        context.beginPath();
        context.arc(250,300,35,315*Math.PI*2/360,225*Math.PI*2/360,true);
        context.stroke();
        sonrie=false;
    } else {
        //dibujo la sonrisa
        context.beginPath();
        context.arc(250,250,35,135*Math.PI*2/360,45*Math.PI*2/360,true);
        context.stroke();
        sonrie=true;
        //aumento el número de sonrisas y lo muestro en pantalla
        numSonrisas +=1;
        context.fillStyle='#000';
        context.font = 'italic  small-caps bold 20pt Arial';
        context.fillText(numSonrisas,50,50);
    }
    if (numSonrisas===10) {
        //si las sonrisas son 10, detengo la animación
        clearInterval(intervalo);
    }
}
function elimina(){
    context.clearRect(220,260,60,30);
    //elimino el área donde se muestra el número de sonrisas
    context.clearRect(0,0,100,100);
}
```

Puedes encontrar este ejemplo en el archivo animacionStop.*html*

21

Geolocalización

La geolocalización es la capacidad de identificar la posición geográfica de un usuario. Cuando se sabe dónde se encuentra un usuario, se pueden personalizar los servicios ofrecidos según el lugar donde vive.

Temas tratados

- Leer las coordenadas geográficas
- Utilizar las coordenadas geográficas para cargar un mapa de Google
- Gestionar errores

Antes de empezar a hablar de geolocalización, es preciso realizar una importante premisa. La API de la geolocalización (http://www.w3.org/TR/geolocation-API/#security) prevé explícitamente que:

user agents must not send location information to web sites without the express permission of the user.

el cliente no puede enviar informaciones acerca de la localización a sitios web sin el permiso explícito del usuario.

Esto implica que el navegador, antes de enviar la información acerca de la posición del usuario, debe pedir de forma explícita su permiso.

Cada navegador lo hace de forma diferente, con una barra, un cuadro de diálogo (Figura 1.1), etc., pero no puede continuar sin el permiso explícito del usuario.

Figura 21.1 - Chrome solicita permiso para enviar los datos acerca de la ubicación del usuario.

Por norma general, una vez se ha dado el permiso para enviar la información de la localización a una página específica, el navegador lo recuerda para las siguientes visitas a dicha página.

Recuperar las coordenadas geográficas

Después de esta obligada premisa, veamos cómo recuperar y utilizar las informaciones acerca de la posición del usuario. También en esta ocasión se necesita un poco de JavaScript.

Para recuperar las coordenadas geográficas, se utiliza el método `getCurrentPosition()` del objeto `navigator.geolocation`, con la sintaxis siguiente:

```
getCurrentPosition(successCallback, errorCallback, options);
```

donde:

- `successCallback` es la función (es decir, un conjunto de instrucciones) callback que se debe ejecutar si la geolocalización se realiza con éxito.
- `errorCallback` (opcional) es la función callback que se debe ejecutar si se verifica un error en la geolocalización.
- `options` (opcional) son otras opciones que se utilizan cuando se recuperan las informaciones de localización.

Pongamos un ejemplo sencillo:

```
<script>
  navigator.geolocation.getCurrentPosition(localizame);
  function localizame(posicion) {
    const latitudes = posicion.coords.latitude;
    const longitud = posicion.coords.longitude;
    alert(`Latitud: ${latitud}, longitud: ${longitud}`);
  }
</script>
```

Puedes encontrar este ejemplo en el archivo geolocalizacion.*html*

Para el método `getCurrentPosition` hemos especificado solo el primer argumento, es decir, solo la función que se debe ejecutar, si la geolocalización termina satisfactoriamente.

Esta función se denomina `localizame` y se le pasa un objeto, `posicion`, donde están almacenadas los datos sobre la localización.

Después, utilizamos las propiedades de este objeto para recuperar la latitud y la longitud identificadas y mostrarlas en una ventana `alert`.

El resultado en Chrome se muestra en la Figura 21.2.

Figura 21.2 - El resultado de la geolocalización.

NOTA

Para obtener un resultado correcto en Chrome, hay que publicar la página en Internet. Si se visualiza en local puede ser que no funcione.

Las propiedades del objeto que contiene los datos acerca de la localización (posición, en nuestro caso) se muestran en la Tabla 21.1.

Tabla 21.1 - Propiedades de las coordenadas

Propiedad	Tipo devuelto	Valor
`coords.latitude`	double	Latitud en grados decimales
`coords.longitude`	double	Longitud en grados decimales
`coords.altitude`	double o null	Altitud en metros
`coords.accuracy`	double	Precisión horizontal de la posición
`coords.altitudeAccuracy`	double o null	Precisión vertical de la posición
`coords.heading`	double o null	Dirección del cambio de posición (si el usuario está en movimiento) medida en grados en sentido horario desde el norte
`coords.speed`	double o null	Velocidad del cambio de posición (si el usuario está en movimiento)
`timestamp`	DOMTimeStamp	Fecha y hora del momento de la detección de la posición

Gestionar errores

Hemos dicho que el usuario puede no otorgar la autorización para el envío de sus coordenadas o bien, por distintos motivos, que no se pueda detectar correctamente su posición. En este caso, sobre todo si las coordenadas del usuario se utilizarán para llevar a cabo alguna operación, es recomendable gestionar el eventual error.

Tabla 21.2 - Gestión de errores

Código	Mensaje	Tipo de error
1	`PERMISSION_DENIED`	El usuario no ha dado permiso para comunicar sus coordenadas geográficas
2	`POSITION_UNAVAILABLE`	La red no está disponible o bien los satélites de posicionamiento no pueden ser contactados
3	`TIMEOUT`	El tiempo necesario de la red para comunicar la posición es demasiado largo y la operación se ha interrumpido. Más adelante veremos cómo especificar el tiempo de *timeout*
0	`UNKNOWN_ERROR`	Se ha verificado un error desconocido que no es ninguno de los anteriores

En caso de error, como hemos visto anteriormente, se llama la función callback `errorCallback`, con el objeto `PositionError` cuyas propiedades, `code` y `message`, contienen informaciones acerca del error. `Code` es el valor numérico del error y `message` es un mensaje, en inglés, que describe el error, como muestra la Tabla 21.2.

Veamos ahora un ejemplo sencillo que muestra mensajes personalizados en ventanas alert en caso de error. Evidentemente, en un uso real, se deben llevar a cabo distintas operaciones según el tipo de error que se ha verificado

```
<script>
navigator.geolocation.getCurrentPosition(localízame, gestionError);
function localizame(posicion) {
      const latitud = posicion.coords.latitude;
      const longitud = posicion.coords.longitude;
      alert(`Latitud: ${latitud}, longitud: ${longitud}`);
}
function gestionError(error) {
      if (error.code === 1) {
        alert('como no me has permitido el envío de la información, no sé decirte
dónde estás');
      } else if (error.code === 2) {
        alert('no puedo recuperar y enviar la información necesaria');
      } else {
        alert('ha surgido un error imprevisto');
      }
}
</script>
```

Puedes encontrar este ejemplo en el archivo geolocalizacionGestionErrores.*html*

Opciones

Describiendo el método `getCurrentPosition`, hemos visto que acepta tres parámetros: la función callback que se debe llamar en caso de éxito, la función callback que se debe llamar en caso de error y las opciones. Ya hemos descrito los dos primeros parámetros, por lo que solo nos queda el tercero, referente a las opciones que definen el modo en que se comporta la función `getCurrentPosition`. Los parámetros disponibles son tres, como muestra la Tabla 21.3.

Tabla 21.3 - Parámetros de getCurrentPosition.

Opción	Tipo	Significado
`enableHighAccuracy`	boolean	Requiere la mayor precisión posible en los resultados. No todos los dispositivos son capaces de comunicar datos tan precisos. requiere más tiempo y recursos de procesamiento. Si no se especifica nada, tiene el valor `false` *Sigue*

Continuación

maximumAge	long	Especifica el tiempo máximo (en milisegundos) para el almacenamiento de la posición en la caché
timeout	long	Especifica el tiempo máximo (en milisegundos) que puede ser utilizado para recuperar los datos de localización. Transcurrido este tiempo, la operación queda interrumpida

Sobre las opciones no nos queda mucho más que decir, si no es mostrar cómo se configura una. Se trata de una operación muy sencilla, por lo que solo mostramos la parte de código que hemos modificado:

```
navigator.geolocation.getCurrentPosition(localizame,gestionError,
{enableHighAccuracy:true});
```

Puedes encontrar este ejemplo en el archivo geolocalizoOpciones.*html*

Mostrar un mapa de Google

En las páginas anteriores hemos visto cómo detectar la posición geográfica de los usuarios, pero no hemos visto ningún uso práctico (además, cada desarrollador puede decidir utilizar como mejor le parezca los datos obtenidos).

Un uso típico consiste en mostrar en la página un mapa de Google Maps que muestra la posición del usuario. Se trata de una operación realmente sencilla.

Veamos cómo hacerlo.

Mostraremos el mapa dentro de un elemento `<iframe>` (Figura 21.3).

```
  <style>
    #mapa {
      width: 500px;
      height: 500px;
    }
  </style>
</head>

<body>
  <iframe id="mapa"></iframe>

  <script>
    navigator.geolocation.getCurrentPosition(localizame, gestionError);
    function localizame(posicion) {
      const latitud = posicion.coords.latitude;
      const longitud = posicion.coords.longitude;
      document.getElementById('mapa').src =
        `http://maps.google.it/maps?hl=it&ie=UTF8&q=${latitud},
        ${longitud}&z=17&output=embed`;
```

```
    }
    function gestionError(error) {
      if (error.code === 1) {
        alert('como no me has permitido el envío de la información, no sé decirte
dónde estás');
      } else if (error.code === 2) {
        alert('no puedo recuperar y enviar la información necesaria');
      } else {
        alert('ha surgido un error imprevisto');
      }
}
</script>
```

Puedes encontrar este ejemplo en el archivo geolocalizacionMapa.*html*

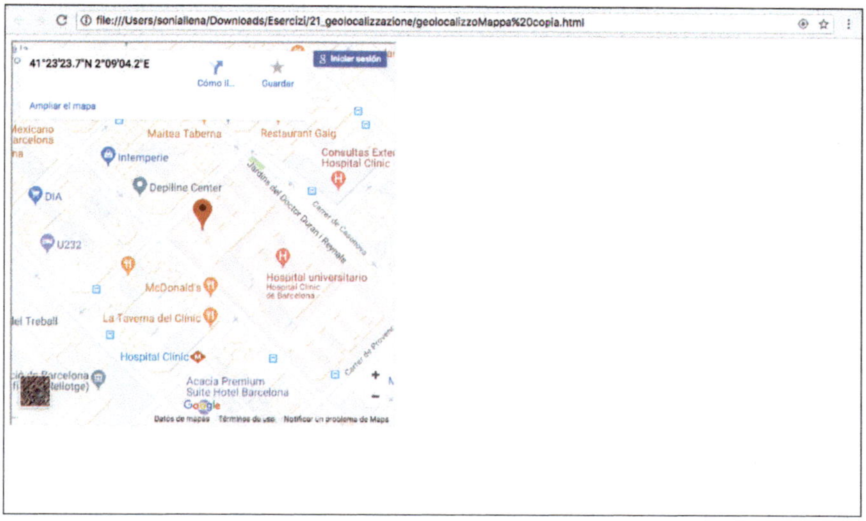

Figura 21.3 - Un mapa de Google en un elemento <iframe>.

Básicamente, para cargar un mapa de Google en un `<iframe>` (y también en un navegador) debemos construir el URL indicando la latitud y la longitud del lugar del cual nos interesa ver el mapa, además de otros parámetros.

En el caso concreto del ejemplo, la dirección que hemos construido es la siguiente:

```
`http://maps.google.com/maps?hl=es&ie=UTF8&q=${latitud},${longitud}&z=17&output=embed`;
```

La latitud y la longitud se especifican utilizando los valores extraídos de la geolocalización. Estos valores se especifican como parámetro **q** (o **near**).

Nuestro URL contiene también otros parámetros. En la Tabla 21.4 mostramos el significado.

Tabla 21.4 - Parámetros para la geolocalización.

Parámetro	Significado
`hl` (*host language*)	El código del idioma en que se desea que se exprese el mapa (o mejor dicho, los vínculos y las opciones que aparecen sobre él). En este caso, hemos elegido el español
`ie` (*input character encoding*)	Especifica la codificación de los caracteres. En este caso, utf 8
`z` (*zoom*)	Es el *zoom* utilizado por el mapa. Puede variar del 1 al 20. Nosotros hemos utilizado el valor 17
`output`	Indica el tipo de salida (*output*) deseada. Nosotros hemos elegido `output=embedded`, que indica que el código HTML resultante es adecuado para ser incluido en un sitio de terceros

Si deseas más información sobre el resto de parámetros disponibles para crear el URL de los mapas de Google, puedes consultar la siguiente página (en inglés):

http://asnsblues.blogspot.it/2011/11/google-maps-query-string-parameters.html

22

Web worker

Otra de las novedades interesantes de HTML 5 es la posibilidad de ejecutar en segundo plano scripts que no interfieren con la interfaz de usuario y, por tanto, que no bloquean la página durante su ejecución.

Temas tratados

- Ejecutar código en segundo plano
- Comunicarse desde y hacia el web worker
- Finalizar un worker
- Gestionar errores
- Pasar objetos al worker
- Workers compartidos

Los ***web workers*** son un medio para ejecutar código JavaScript en segundo plano, es decir, ejecutado al mismo tiempo que un programa principal. El worker puede ejecutar acciones sin interferir con la interfaz de usuario y sin interrumpir la ejecución de la página principal, de forma parecida a como ocurre con las llamadas `XMLHttpRequest` de las cuales hemos hablado en los capítulos dedicados a JSON y a Ajax y a los servicios REST.

Los web workers son útiles sobre todo cuando se deben ejecutar scripts largos que requieren mucho tiempo para el procesamiento, se evita así ralentizar la ejecución de toda la página.

En nuestros ejemplos se utilizarán workers muy sencillos para que podamos precisamente concentrarnos en su uso, independientemente de su objetivo real.

El código del worker debe ser escrito en un archivo JavaScript externo que posteriormente será llamado por el programa principal. Sin embargo, hay que tener en cuenta que el script del worker no tiene acceso al DOM, es decir, a la estructura de la página, ni tiene acceso directo a la página principal. El worker y el programa principal pueden comunicarse entre sí gracias a mensajes que permiten transferir datos entre un archivo y otro, de un programa a otro.

Seguramente, todo quedará más claro con un ejemplo.

Empezamos a escribir el código de la página HTML que llama al worker.

```
<body>
  <div id="secuencia"></div>
  <script>
  const worker = new Worker('worker1.js');
  worker.onmessage = function(event) {
    document.getElementById('secuencia').textContent += event.data+' ';
  };
  </script>
</body>
```

Puedes encontrar este ejemplo en el archivo html1.*html*

La parte HTML de la página contiene simplemente un `<div>` con `id` igual a `secuencia`. Este `<div>` está vacío y se completará con el resultado de la ejecución del script insertado en el encabezado del documento. Observa que, a diferencia de los ejemplos que hemos desarrollado hasta ahora, para escribir en el `<div>` no recurrimos a su propiedad `innerHTML`, sino a `textContent` que representa el contenido textual de un nodo HTML (y, así, sin otras etiquetas HTML). El contenido del `<div>` se actualiza añadiendo, a través del operador de asignación compuesto (`+=`), al contenido mismo (`textContent += event.data+' '`) el resultado del procesamiento del worker.

Una vez dicho esto, regresamos a nuestros scripts. La primera operación ejecutada es la creación del worker (`const worker = new Worker('worker1.js')`) con el constructor `Worker()`, que llama al URI del archivo que contiene el worker (en nuestro caso, un archivo que se encuentra en la misma carpeta que el archivo HTML).

Inmediatamente después, es preciso recibir y utilizar el mensaje que llega desde el worker. Para ello, está disponible la propiedad `onmessage` del objeto `worker`, al cual se asigna una función que, a su vez, es llamada con un objeto `event` que contiene los datos procedentes del `worker` (`worker.onmessage = function(event)`). En este caso, la función no hace más que tomar el contenido del objeto `event` (`event.data`) y escribirlo en el `<div id='secuencia'>`.

En este momento, debemos ocuparnos del worker. Se trata de un código muy simple que genera valores multiplicando a intervalos regulares el valor de partida:

```
let i = 1;
setInterval(multiplica, 300);
function multiplica() {
    i *= 2;
    postMessage(i);
}
```

Puedes encontrar este ejemplo en el archivo worker1.*js*

Se crea así una variable i que se multiplica continuamente por 2 llamando mediante setInterval a la función multiplica(). multiplica(), además de ejecutar la multiplicación, utiliza postMessage para enviar un mensaje al programa principal. En este caso, el mensaje está formado por el valor de la variable i.

Este mensaje es el que "escucha" onmessage. Por lo tanto, el dato escrito en el <div> será el valor de la variable i que, para cada mensaje, resultará el doble del valor anterior. Como en el código HTML el valor derivado del worker siempre se añade a todo cuanto ya existe en el <div>, se obtiene una secuencia de números (Figura 22.1).

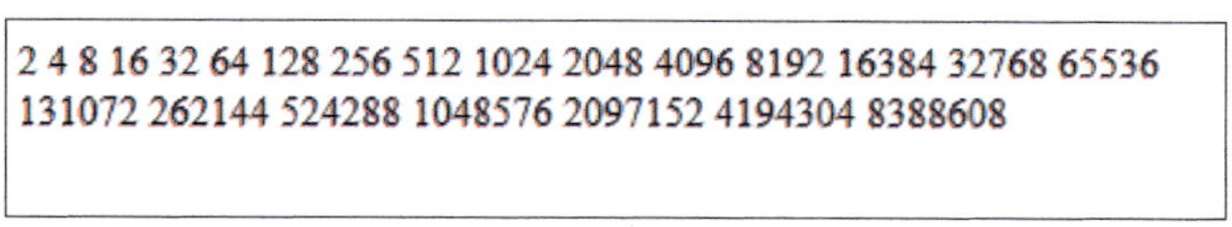

Figura 22.1 - La secuencia de números resultantes.

Comunicación bidireccional

La comunicación que acabamos de experimentar no debe ir necesariamente del worker al programa principal (en nuestro caso, el de la página HTML), sino que puede ser **bidireccional**: en la práctica, el programa principal también puede enviar mensajes al worker.

En estos casos, podríamos modificar el ejemplo que acabamos de ver de manera que sea la página HTML la que envíe al worker el valor de la variable i. En primer lugar, configuramos el script para que envíe un valor al worker:

```
<script>
const worker = new Worker('worker2.js');
let numero = 2;
worker.postMessage(numero);
worker.onmessage = function (event) {
    document.getElementById('secuencia').textContent += event.data + ' ';
};
</script>
```

Puedes encontrar este ejemplo en el archivo html2.html

Se puede ver inmediatamente que el programa principal envía un mensaje al worker exactamente con la misma técnica (postMessage) utilizada para enviar un mensaje desde el worker a la página HTML. Evidentemente, se debe corregir también el worker de manera que pueda recuperar y utilizar el contenido del mensaje enviado desde la página HTML.

```
<script>
let i;
onmessage = function (event) {
    i = event.data;
};
setInterval(generaSecuencia, 300);
function generaSecuencia() {
    if (i) {
        i *= 2;
        postMessage(i);
    }
}
</script>
```

Puedes encontrar este ejemplo en el archivo worker2.*js*

También en este caso el worker recupera el mensaje exactamente igual que la página HTML, es decir, a través de onmessage con el objeto evento que contiene el dato enviado. También es preciso verificar que i tenga un valor (if(i)) antes de enviarlo a la página HTML.

Esta modificación (la comprobación de i) por ahora es superflua, puesto que inmediatamente la página HTML envía un valor para i al worker. Más adelante, haremos que sea el usuario quien elija, mediante un módulo en la página HTML, el valor desde el cual debe empezar la secuencia. En dicho caso, la comprobación del valor de i es fundamental. Sin esta comprobación en la página HTML, aparecería el valor null hasta que el usuario no definiera un valor para i desde el módulo.

Esta parte del código es el único cambio en el worker, que, para el resto, permanece igual. Si ahora se ejecuta la página HTML, es posible ver que la secuencia empieza en 4 (i*2) y después continúa.

En este caso, el valor que se debe comunicar al worker ha sido insertado directamente en el código de la página HTML, pero también se puede pedir al usuario agregarlo a través de un módulo. En este caso, es posible modificar el código HTML como se muestra a continuación. El worker no necesita modificaciones, puesto que ya puede recuperar el valor enviado por el archivo HTML.

```
<body>
  <form name="agregarNumero" action="mailto:" method="post">
    <label>Elige un número
```

```
      <input type="number" min=1 max=10 value=1 id="numero" name="numero">
    </label>
    <input type="button" value="inicia secuencia" onClick="configuraNumero()">
  </form>
  <div id="secuencia"></div>
  <script>
    const worker = new Worker('worker2.js');
    worker.onmessage = function (event) {
      document.getElementById('secuencia').innerHTML += event.data + ' ';
    };
    function configuraNumero() {
      const numero = document.getElementById('numero').value;
      worker.postMessage(numero);
    }
  </script>
</body>
```

Puedes encontrar este ejemplo en el archivo html3.*html*

El módulo contiene un campo de tipo `number` con el cual se puede elegir el número que se debe enviar al worker y un botón que llama a la función `configuraNumero()` que recupera el número elegido por el usuario y lo envía al worker.

Ahora solo nos queda ejecutar la página HTML: la escritura de los números empieza solo cuando el usuario elige un número y pone en marcha la secuencia. La secuencia empieza desde el doble del número elegido por el usuario (Figura 22.2).

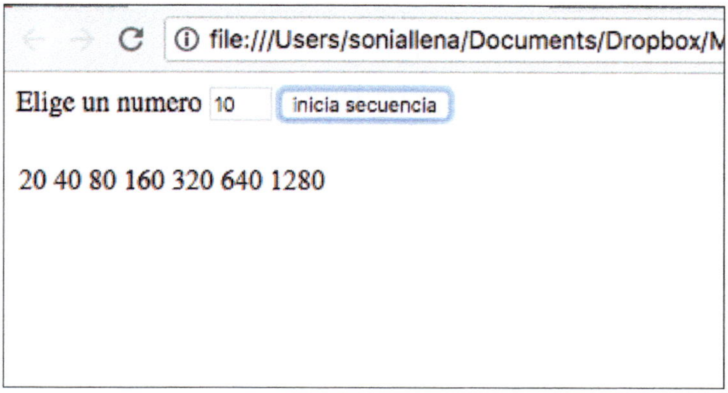

Figura 22.2 - Ahora la secuencia empieza a partir del valor insertado por el usuario.

Pasar objetos

Hasta ahora, en la comunicación entre página y worker, solo se han pasado datos simples. Sin embargo, es posible pasar sin problemas objetos que pueden ser serializados y deserializados automáticamente.

Los objetos pasados no deben contener funciones o referencias en bucle.
Este sería un ejemplo extremadamente sencillo.
A continuación, mostramos el código del archivo HTML:

```
<body>
    <div id="nombre"></div>
    <script>
        function Persona() {
            this.nombre = 'Alessandra';
            this.apellido = 'Salvaggio';
            this.fechaNacimiento = '1973/06/11';
        }
        const autora = new Persona();
        const worker = new Worker('workerObjeto.js');
        worker.postMessage(autora);
        worker.onmessage = function (event) {
            document.getElementById('nombre').textContent = event.data;
        };
    </script>
</body>
```

Puedes encontrar este ejemplo en el archivo htmlObjeto.*html*

Este código crea un objeto (`Persona`) que tiene tres propiedades: nombre, apellido y fecha de nacimiento. A continuación se crea una instancia (`autora`) de este objeto. A través del habitual `postMessage`, la instancia del objeto se pasa al worker.

El ejemplo podría ser mejorado recuperando los datos desde un módulo, pero por ahora no es necesario hacerlo, puesto que el objetivo del ejemplo es solo mostrar cómo transferir un objeto entre la página HTML y el worker.

Este objeto se recuperará y se utilizará en el worker. En concreto, se recupera la propiedad `fechaNacimiento` (`event.data.fechaNacimiento`), que se utilizará a continuación para calcular (de un modo bastante apresurado, la verdad) la edad de la instancia pasada.

Este es el código que necesitamos:

```
onmessage = function (event) {
    const fechaN = new Date(event.fecha.fechaNacimiento);
    const hoy = new Date();
    const años = (hoy.getYear() - fechaN.getYear());
    postMessage(años);
};
```

Puedes encontrar este ejemplo en el archivo workerObjeto.*js*

Después de haber calculado la edad, el worker la envía al archivo HTML y este la muestra en el navegador.

Finalizar el worker

Un worker no debe necesariamente continuar su ejecución para siempre o hasta que termina el proceso. También es posible interrumpir la ejecución de un worker desde la página HTML, utilizando el método `terminate()` del objeto `worker`

Para probar este método, basta con añadir al archivo HTML del penúltimo ejemplo (el que envía un número seleccionado por el usuario al worker) el botón *Detener secuencia*, que llama a la función `interrumpirSecuencia()` (que, a su vez, detiene la ejecución del worker).

Veamos cómo modificar el archivo HTML. También en este caso el código del worker no necesita ningún cambio.

```
<body>
  <form name="agregarNumero" action="mailto:" method="post">
    <label>Elige un número
      <input type="number" min=1 max=10 value=1 id="numero" name="numero">
    </label>
    <input type="button" value="inicia secuencia" onClick="configuraNumero()">
    <input type="button" value="deten secuencia" onClick="detenerSecuencia()">
  </form>
  <div id="secuencia"></div>
  <script>
    const worker = new Worker('worker2.js');
    worker.onmessage = function (event) {
      document.getElementById('secuencia').innerHTML += event.data + ' ';
    };
    function configuraNumero() {
      const numero = document.getElementById('numero').value;
      worker.postMessage(numero);
    }
    function detenerSecuencia() {
      worker.terminate();
    }
  </script>
</body>
```

Puedes encontrar este ejemplo en el archivo html4.*html*

En cuanto el usuario pulsa el botón *Detener secuencia*, la escritura de la secuencia se interrumpe. Una vez se ha detenido el worker, no se puede volver a poner en marcha: se debe crear un nuevo objeto worker que haga referencia al archivo JavaScript utilizado por el worker interrumpido.

Es posible probar este comportamiento en el archivo de ejemplo. Además, al pulsar el botón *Detener secuencia*, antes de empezar a escribir la secuencia de números, ya no será posible iniciar la secuencia.

Para omitir este problema, se podría deshabilitar el botón *Detener secuencia* hasta que la secuencia no se haya puesto en marcha. Basta con corregir el archivo HTML como se muestra a continuación.

```
<body>
  <form name="agregarNumero" action="mailto:" method="post">
    <label>Elige un número
      <input type="number" min=1 max=10 value=1 id="numero" name="numero">
    </label>
    <input type="button" value="inicia secuencia" onClick="configuraNumero()">
    <input type="button" value="deten secuencia" onClick="detenerSecuencia()"
    disabled name="detener">
  </form>
  <div id="secuencia"></div>
  <script>
    const worker = new Worker('worker3.js');
    worker.onmessage = function (event) {
      document.getElementById('secuencia').innerHTML += event.data + ' ';
    };
    function configuraNumero() {
      const numero = document.getElementById('numero').value;
      worker.postMessage(numero);
      document.agregarNumero.elements['detener'].disabled = false;
    }
    function detenerSecuencia() {
      worker.terminate();
    }
  </script>
</body>
```

Puedes encontrar este ejemplo en el archivo html5.*html*

Además de detener el worker desde la página HTML, también es posible finalizarlo con su método `close()`. Por ejemplo, se puede interrumpir la secuencia cuando llega a un número mayor de 1000.

Esta vez, es preciso corregir el archivo del worker:

```
let i;
onmessage = function (event) {
    i = event.data;
};
setInterval(generaSecuencia, 300);
function generaSecuencia() {
    if (i) {
        i *= 2;
        if (i > 1000) {
            close();
        } else {
            postMessage(i);
        }
    }
}
```

Puedes encontrar este ejemplo en el archivo worker3.*js*

Gestión de errores

Cuando en el worker se verifica un error en tiempo de ejecución, se llama al gestor de eventos `onerror`, el cual recibe el evento `error` que implementa la interfaz `ErrorEvent`.

El objeto `error` dispone de tres propiedades que devuelven información sobre el error:

- `message`: un mensaje de texto que describe el error.
- `filename`: el nombre del archivo que contiene el script en el cual se ha verificado el error.
- `lineno`: el número de línea en el archivo de scripting que ha causado el error.

La función que gestiona el error debe insertarse en el archivo HTML.

```
<body>
  <form name="agregarNumero" action="mailto:" method="post">
    <label>Elige un número
      <input type="number" min=1 max=10 value=1 id="numero" name="numero">
    </label>
    <input type="button" value="inicia secuencia" onClick="configuraNumero()">
    <input type="button" value="deten secuencia" onClick="detenerSecuencia()"
    disabled name="detener">
  </form>
  <div id="secuencia"></div>
  <script>
    const worker = new Worker('worker4.js');
    worker.onmessage = function (event) {
      document.getElementById('secuencia').innerHTML += event.data + ' ';
    };
    worker.onerror = function (event) {
      alert(`mensaje: ${event.message}filename: ${event.filename}lineno:
      ${event.lineno}`);
    };
    function configuraNumero() {
      const numero = document.getElementById('numero').value;
      worker.postMessage(numero);
      document.agregarNumero.elements['detener'].disabled = false;
    }
    function detenerSecuencia() {
      worker.terminate();
    }
  </script>
</body>
```

Puedes encontrar este ejemplo en el archivo html6.*html*

Evidentemente, es preciso modificar también el archivo del worker para que genere un error en tiempo de ejecución. Basta con escribir de manera incorrecta el nombre de un método o de una propiedad.

```
let i;
onmessage = function (event) {
    i = event.data;
};
portMessage(i);
```

Puedes encontrar este ejemplo en el archivo worker4.*js*

Como hemos escrito `portMessage` en lugar de `postMessage`, en cuanto el archivo HTML llama al archivo del worker, se verifica un error. En este caso en concreto, se muestra un mensaje con todos los datos relativos al error (Figura 22.3) que se ha verificado.

Importar scripts externos

Es posible importar scripts o librerías externas dentro de un worker. Para ello, se puede utilizar la función global `importScripts()`, que requiere como argumento el nombre y la ruta de los archivos del script que se desea cargar.

```
importScripts("miScriptUno()", "miScriptDos()","miScriptTres()");
```

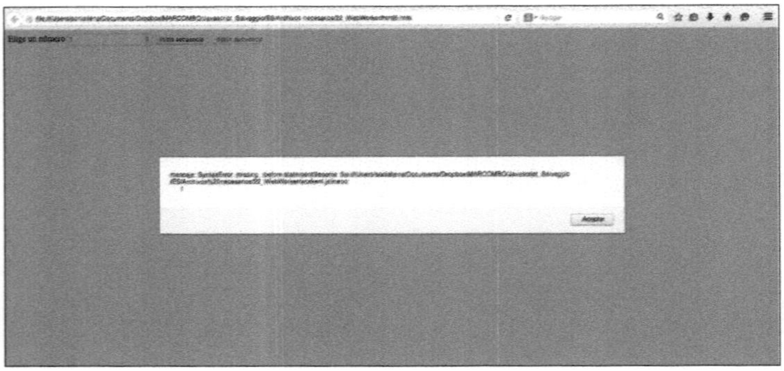

Figura 22.3 -
La descripción del error.

Los scripts se ejecutan en el orden en que se especifican dentro de la función `importScripts()`. La ejecución es síncrona, por lo tanto `importScripts()` no devuelve nada hasta que todos los scripts hayan sido cargados y ejecutados.

Objetos a los cuales puede acceder el worker

Para terminar el tema dedicado a los web workers, queremos precisar algunos detalles. El web worker no tiene acceso al objeto `window` ni al objeto `document`, por lo que desde el worker no se puede acceder a las API que manipulan y gestionan el DOM.

El área de validez es el worker mismo y **no** la página HTML. En consecuencia, el worker puede acceder al objeto `self`, que representa al worker, y a `navigator` que representa al navegador. En cuanto al objeto `navigator` el worker puede acceder a las propiedades:

- `appName`
- `appVersion`
- `platform`
- `userAgent`

Además de estos objetos, el worker puede acceder al objeto `location`, pero en modo de solo lectura. Este objeto dispone de los siguientes atributos:

- `href`
- `protocol`
- `host`
- `hostname`
- `port`
- `pathname`
- `search`
- `hash`

Workers compartidos

Los workers que hemos visto hasta ahora son workers únicos, que son llamados por una única página HTML. Sin embargo, existe una versión distinta de web workers que permite a varias páginas del mismo dominio compartir el uso de un mismo procedimiento worker.

Esta elección es muy cómoda si el resultado de un worker sirve para varias páginas y evita malgastar memoria y tiempo de inicialización para cargar dos o más copias del mismo worker.

A continuación, explicamos cómo crear un worker compartido Este tipo de worker utiliza una sintaxis un poco distinta a la de los workers normales Para empezar, este es el código de la página que llama al worker.

> **NOTA**
> Para probar los ejemplos siguientes, es recomendable visualizarlos mediante un servidor web, puesto que si no, corremos el riesgo de que no funcionen correctamente.

Todos los archivos de este ejemplo se encuentran en las carpetas SharedWorker y Shared-WorkerListener

```
<body>
  <div id="secuencia"></div>
  <script>
    const worker = new SharedWorker('shared.js');
    worker.port.onmessage = function (event) {
      document.getElementById('secuencia').innerHTML = event.data;
    };
    worker.port.postMessage('página1');
  </script>
</body>
```

Puedes encontrar este ejemplo en el archivo pag1.*html*

Las únicas novedades de este código se encuentran en el objeto `port` de la instancia del `worker`: los eventos `onmessage` y `postMessage` pertenecen ahora a este objeto y no al objeto `worker`.

A decir verdad, además de utilizar la sintaxis que acabamos de describir, se podría también añadir un listener para el evento `message` del objeto `port`. La sección `<script>` del código propuesto más arriba también podría reescribirse del modo siguiente:

```
const worker = new SharedWorker('shared.js');
worker.port.addEventListener('message', onWorkerMessage, false);
worker.port.start();
function onWorkerMessage(event) {
      document.getElementById('secuencia').innerHTML =    event.data;
}
worker.port.postMessage('pagina1');
```

Observa que, además de crear el listener para el evento `message`, también se debe añadir el evento `start()` para el objeto `port` del worker. Aunque hayamos creado la página HTML (que se ha guardado con el nombre pag1.*html*), ahora es necesario crear el worker que utiliza el mensaje enviado por la página. En este caso, el mensaje es la simple línea de texto `"pagina1"`. Este es el código del worker:

```
let conexiones = 0;
let mensaje = "";
onconnect = function(event) {
  conexiones += 1;
  const port = event.ports[0];
  port.onmessage = function(e) {
    mensaje = mensaje + ' ' + e.data;
    port.postMessage(mensaje + '<br> num conexiones activas: ' + conexiones) ;
  }
}
```

Puedes encontrar este ejemplo en el archivo shared.*js*

La diferencia principal de este código respecto al de los workers habituales consiste en el uso del evento `onconnect` que se llama cada vez que una página contiene una referencia al worker compartido. Después, se crea un `port` para el objeto conectado y, a continuación, se utiliza este `port` para enviar un mensaje al objeto (es decir, a la página HTML).

En este caso, el mensaje que se envía es una concatenación de los mensajes que han sido enviados por las distintas páginas que se han conectado al worker (`mensaje = mensaje + ' ' + e.data`); a este se añade el valor de la variable `conexiones`, que aumenta una unidad cada vez que un objeto se conecta al worker.

Antes de probar este worker compartido, puede ser útil crear otra página HTML que también lo utilice. Esta segunda página es idéntica a la primera, pero envía un mensaje distinto.

```
<body>
  <div id="secuencia"></div>
  <script>
  const worker = new SharedWorker("shared.js");
  worker.port.onmessage = function(event) {
    document.getElementById('secuencia').innerHTML = event.data
  }
  worker.port.postMessage('página2');
  </script>
</body>
```

Puedes encontrar este ejemplo en el archivo pag2.*html*

Figura 22.4 - Pag1.html

Solo queda que pruebes las páginas. Para empezar, debes abrir en el navegador el archivo pag1.*html*.

Puedes ver el mensaje enviado al worker desde esta página, que está vinculado a otro mensaje que indica que el número de conexiones al worker es igual a 1. Con el documento pag1.*html* abierto, puedes abrir el archivo pag2.*html*.

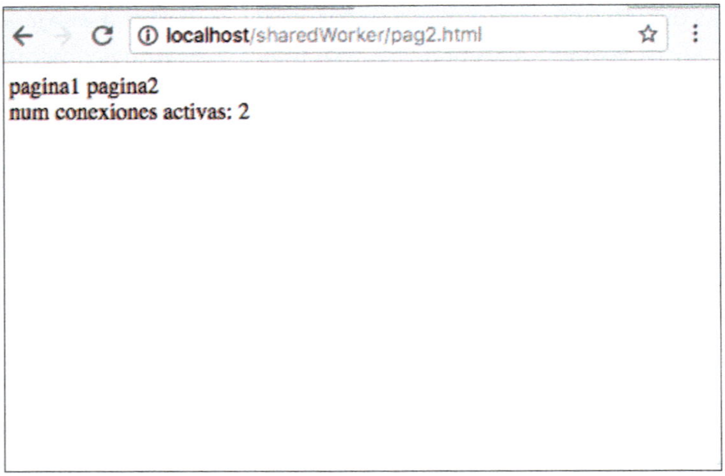

Figura 22.5 - Pag2.html

Ahora se muestra un mensaje que está vinculado a los mensajes enviados al worker desde ambas páginas. Además, se indica que las conexiones son 2. Si ahora cargas el documento pag1.*html*, el resultado es el que s emuestra en la Figura 22.6.

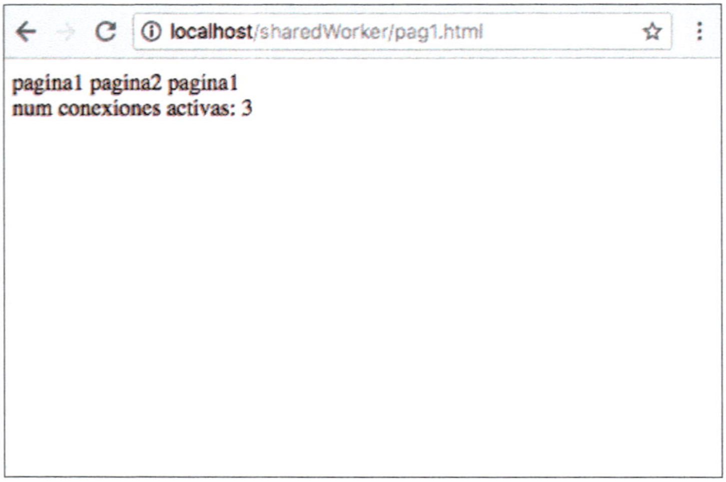

Figura 22.6 - Pag1.html recargada.

23

El arrastre

La posibilidad de arrastrar y soltar elementos en una página HTML mediante JavaScript ya existía desde hace tiempo, pero era una tarea más bien compleja y articulada. Ahora, con HTML 5, las cosas se han simplificado mucho.

Temas tratados

- Hacer que un elemento HTML se pueda arrastrar
- Leer el elemento de destino del arrastre
- Recuperar datos sobre los objetos arrastrados
- Configurar un icono para usar durante el arrastre
- Arrastrar un archivo

La API que permite gestionar el arrastre es muy completa. En este capítulo, presentamos una a una las distintas funcionalidades.

Empezaremos con un ejemplo muy sencillo: una página HTML contiene una imagen y un `<div>` vacío con un tamaño fijo. Vamos a arrastrar la imagen y soltarla dentro del `<div>`.

Este es el código de la página inicial (Figura 23.1).

Todos los archivos de este ejemplo se encuentran en la carpeta UnaImagenUnObjetivo.

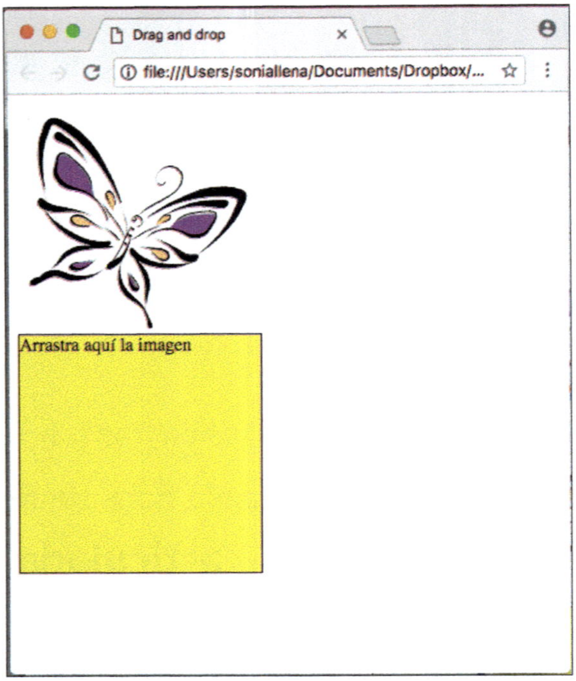

Figura 23.1 - La página inicial.

```
<style>
    #objetivo {
        width: 211px;
        height: 207px;
        border: thin solid black;
        background-color: #ff3;
        position: absolute;
        top: 210px;
    }
    img {
        cursor: move;
        padding: 10px;
    }
</style>

<img src="mariposa.gif" draggable="true" id="mariposa"
ondragstart="iniciaArrastre(event)" />
<div id="objetivo" ondragover="DragOver(event)" ondrop="Drop(event)">Arrastra aquí
la imagen</div>

<script>
    let imagen;
    function iniciaArrastre(event) {
        imagen = event.target.getAttribute('id');
    }
    function DragOver(event) {
        event.preventDefault();
    }
```

```
    function Drop(event) {
        event.target.innerHTML = '';
        event.target.appendChild(document.getElementById(imagen));
        document.getElementById(imagen).draggable = false;
        event.preventDefault();
        event.stopPropagation();
        return false;
    }
</script>
```

Puedes encontrar este ejemplo en el archivo moverImagen.*html*

Antes de proceder con el análisis del código JavaScript, hay algunas cosas a observar en la parte HTML de la página: partimos del atributo `draggable` especificado para la imagen. Este atributo sirve para definir el elemento que puede ser arrastrado. A decir verdad, para las imágenes (y las etiquetas `<a>` con atributo `href` válido)no es necesario, puesto que se pueden arrastrar por configuración predefinida.

Observa también el `<div id="objetivo">`, que será el destino del arrastre. Efectivamente, cada operación de arrastre necesita como mínimo dos elementos: el elemento que se arrastra y el destino.

Existen un par más de detalles a tener en cuenta: hemos tenido que añadir algunas reglas de estilo, por ejemplo, el puntero de tipo `move` configurado para las imágenes y la posición absoluta del `<div>`.

El primero es una ayuda visual para el usuario, que puede, así, darse cuenta de que ese elemento se puede arrastrar, mientras que la segunda regla evita que, tras el arrastre, la imagen se transfiera dentro del `<div>` y el `<div>` se mueva hacia arriba porque no hay nada más antes que él en el flujo HTML.

Dicho esto, podemos pasar a analizar el auténtico código JavaScript.

En primer lugar, se crea la variable `imagen`, que servirá para memorizar la imagen que hay que arrastrar. En este caso, dado que es una única imagen, esta variable no es indispensable, pero puede ser útil preparar el código para cuando se añadan otras imágenes para arrastrar.

El valor de la variable `imagen` es asignado por la función `iniciaArrastre()`, ejecutada cuando se verifica el evento `ondragstart` de la imagen, es decir, cuando el usuario empieza a arrastrar la imagen. La función es llamada con un objeto de tipo evento que almacena distintas informaciones sobre el objeto que ha activado el evento.

En concreto, en este caso, se utiliza el elemento `target` de `event`, que contiene información sobre el objeto acerca del cual se ha verificado el evento. Se llama a su método `getAttribute` para recuperar el correspondiente `id` y almacenarlo en la variable `imagen`.

También el elemento `<div>` tiene gestores de eventos que llaman a funciones. Los gestores de eventos son `ondragover` y `ondrop`: `ondragover` es llamado por un elemento cada vez que un objeto es arrastrado sobre él. Para que el objeto pueda soltarse, es necesario desactivar el comportamiento predeterminado para este evento. Por esta razón, la función llamada por este evento utiliza el método `preventDefault()` del objeto `event` (`event.preventDefault()`).

Una vez hecho esto, solo queda analizar la función que se ejecuta sobre el evento `ondrop` del `<div>` de destino. Este evento se verifica cuando el usuario suelta el botón izquierdo del ratón sobre el elemento de destino.

También en este caso se verifica la propiedad `target` del objeto `event` para descubrir sobre qué elemento se ha verificado el evento. En este caso, se trata del `<div>` objetivo.

En primer lugar, se elimina su contenido de texto (`event.target.innerHTML = ''`), puesto que, una vez se ha desplazado la imagen, el texto *Arrastra aquí la imagen* ya no será necesario. Después, se utiliza el método `appendChild` para añadir la imagen como elemento hijo del elemento `<div>` (`event.target.appendChild(document.getElementById(imagen));`). Para recuperar la imagen que hay que añadir al elemento `<div>` se utiliza el `id` almacenado en la variable `imagen` con la función ejecutada al inicio de la operación de arrastre.

Como en un documento puede existir una única copia de un objeto, de hecho la imagen se mueve desde su posición original hasta la nueva, dentro del `<div>`.

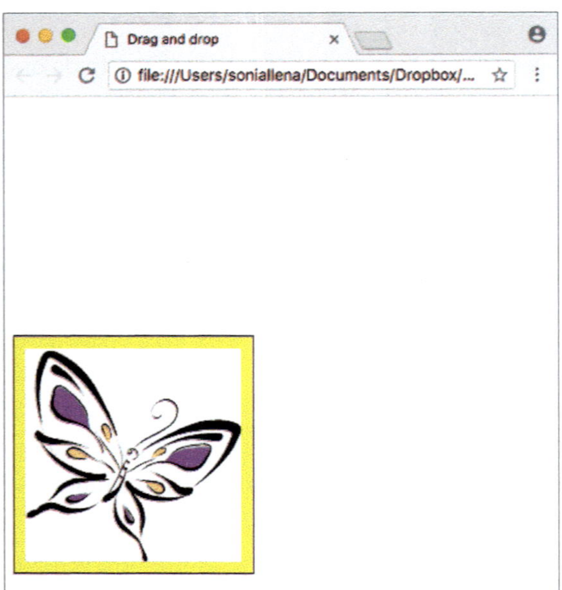

Figura 23.2 - El resultado del arrastre.

Si no hubiéramos especificado una posición absoluta, en este momento el `<div>` se habría desplazado hasta el inicio de la página, puesto que la imagen ya no está.

Una vez dicho esto, hay que hacer que la imagen ya no se pueda arrastrar más (`document.getElement-ById(immagine).draggable=false;`) e impedir que el evento se propague (`event.stopPropagation();`).

En la Figura 23.2 se muestra la página después de arrastrar y soltar la imagen sobre el objetivo.

En este sencillo ejemplo se han utilizado solo algunos de los eventos que se verifican durante las operaciones de arrastrar y soltar. La Tabla 23.1 siguiente resume todos los eventos disponibles.

Tabla 23.1 - Eventos.

Evento	Descripción
`dragstart (ondragstart)`	Se verifica cuando empieza el arrastre de un elemento
`dragenter (ondragenter)`	Se verifica en cuanto el ratón se mueve sobre un elemento mientras se produce el arrastre. Si para este evento no se dispone de un listener, por configuración predeterminada no está permitido soltar el elemento arrastrado sobre el objeto de destino
`dragover (ondragover)`	Se verifica en cuanto el ratón está completamente sobre un elemento mientras se produce el arrastre. Si para este evento no se dispone de un listener, por configuración predeterminada no está permitido soltar el elemento arrastrado sobre el objeto de destino. Por eso, en el ejemplo, ha sido anulado el comportamiento predefinido de este evento (`event.preventDefault();`)
`dragleave (ondragleave)`	Este evento se verifica cuando el ratón suelta el elemento sobre el cual se está llevando a cabo el arrastre
`drag (ondrag)`	Este evento se verifica durante la operación del arrastre para el objeto que se arrastra (el mismo para el cual se verifica el evento `dragstart`)
`drop (ondrop)`	Se verifica para el elemento sobre el cual se suelta el objeto arrastrado, en el momento en que el objeto se suelta
`dragend (ondragend)`	Este evento se verifica cuando se suelta el objeto que se arrastra (el mismo para el cual se verifica el evento `dragstart`)

Tras haber presentado todos los eventos que se verifican durante el arrastre, podemos proponer otros ejemplos un poco más complejos. Para empezar, es posible aumentar el número de imágenes que se pueden arrastrar en un único `<div>` objetivo. Esta sería la nueva página.

Todos los archivos de este ejemplo se encuentran en la carpeta TresImagenesUnObjetivo

```
<style>
    #objetivo {
        width: 633px;
        height: 207px;
        border: thin solid black;
        background-color: #ff3;
        position: absolute;
        top: 210px;
    }
    #lista {
        width: 207px;
        height: 207px;
        border: thin solid black;
        position: absolute;
        top: 210px;
        left: 650px;
    }
    img {
        cursor: move;
        padding: 10px;
        -moz-user-select: none;
    }
</style>

<img src="mariposa.gif" draggable="true" id="mariposa"
ondragstart="iniciaArrastre(event)" />
<img src="mariquita.gif" draggable="true" id="mariquita"
ondragstart="iniciaArrastre(event)" />
<img src="abeja.gif" draggable="true" id="abeja" ondragstart="iniciaArrastre(event)"
/>
<div id="objetivo" ondragover="DragOver(event)" ondrop="Drop(event)"
ondragenter="Enter(event)" ondragleave="Leave(event)">Arrastra aquí la imagen</div>
<div id="lista">Orden de arrastre:</div>

<script>
    let imagen;
    let objetivo;
    function iniciaArrastre(event) {
        imagen = event.target.getAttribute('id');
    }
    function DragOver(event) {
        event.preventDefault();
    }
    function Enter(event) {
        event.target.style.background = '#ff9';
```

```
    }
    function Leave(event) {
        event.target.style.background = '#ff3';
    }
    function Drop(event) {
        if (event.target.innerHTML == 'Arrastra aquí la\'imagen') {
            event.target.innerHTML = '';
        }
        event.target.appendChild(document.getElementById(imagen));
        document.getElementById(imagen).draggable = false;
        document.getElementById('lista').innerHTML =
        document.getElementById('lista').innerHTML + "<br>" + imagen;
        event.target.style.background = '#ff3';
        event.preventDefault();
        event.stopPropagation();
        return false;
    }
</script>
```

Puedes encontrar este ejemplo en el archivo moverImagen.*html*

Se han añadido dos imágenes más y un recuadro (de tipo lista) en el cual se escribe el nombre de las imágenes a medida que se van arrastrando (Figura 23.3).

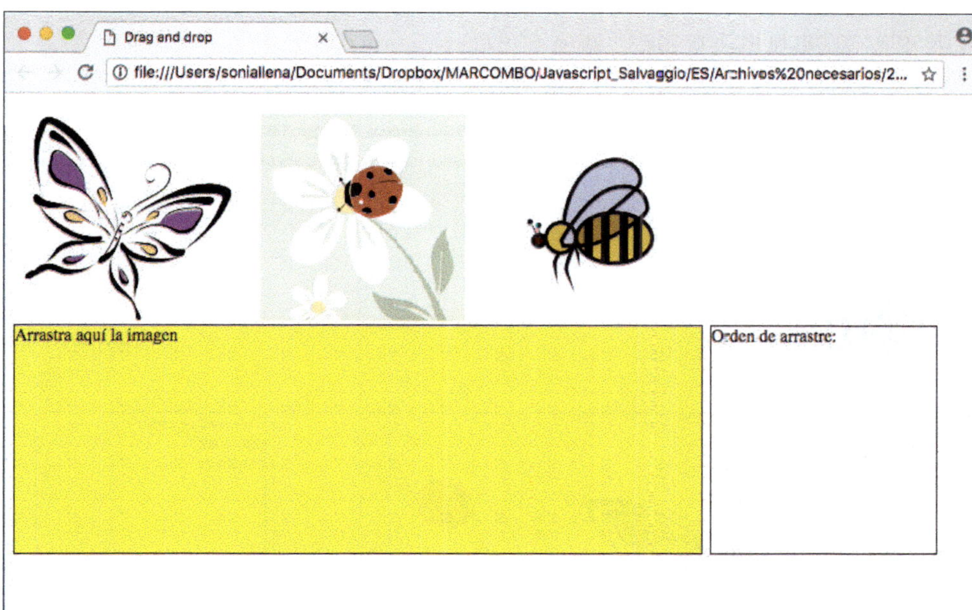

Figura 23.3 - La nueva página.

También se han añadido los gestores para los eventos `ondragenter` y `ondragleave` del `<div ="objetivo">`. Cuando el objeto arrastrado entra en el objetivo, el color de fondo del objetivo cambia (se vuelve ligeramente más claro) para indicar que el área sobre la cual se está arrastrando está activa y preparada para acoger el objeto arrastrado. El color de fondo se restaurará cuando el objeto arrastrado salga fuera del objetivo o cuando el objeto se suelte en el objetivo (es decir, cuando la operación de arrastre haya terminado).

Como se puede observar, el código no ha necesitado muchas modificaciones respecto al ejemplo anterior. Las más evidentes son la adición de las funciones que responden a los eventos `ondragenter` y `ondragleave`: estas funciones se limitan a cambiar el color de fondo de los objetos que han generado estos eventos (`event.target.style.background=colore`).

Para el resto, es necesario verificar el contenido del `<div>` objetivo (`if (event.target.innerHTML == 'Arrastra aquí la imagen')`) antes de eliminar su contenido. Sin esta comprobación, cada vez que una imagen se arrastrara al objetivo, este se vaciaría y, por tanto, solo se vería la última imagen arrastrada. El `<div>` objetivo, en cambio, debe eliminarse solo la primera vez que se inserta una imagen, es decir, cuando todavía contiene el texto *Arrastra aquí la imagen.*

La otra modificación aportada es la escritura del `id` de la imagen arrastrada en el `<div>` lista. A medida que las imágenes se van arrastrando sobre el objetivo, las otras se desplazan hacia la derecha (Figura 23.4).

Figura 23.4 - Algunas imágenes se han desplazado.

Para evitar este comportamiento, basta con asignar una posición absoluta a las imágenes.

Complicamos un poco el ejemplo creando tres áreas para dejar las imágenes: cada imagen podrá soltarse *solo en una área específica*. Cuando todas las imágenes estén en el lugar oportuno, un mensaje informará al usuario. Así es cómo se debe modificar el código (Figura 23.5).

Todos los archivos de este ejemplo se encuentran en la carpeta TresImagenes-TresObjetivos

```
<style>
    #objetivoMariquita,
    #objetivoMariposa,
    #objetivoAbeja {
        width: 211px;
        height: 207px;
        border: thin solid black;
        background-color: #ff3;
        position: absolute;
        top: 210px;
    }
    #objetivoMariquita {
        left: 226px;
    }
    #objetivoAbeja {
        left: 441px;
    }
    #lista {
        width: 207px;
        height: 207px;
        border: thin solid black;
        position: absolute;
        top: 210px;
        left: 660px;
    }
    #victoria {
        color: red;
        font-size: 20pt;
        position: absolute;
        top: 450px;
        visibility: hidden;
    }
    img {
        cursor: move;
        padding: 10px;
        -moz-user-select: none;
    }
</style>

<img src="mariposa.gif" draggable="true" id="mariposa"
ondragstart="iniciaArrastre(event)" />
<img src="mariquita.gif" draggable="true" id="mariquita"
```

```
ondragstart="iniciaArrastre(event)" />
<img src="abeja.gif" draggable="true" id="abeja" ondragstart="iniciaArrastre(event)"
/>
<div id="objetivoMariposa" ondragover="dragOver(event)" ondrop="drop(event)"
ondragenter="enter(event)" ondragleave="Leave(event)">Mariposa</div>
<div id="objetivoMariquita" ondragover="dragOver(event)" ondrop="drop(event)"
ondragenter="enter(event)" ondragleave="Leave(event)"> Mariquita</div>
<div id="objetivoAbeja" ondragover="dragOver(event)" ondrop="drop(event)"
ondragenter="enter(event)" ondragleave="Leave(event)">Abeja</div>
<div id="lista">Orden de arrastre:</div>
<div id="victoria">¡¡¡¡HAS GANADO!!!!</div>

<script>
    let imagen;
    let objetivo;
    let puntos = 0;
    function iniciaArrastre(event) {
        imagen = event.target.getAttribute('id');
    }
    function dragOver(event) {
        event.preventDefault();
    }
    function enter(event) {
        event.target.style.background = '#ff9';
    }
    function leave(event) {
        event.target.style.background = '#ff3';
    }
    function drop(event) {
        const targetId = event.target.id;
        if ((targetId === 'objetivoMariposa' && imagen === 'mariposa')
            || (targetId === 'objetivoMariquita' && imagen === 'mariquita')
            || (targetId === 'objetivoAbeja' && imagen === 'abeja')) {
            event.target.innerHTML = '';
            event.target.appendChild(document.getElementById(imagen));
            document.getElementById(imagen).draggable = false;
            document.getElementById('lista').innerHTML =
            document.getElementById('lista').innerHTML + '<br>' + imagen;
            event.target.style.background = '#0f0';
            punti += 1;
            if (puntos == 3) {
                document.getElementById('victoria').style.visibility = 'visible';
            }
        } else {
            alert('esta imagen no debe ser arrastrada aquí');
            event.target.style.background = '#ff3';
        }
        event.preventDefault();
        event.stopPropagation();
        return false;
    }
</script>
```

Puedes encontrar este ejemplo en el archivo mueveImagen.*html*

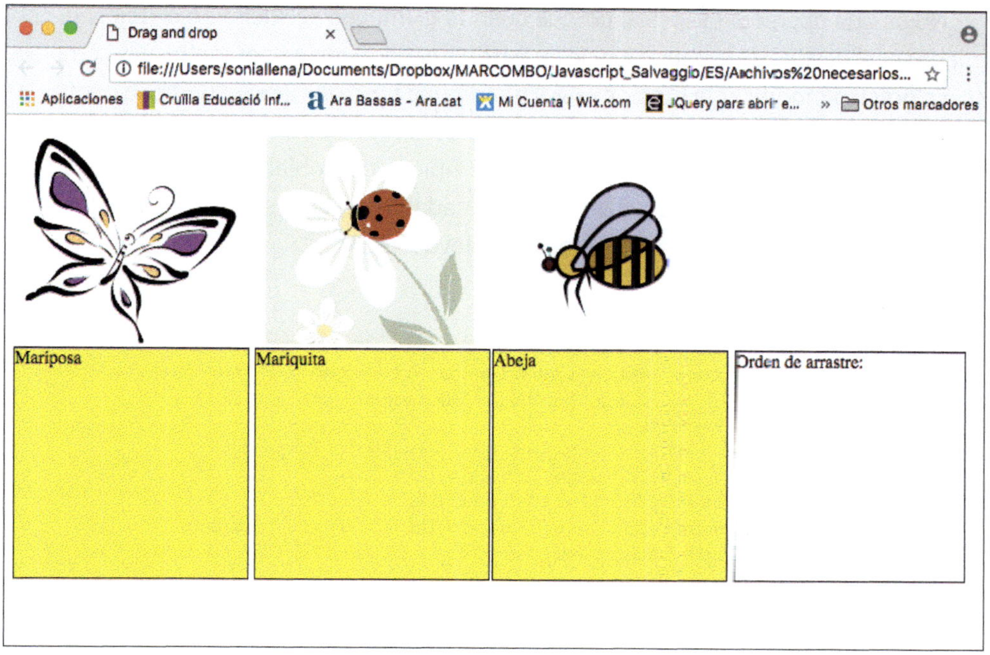

Figura 23.5 - La página con tres áreas para soltar.

Observamos los principales cambios respecto a los ejemplos anteriores. En primer lugar, antes de permitir soltar las imágenes, hacemos que se verifique que la imagen adecuada se suelte en el área correspondiente. Para ello, hemos añadido a la función `Drop()` una instrucción `if` para verificar si el objetivo y la imagen arrastrada coinciden.

```
const targetId = event.target.id;
if ((targetId === 'objetivoMariposa' && imagen === 'mariposa')
    || (targetId === 'objetivoMariquita' && imagen === 'mariquita')
    || (targetId === 'objetivoAbeja' && imagen === 'abeja')) {
```

Ademas, hemos añadido, al inicio de la sección `<script>`, fuera de cada función, la declaración de la variable `puntos` (`let puntos = 0`) que permite verificar que todas las imágenes hayan sido arrastradas en el objetivo correcto: cada vez que se deja una imagen en el objetivo correcto, el valor de puntos sube una unidad. Cuando `puntos==3`, se visualiza el `<div id='victoria'>`.

A decir verdad, este código no funciona perfectamente, en el sentido que, cuando se suelta la imagen en el objetivo correcto, se configura el fondo verde para indicar, visualmente, que la imagen se encuentra en el lugar oportuno. Sin embargo, el cambio de color, que se lleva a cabo en los eventos `onenter` y `onleave`, hace que, si se arrastra una imagen sobre un objetivo ya ocupado, su color de fondo pase a ser amarillo claro y deje de ser verde. Debemos corregir este comportamiento.

No es una operación sencilla, porque cuando la imagen se suelta en el objetivo, esta puede ser el destino de la operación de arrastre. La verificación es, por tanto, más compleja.

Es preciso modificar la función `drop` y añadir una función (`isObjetivo`) que comprueba si el valor del atributo `id` del destino de la acción de soltar empieza con 'objetivo'. Observa que para verificar si el valor de `id` empieza por 'objetivo' hemos utilizado el método `startsWith()` que devuelve `true` si la cadena a la cual se ha aplicado empieza con el valor pasado como argumento, si no, devuelve `false`.

```
function drop(event) {
    const targetId = event.target.id;
    if ((targetId === 'objetivoMariposa' && imagen === 'mariposa')
            || (targetId === 'objetivoMariquita' && imagen === 'mariquita')
            || (targetId === 'objetivoAbeja' && imagen === 'abeja')) {
        event.target.innerHTML = '';
        event.target.appendChild(document.getElementById(imagen));
        document.getElementById(imagen).draggable = false;
        document.getElementById('lista').innerHTML =
        document.getElementById('lista').innerHTML + '<br>' + imagen;
        event.target.style.background = '#0f0';
        puntos += 1;
        if (puntos === 3) {
            document.getElementById('victoria').style.visibility = 'visible';
        }
    } else {
        alert('esta imagen no debe ser arrastrada aquí');
        if (isObjetivo(event)) {
            event.target.style.background = '#ff3';
        }
    }
    event.preventDefault();
    event.stopPropagation();
    return false;
}
function isObjetivo(event) {
    return event.target.id.startsWith('objetivo');
}
```

Puedes encontrar este ejemplo en el archivo mueveImagenObjetivoCorrecto.*html*

Arrastrar otros objetos y recuperar información sobre los objetos arrastrados

Hasta ahora, hemos arrastrado solo imágenes, pero es posible arrastrar cualquier otro elemento. Podemos probar, por ejemplo, a arrastrar hipervínculos.

El ejemplo es sencillo, con dos hipervínculos que se deben arrastrar hasta un `<div>`. Igual que para las imágenes, los hipervínculos son "arrastrables" (`draggable="true"`) por configuración predeterminada, por lo que no es necesario realizar la declaración de manera explícita. Este es el código del primer ejemplo.

```
<style>
    #objetivo{
        width:211px;
        height:207px;
        border:thin solid black;
        background-color:#ff3;
        position:absolute;
        top: 210px;
    }
    #cuadro{
        border:thin solid black;
        background-color:#f00;
        width:100px;
        height:100px;
    }
</style>

<div id="objetivo" ondragover="dragOver(event)" ondrop="drop(event)"></div>
<a href="https://support.office.com/es-es" ondragstart="start(event)">sitio Soporte
OFFICE</a><br />
<a href="https://www.microsoft.com/es-es" ondragstart="start(event)">sitio
Microsoft</a>

<script>
    function start(event){
        let icono = document.createElement('img');
        icona.src = 'icono.gif';
        event.dataTransfer.setDragImage(icono, icono.width/2,icono.height/2);
    }
    function dragOver(event){
        event.preventDefault();
    }
    function drop(event){
        let texto = event.dataTransfer.getData('Text');
        event.target.innerHTML = event.target.innerHTML  + texto + '<br/>'
        event.preventDefault();
        event.stopPropagation();
        return false;
    }
</script>
```

Puedes encontrar este ejemplo en el archivo arrastrarLinks.*html*

El código del ejemplo no es muy distinto a cuanto hemos visto hasta ahora. La única novedad auténtica es la línea:

```
let texto = event.dataTransfer.getData('Text');
```

En la variable `texto` se almacena el resultado de la aplicación del método `getData()` al objeto `dataTransfer`.

Es bueno aprender un poco más sobre este objeto, utilizado para memorizar aquello que se arrastra. En este caso, se utiliza su método `getData()` para obtener información sobre el elemento arrastrado. Este método requiere como parámetro una cadena que representa el tipo de datos que se desea recuperar. En este caso, se recupera el contenido textual del vínculo.

También son posibles otros tipos que, naturalmente, dependen del tipo de elemento arrastrado, por ejemplo `text/plain`, `text/html`, `text/uri-list`, `text/x-moz-url`, `application/x-moz-file` entre otros.

En la Figura 23.6 se muestra qué ocurre cuando se arrastra uno de los dos vínculos.

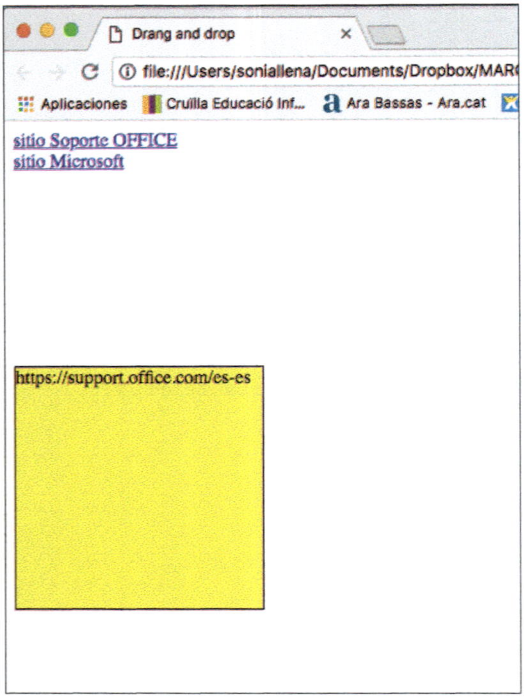

Figura 23.6 - Un vínculo arrastrado dentro del <div>.

El valor del atributo `href` del vínculo se muestra en el `<div>`. Para mostrar el auténtico vínculo (que todavía se puede seleccionar y funciona), basta con recuperar el valor con `getData()` y con el parámetro `"Text/html"`.

La API de arrastre también permite añadir al elemento arrastrado algún tipo de icono para que se muestre durante la operación de arrastre. Para el arrastre de una imagen, el navegador crea un especie de imagen "fantasma" que se muestra durante el arrastre. Sin embargo, es posible crear un icono alternativo. Por ejemplo, esta opción puede ser útil cuando se arrastra un elemento que no sea una imagen. Se procede igual, sea cual sea el objeto arrastrado. Recurrimos al método `setDragImage`, que nos permite configurar la imagen que se debe utilizar.

```
function start(event) {
    let icono = document.createElement('img');
    icono.src = 'icono.gif';
    event.dataTransfer.setDragImage(icono, icono.width / 2, icono.height / 2);
}
```

Almacenamos en la variable `icono` un nuevo objeto imagen creado mediante el método `createElement()`. Después asignamos a su atributo `src` el nombre (y, si fuera necesario, también la ruta) de la imagen que se utilizará durante el arrastre.

A continuación, con el método `setDragImage`, se configura este objeto como imagen utilizada durante el arrastre. Además de especificar cuál es la imagen que se debe utilizar para el arrastre, el método `setDragImage` requiere especificar el desplazamiento sobre el eje x y sobre el eje y para la posición donde se debe colocar el puntero centro de la imagen. Para centrar el puntero, es preciso especificar la mitad de la anchura de la imagen y la mitad de su altura (`icono.width/2,icono.height/2`), pero evidentemente se podría configurar también un valor numérico.

En la Figura 23.7 se muestra el icono que se visualiza durante el arrastre.

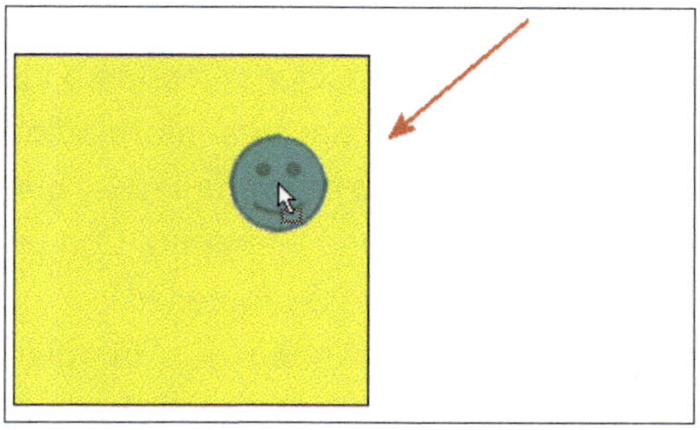

Figura 23.7 - El icono que se visualiza durante el arrastre.

A continuación, vamos a utilizar `getData`, `setData` y `setDragImage` con un elemento `<div>` que se debe arrastrar y no con una imagen.

Añade a la parte HTML del ejemplo anterior la línea siguiente:

```
<div id="cuadro" draggable="true" ondragstart="arrastraCuadro(event)">Arrástrame</
div>
```

después, a la parte JavaScript, añade la siguiente función:

```
function arrastraCuadro(event) {
    start(event);
    event.dataTransfer.setData('Text', event.target.innerHTML);
}
```

Puedes encontrar este ejemplo en el archivo arrastrarLink1.*html*

El `<div>` que se debe arrastrar utiliza el id `cuadro`. Ha sido necesario definirlo explícitamente como `draggable`, si no la operación no estaría disponible. Otra cosa a tener en cuenta es que, a diferencia de un vínculo, un `<div>` no dispone de datos de tipo `Text` o de otros tipos que se puedan leer con `getData()`. Sin embargo, es posible crear de forma independiente este valor en el momento en que se empieza a arrastrar el cuadro. En la función que responde al evento `ondragstart` del cuadro se utiliza el método `setData` del objeto `dataTransfer` para almacenar un dato de tipo `Text`. En este caso en concreto, se almacena como `Text` el contenido textual de la etiqueta `<div>` que se debe desplazar (`event.dataTransfer.setData("Text", event.target.innerHTML);`). En general, es posible utilizar `setData` para almacenar información sobre el elemento que se arrastra.

Para eliminar estas informaciones, se puede utilizar el método `clearData()`, al cual se pasa como argumento el nombre de la información que hay que eliminar. En este caso, para eliminar la información almacenada, basta con escribir:

```
event.dataTransfer.clearData('Text');
```

En la función `arrastraCuadro` también llamamos a la función `start()`, que configura la imagen que se debe utilizar como icono para el arrastre.

Para terminar este asunto sobre la recuperación de la información referente a los objetos arrastrados, es útil recordar que, si no se conocen los tipos de información disponibles para un determinado elemento, se puede recurrir a la propiedad `types`, que almacena una lista de los tipos de datos almacenados para cada elemento. Con un bucle `for` es posible analizar todos los valores almacenados en esta propiedad.

Este sería el ejemplo que acabamos de ver corregido utilizando `types`. También hemos añadido a la página una imagen que se puede arrastrar para comprobar qué datos se almacenan con `dataTransfer` para un objeto imagen. Mostramos solo el código referente a la función `drop`: el resto del documento no cambia (a parte de la adición de una imagen).

```
function drop(event) {
    let type = '';
    for (i = 0; i <= event.dataTransfer.types.length; i++) {
        type = type + event.dataTransfer.getData(event.dataTransfer.types[i]) +
        '<br>';
    }
    event.target.innerHTML = type;
    event.preventDefault();
    event.stopPropagation();
    return false;
}
```

Puedes encontrar este ejemplo en el archivo arrastrarLinkTipos.*html*

En la Figura 23.8 se muestran las informaciones mostradas durante el arrastre de la imagen.

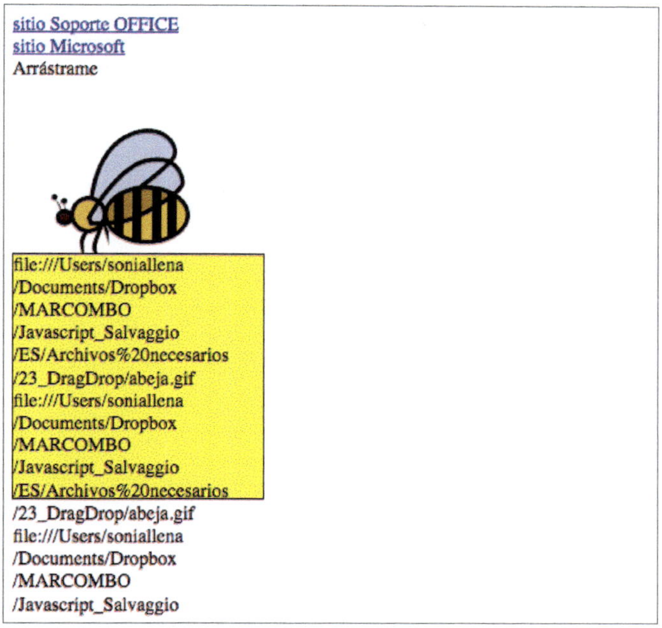

Figura 23.8 - La información extraída de una imagen.

Arrastrar un archivo

Además de a los objetos presentes en la página HTML, la técnica de arrastre también puede ser aplicada a los archivos de un sistema de archivos.

Si se abre en Firefox el último archivo creado (el que lee y escribe las informaciones acerca del archivo arrastrado) y se arrastra sobre su `<div>` de destino un archivo desde el sistema de archivos, se puede ver su ruta completa (Figura 23.9).

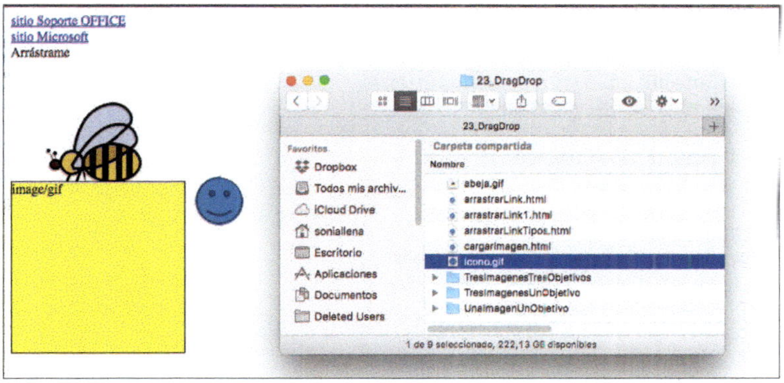

Figura 23.9 - La ruta de un archivo arrastrado en Firefox.

Además de recuperar los datos sobre el archivo arrastrado, de este modo también se puede utilizar la propiedad `files` de `dataTransfer`, que contiene una colección `FileList` que representa los archivos arrastrados.

Este ejemplo es muy sencillo, pero las posibilidades son infinitas. Aquí solo se arrastra un archivo, verificando que se trate de una imagen que se mostrará en la página HTML. El código completo de este ejemplo lo podéis encontrar en el correspondiente archivo.

```
  <style>
    #objetivo {
        width: 211px;
        height: 207px;
        border: thin solid black;
        background-color: #ff3;
        position: absolute;
        top: 210px;
    }
    img {
        cursor: move;
        padding: 10px;
    }
    #arrastrame {
        border: thin solid black;
        background-color: #f00;
        width: 50px;
        height: 50px;
    }
</style>

<div id="objetivo" ondragover="DragOver(event)" ondrop="Drop(event)">Arrastra aquí
la imagen</div>

<script>
    function DragOver(event) {
        event.stopPropagation();
        event.preventDefault();
    }
    function Drop(event) {
        event.stopPropagation();
        event.preventDefault();
        file = event.dataTransfer.files[0];
        if (file.type.match(/image.*/)) {
            document.getElementById('objetivo').innerHTML = file.type;
            let reader = new FileReader();
            reader.readAsDataURL(file);
            reader.onloadend = archivoCargado;
        } else {
            alert('debes cargar una imagen');
        }
    }
    function archivoCargado(event) {
            let imagen = document.createElement('img');
            imagen.src = event.target.result;
            document.body.appendChild(imagen);
    }
</script>
```

Puedes encontrar este ejemplo en el archivo cargarImagen.*html*

El aspecto nuevo de este código se encuentra en la función `drop`. En la variable `file` se almacena el primer archivo contenido en `files`, porque suponemos que se llevará a cabo el arrastre de los archivos uno a uno. Una vez hecho esto, se comprueba que el archivo sea de tipo imagen (`if (file.type.match(/image.*/))`) y, en caso contrario, se muestra un mensaje que informa al usuario que es obligatorio arrastrar una imagen. Si, en cambio, sí se trata de una imagen, se crea un objeto `FileReader()` (`let reader = new FileReader();`) que permite la lectura del archivo.

Para leer efectivamente el archivo, se utiliza el método `readAsDataURL()`, al cual se pasa como argumento el objeto archivo arrastrado. Este método devuelve una cadena que codifica todo el contenido del archivo referenciado.

> **NOTA**
>
> El archivo se puede leer con los métodos `getAsBinary()`, que devuelve una cadena que contiene los datos del archivo en un formato binario no procesado, o `getAsText()`, que devuelve el contenido del archivo como una cadena donde los datos del archivo son interpretados como texto.

Cuando la lectura del archivo se completa, se activa el evento `onloadend`, que llama a la función de llamada especificada. En el ejemplo se trata de la función `archivoCargado`.

> **NOTA**
>
> Otros eventos que se verifican durante la lectura de archivos son:
>
> - `onabort`: llamado cuando la operación de lectura se interrumpe.
> - `onerror`: llamado cuando se verifica un error.
> - `onload`: llamado cuando la operación de lectura finaliza con éxito.
> - `onloadend`: llamado cuando la operación de lectura finaliza o no con éxito.
> - `onloadstart`: llamado cuando la lectura está a punto de empezar.
> - `onprogress`: llamado periódicamente a medida que los datos se cargan.

La función de callback llamada se llama con un objeto evento en el cual se almacenan los datos sobre el archivo cargado.

En concreto, hay que leer `event.target.result` para recuperar el valor que se debe pasar a la propiedad `src` de la imagen. Una vez creado el objeto imagen y definida su propiedad `src`, es posible mostrar la imagen en la página gracias a `appendChild`.

A1

Visual Studio Code

Visual Studio Code, o VS Code, es el editor que hemos elegido para realizar los ejercicios de este libro. Dedicaremos unas cuantas páginas a cómo se utiliza.

Se trata de un editor fácil de usar, disponible para distintos sistemas operativos, como Windows, macOS y Linux.

Está dotado de un soporte nativo para JavaScript, TypeScript y Node.*js* y, además, dispone de distintas extensiones para otros lenguajes como C++, C#, Python, PHP y Go.

VS Code se actualiza automáticamente cada mes (a menos que la actualización no se encuentre desactivada de forma explícita); así, el editor siempre está en el mejor estado.

VS Code es una herramienta gratuito que se puede descargar desde la página:

https://code.visualstudio.com/

En esta página se encuentra el vínculo para descargar el programa para la plataforma deseada (Figura A1.1).

Una vez descargado el programa, en Windows, puedes descargar la instalación, que es un sencillo proceso por pasos sucesivos.

En el cuarto paso de la instalación (Figura A1.2), puedes habilitar una opción muy cómoda, **Agregar la acción "Abrir con Code" al menú contextual del archivo del Explorador de Windows**, para que, al hacer clic con el botón derecho del ratón sobre un archivo de algún tipo gestionado por VS Code, se pueda elegir directamente en el menú contextual la opción para abrir dicho archivo en VS Code.

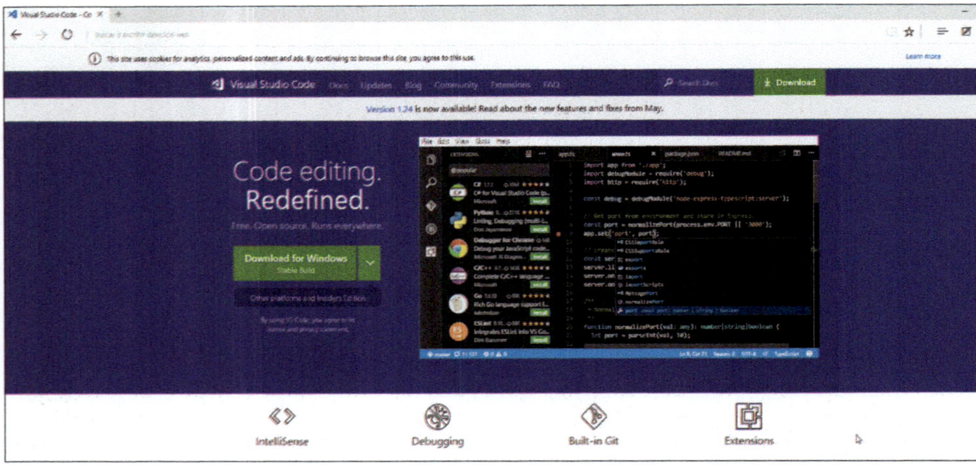

Figura A1.1 - Descarga VS Code.

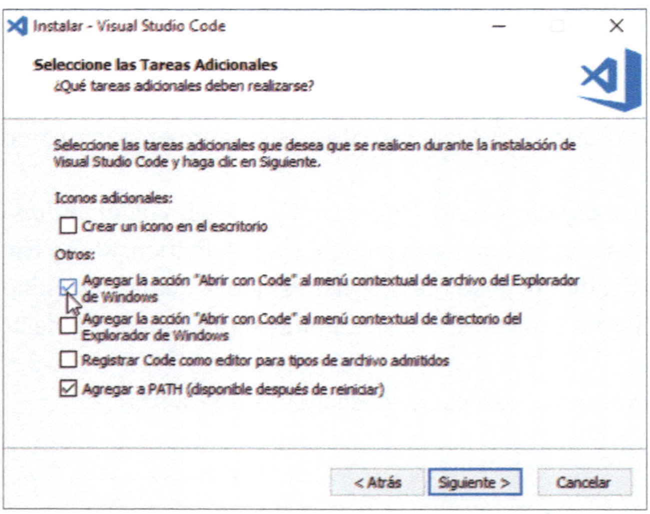

Figura A1.2 - Habilitar la apertura de los archivos en VS Code desde el menú del botón derecho del ratón.

Al final de la instalación, cuando abres el Código VS, se muestra un mensaje de error que advierte que no ha sido posible instalar algunos archivos (Figura A1.3).

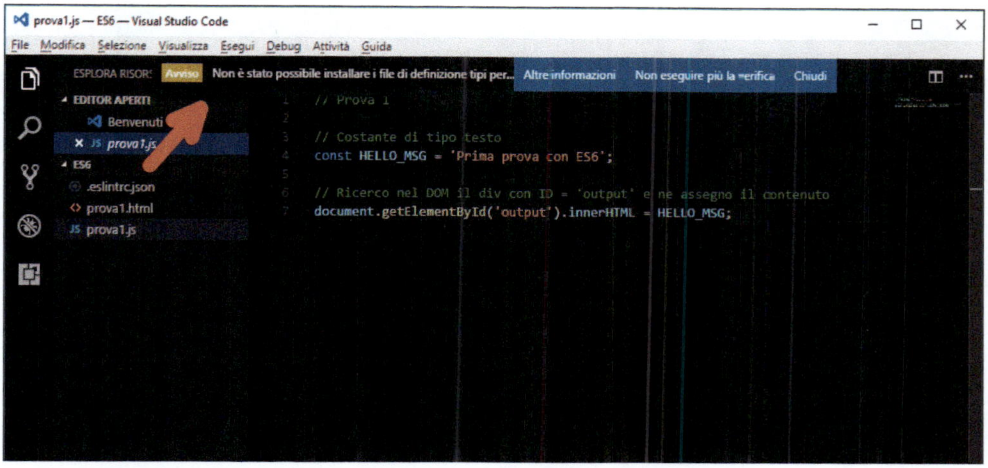

Figura A1.3 - Advertencia sobre algunos archivos que no se pudieron instalar.

VS Code funciona perfectamente incluso sin estos archivos, pero no tiene las herramientas de comprobación del código de escritura. Volveremos a este tema un poco más abajo.

Trabajar por carpetas y archivos

VS Code permite ver, en la parte izquierda de la pantalla, los archivos con los que se está trabajando, exactamente como desde el sistema de archivos. Basta con abrir la carpera raíz de la cual se desea mostrar los archivos.
Para ello, selecciona **Archivo > Abrir carpeta** y elige la carpeta que te interesa.

Instalar ESLint

VS Code no dispone de herramientas de control del código durante la escritura, a menos que se instalen explícitamente. Es conveniente instalar estas herramientas para facilitar el trabajo. Vayamos paso a paso.
En primer lugar, necesitamos **Node.*js***. Node.*js* es un entorno donde se pueden ejecutar aplicaciones escritas en JavaScript. De estas, necesitamos la aplicación **ESLint**, que utilizaremos en VS Code.
Para conseguir activar ESLint, es preciso llevar a cabo distintas operaciones.

1. **Descargar e instalar Node.*js*.** Visita la página https://nodejs.org (Figura A1.4) y descarga la versión adecuada del archivo.

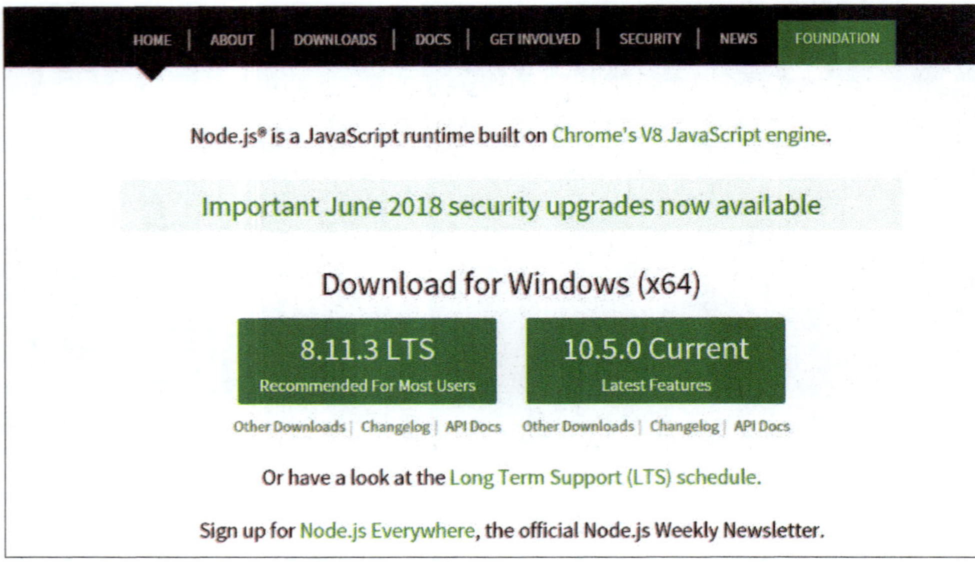

Figura A1.4 - Descargar Node.*js*.

Instala este archivo con los parámetros recomendados.

NOTA

En realidad, Node.*js* contiene distintos plugins, no solo ESLint, por lo que te podrá servir para otras situaciones.

2. **Instalar el módulo ESLint** de Node.*js* utilizando el programa NPM incluido en Node.*js* (del cual disponemos después de la instalación de Node.*js*).
   La instalación se lleva a cabo desde la aplicación Símbolo del sistema de Windows. Para abrir esta aplicación, simplemente debes escribir **cmd** en el campo de búsqueda del menú de Inicio de Windows o en el campo de búsqueda de Cortana. Escribe el comando **npm install eslint** y pulsa ENTER (Figura A1.5).

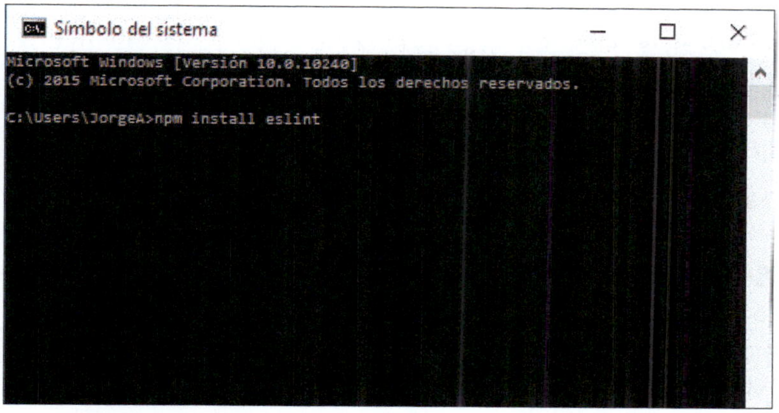

Figura A1.5 - Instalar ESLint.

3. **Instalar el plugin ESLint dentro de VS Code**. Pulsa sobre el botón **Extensiones** (el último en la parte inferior de la barra de botones de la izquierda) y busca la extensión ESLint; a continuación, haz clic sobre el botón **Instalar** (Figura A1.6).

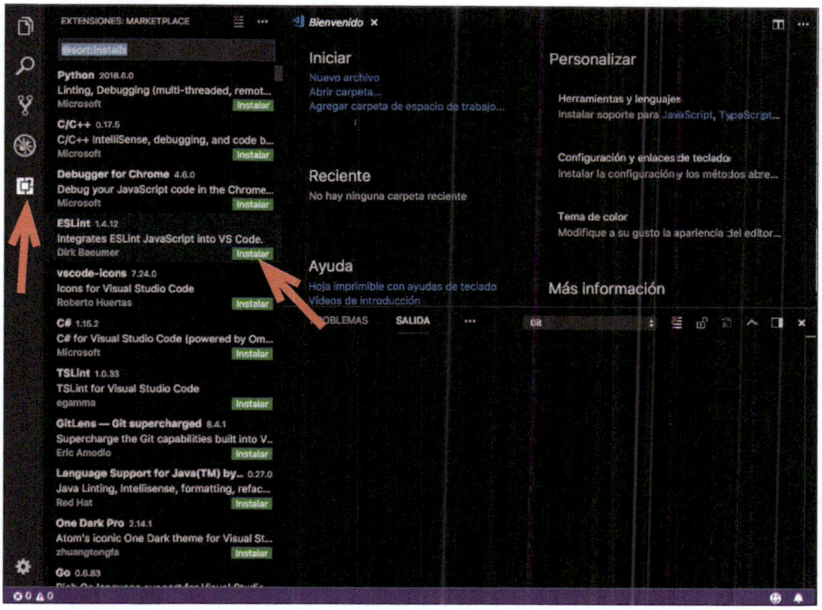

Figura A1.6 - Instalar el plugin ESLint en VS Code.

Al finalizar la instalación, el botón **Instalar** pasa a ser **Recargar**: haz clic sobre este botón para volver a cargar VS Code con el plugin que acabamos de instalar.

4. **Crear el archivo de configuración ESLint en la carpeta/proyecto en el cual se está trabajando**. Una vez abierta la carpeta/proyecto sobre la cual estamos trabajando, selecciona **Ver > Paleta de comandos** y, en el campo que se abre, busca ESLint. A continuación, localiza la opción **Create '.eslintrc.*json*' File** y pulsa sobre ella: se añadirá a los archivos de la carpeta el archivo .eslintrc.*json*, que permite gestionar el control del código.

Control del código en páginas HTML

ESLint controla el código solo si se encuentra en un archivo *.js*. Por suerte, con un poco de esfuerzo, podemos habilitar el control también en las partes de código insertadas en los archivos HTML.

También en este caso el proceso requiere distintos pasos.

1. **Instalar el plugin eslint-plugin-html**. Abre la ventana de comando y ejecuta el comando **npm install eslint-plugin-html**.
2. **Modificar el archivo de configuración de VS Code**. En VS Code, pulsa la tecla F1 del teclado y, en el campo que aparece, escribe **Abrir configuración de usuario**; después pulsa sobre la opción correspondiente (Figura A1.7).

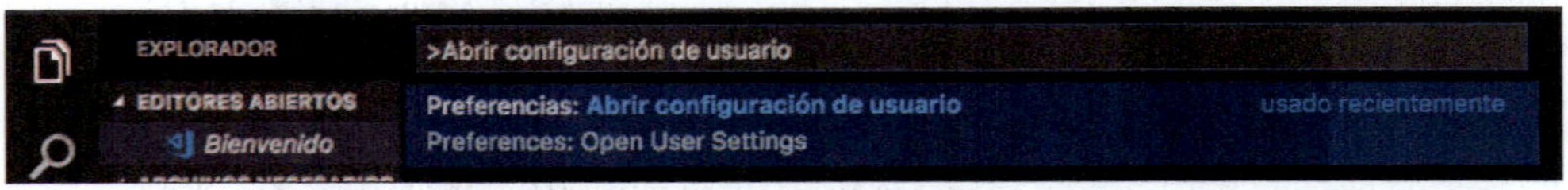

Figura A1.7 - Abrir la configuración del usuario.

   En la parte derecha del archivo de configuración, busca **ESLint** y, a continuación, localiza la opción **eslint.validate**. Haz clic sobre el icono del lápiz que aparece a la izquierda de esta opción: el contenido de esta opción se mostrará en la parte derecha del archivo de configuración. Las correcciones realizadas aquí sobreescribirán las originales, por lo que añade "html" a la lista de archivos soportados (Figura A1.8).

3. **Activar el plugin eslint-plugin-html en el archivo de configuración de EsLint**. Como el archivo de configuración es para cada carpeta o proyecto, habrá que repetir esta operación cada vez que se inicie un nuevo proyecto. Abre el archivo .eslintrc.*json* y añade el código siguiente (Figura A1.9):

```
"plugins": [
        "html"
   ]
```

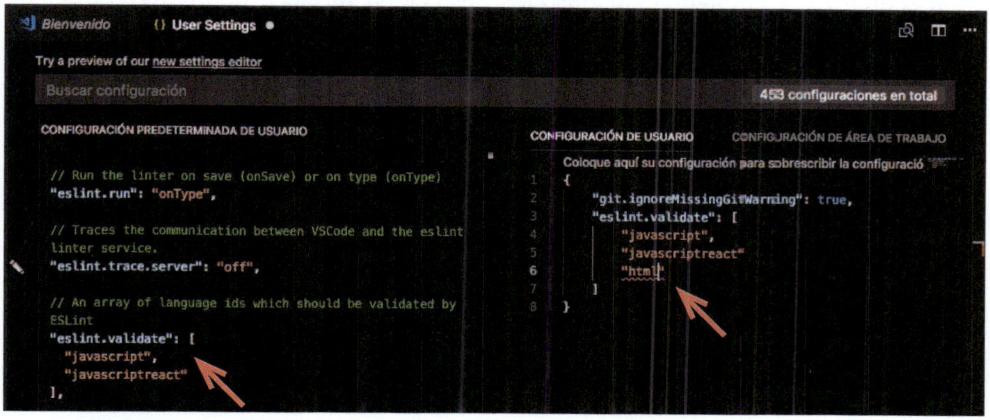

Figura A1.8 - Añadir HTML a la lista de archivos soportados por ESLint.

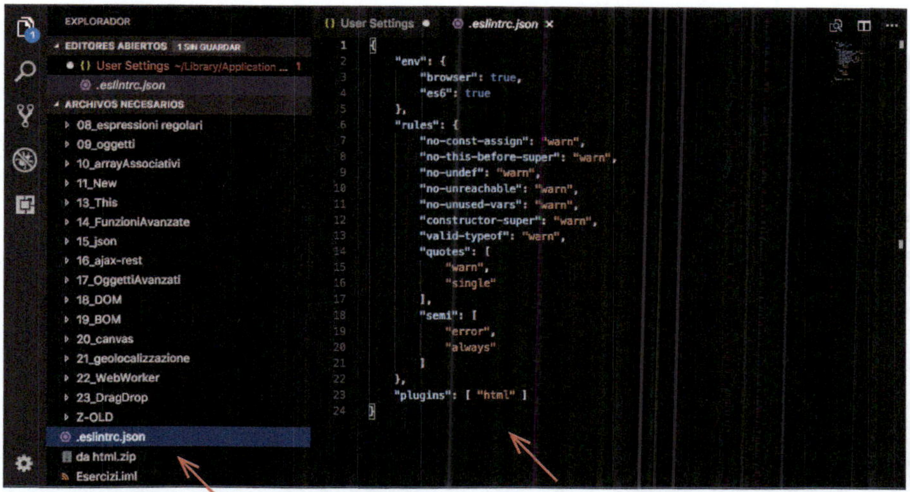

Figura A1.9 - Activar el plugin eslint-plugin-html.

Abrir un archivo HTML en el navegador desde VS Code

Lamentablemente no se puede abrir un archivo HTML en el navegador directamente desde VS Code, a menos que se cree un sencillo archivo de configuración.

El archivo de configuración se guarda en la carpeta/proyecto abierta, por lo que el proceso que describiremos ahora deberá repetirse en todos los proyectos, a no ser que se cree una carpeta madre que contenga todas las subcarpetas de los proyectos y, después, se cree el archivo de configuración en la carpeta madre.

Veamos cómo hacerlo. En primer lugar, abre la carpeta/proyecto para la cual quieres crear el archivo de configuración, después, selecciona **Tareas > Configurar Tareas de compilación predeterminada**.

En el cuadro que se abre en la parte superior de la ventana de VS Code, elige **Crear el archivo task.*json* desde plantilla** (Figura A1.10) y elige la primera opción.

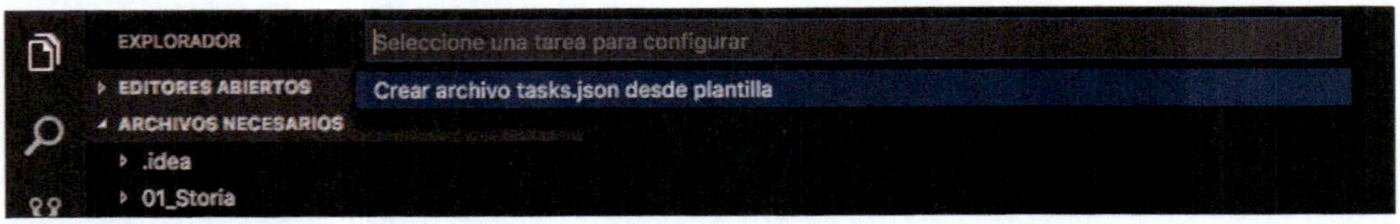

Figura A1.10 - Crear una tarea de compilación.

VS Code creará en la carpeta/proyecto el archivo tasks.*json* con un contenido de ejemplo: elimina este contenido y sustitúyelo con el código siguiente (Figura A1.11).

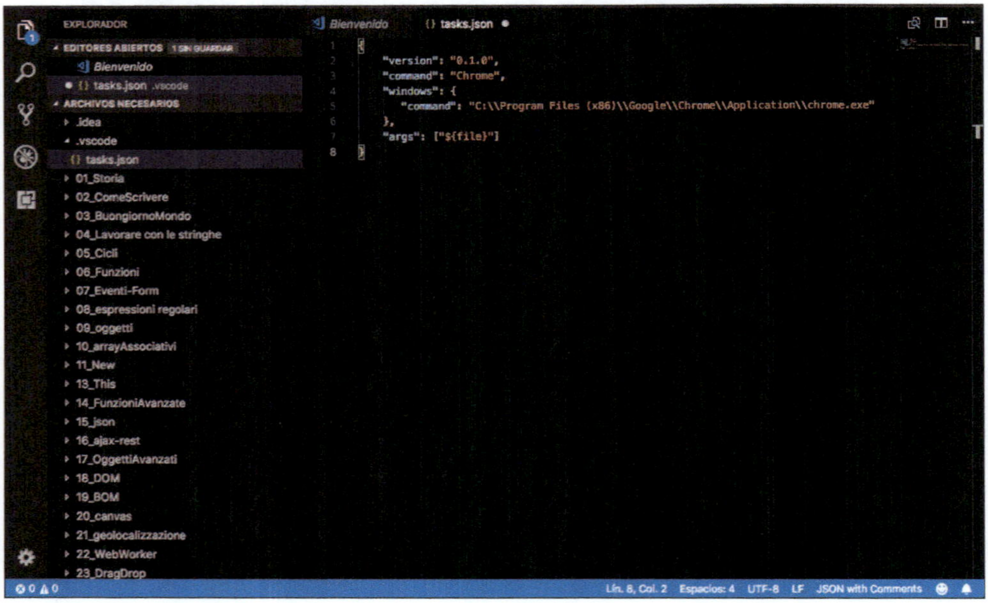

Figura A1.11 - Modificar el archivo tasks.*json*.

```
{
    "version": "0.1.0",
    "command": "Chrome",
    "windows": {
       "command": "C:\\Program Files (x86)\\Google\\Chrome\\Application\\chrome.exe"
    },
    "args": ["${file}"]
}
```

> **NOTA**
>
> En el caso del código de ejemplo, hemos supuesto que abrimos el archivo en Chrome, pero podemos indicar que deseamos hacerlo en Firefox ("C:\\Program Files (x86)\\Mozilla Firefox\\Firefox.exe") o en cualquier otro navegador. Basta con localizar la ruta correspondiente del ejecutable y colocar una segunda barra junto a cada una de las barras de la ruta.

Guarda el archivo que acabas de crear. En este momento, cuando abras el archivo HTML desde la carpeta /proyecto actual, selecciona **Tareas > Ejecutar tarea de compilación** (o pulsa la combinación de teclas CTRL + MAYÚS + B) para abrir el archivo en el navegador.

Otra posibilidad consiste en instalar la extensión **View in Browser**, que permite abrir en el navegador predeterminado un archivo HTML desde el correspondiente comando del menú contextual (Figura A1.12).

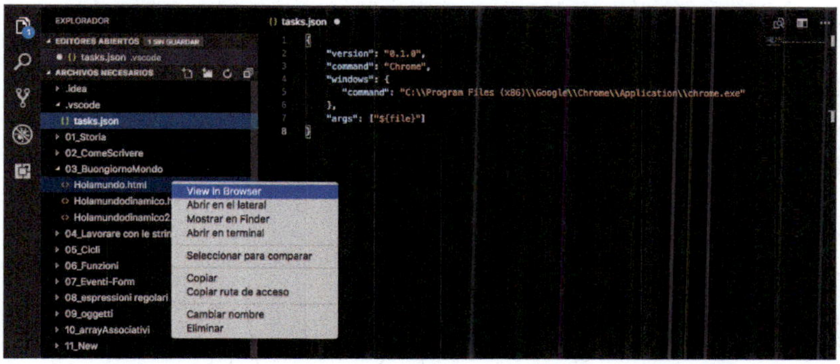

Figura A1.12 - La extensión View in Browser.

Para instalar esta extensión, pulsa sobre el botón **Extensiones** que hemos utilizado para instalar ESLint (Figura A1.5) y busca **View in Browser**. Una vez localizado, pulsa en **Instalar** y después en **Recargar**.

A2

Instalar XAMPP

Para probar de manera efectiva el código creado en la web, es recomendable hacerlo mediante un servidor web. Si no quieres recurrir a una solución online, puedes instalar uno gratuito en tu ordenador local.

En nuestra opinión, la solución más cómoda para obtener un servidor web local es XAMPP, un servidor web Apache, adecuadamente "empaquetado" para utilizar en un PC local con un sencillo proceso de instalación y casi ninguna operación de configuración.
Puedes descargar de forma gratuita XAMPP desde el sitio http://www.apachefriends.org.
Elige la versión que necesites (Windows, Linux o Mac) y descarga el paquete de instalación. Cuando finaliza la descarga, inicia la instalación.
XAMPP informa de que el antivirus podría ralentizar la instalación e interferir en ella (Figura A2.1). Por eso, es conveniente desactivar el antivirus durante la instalación.

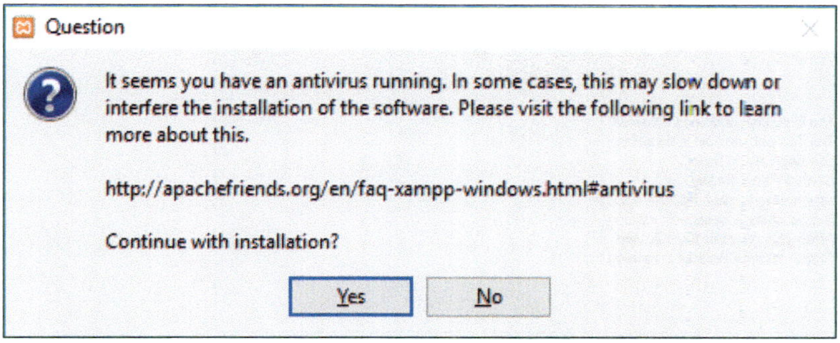

Figura A2.1 - XAMPP avisa de que el antivirus podría ralentizar la instalación.

Si estás instalando XAMPP en Windows, aparece un cuadro de advertencia (Figura A2.2) que informa de que, al estar activado el control de cuentas de usuario del sistema, algunas funcionalidades de XAMPP podrían verse limitadas. Bastará con no instalar XAMPP en la carpeta de programas (sino directamente en C) para resolver este problema. Haz clic en OK para continuar.

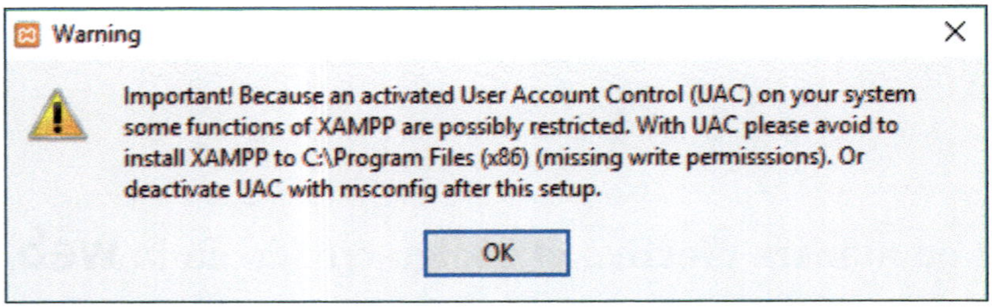

Figura A2.2 - XAMPP advierte de que el UAC podría causar problemas.

Ahora empieza la auténtica instalación de XAMPP. La primera pantalla pregunta qué elementos se deben instalar. Ante la duda, mantén los componentes predeterminados. Continúa y elige la carpeta de instalación de XAMPP. La propuesta C:\xampp es la mejor. La siguiente pantalla informa de que en el sitio web Bitani puedes encontrar material para instalar CMS populares, entre los cuales Joomla. Sigue adelante: una nueva pantalla te informará de que todo está listo para instalar XAMPP. Pulsa sobre el botón **Next** para iniciar la instalación. La operación puede tardar un poco.

Cuando termina la instalación, puedes ver el panel de control de XAMPP (Figura A2.3).

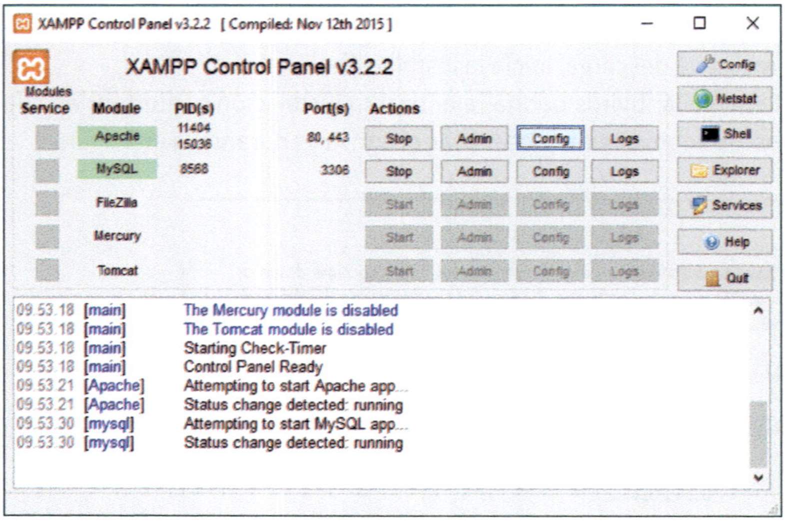

Figura A2.3 - El panel de control de XAMPP.

Ya puedes empezar a utilizar tu servidor web.

Utilizar XAMPP

El uso de XAMPP es tan sencillo como su proceso de instalación.
Después de abrir el panel de control, para iniciar el servidor web, puedes utilizar el botón **Start** situado junto a la opción Apache en el panel de control. Solo debes esperar un momento a que se inicie el servidor.
XAMPP, si, como hemos recomendado, se encuentra instalado en C, espera que los "sitios" se encuentren en la carpeta:

C:\xampp\htdocs

Puedes guardar aquí tus archivos, separándolos, si lo deseas, en subcarpetas.
Para llamar a estos archivos desde un navegador, bastará con llamar a la dirección:

http://localhost/subcarpeta/pagina.html

donde *subcarpeta* es la subcarpeta de C:\xampp\htdocs que contiene la página que hay que llamar.

Índice analítico

D

E

F

G

H

I

J

L

M

N